南方报业采编精英演讲录

杨兴锋　范以锦 总策划　张晋升 主编

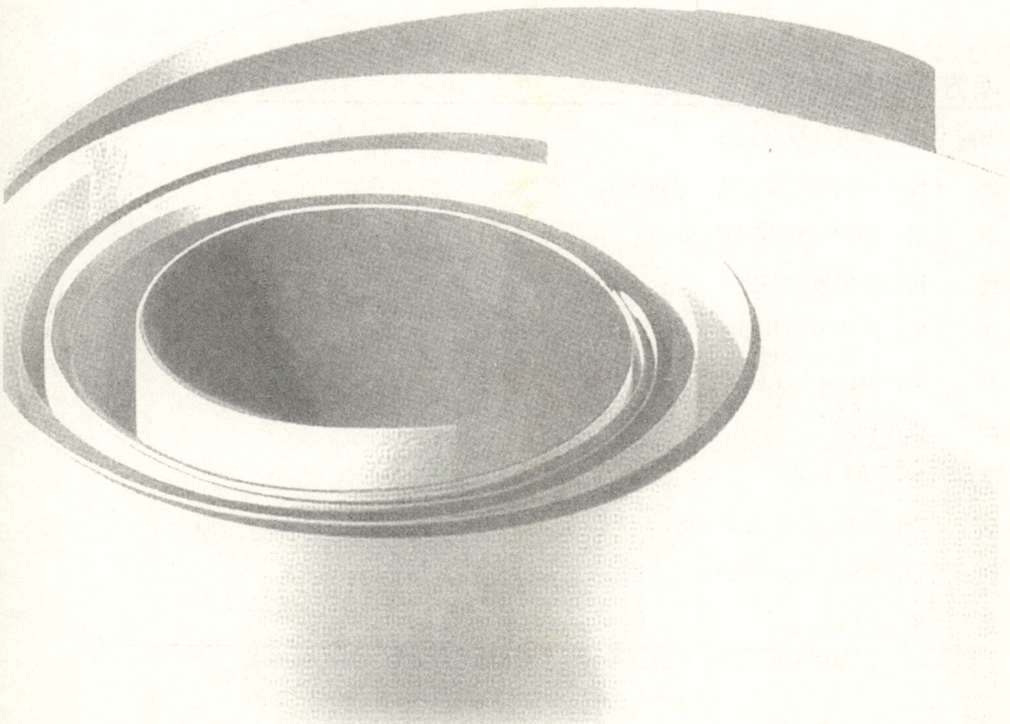

南方日报出版社
NANFANG DAILY PRESS

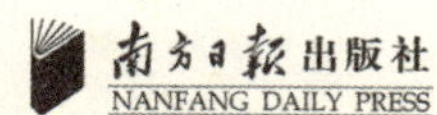

图书在版编目（CIP）数据

南方报业采编精英演讲录 / 张晋升主编. -- 广州 :南方日报出版社，2010.11

（记者训练营丛书）

ISBN 978-7-5491-0103-0

Ⅰ. ①南… Ⅱ. ①张… Ⅲ. ①新闻采访－文集②新闻编辑－文集 Ⅳ. ①G21-53

中国版本图书馆 CIP 数据核字(2010)第 207568 号

南方报业采编精英演讲录 张晋升 主编

出版发行：南方日报出版社

地　　址：广州市广州大道中 289 号

电　　话：（020）87373998-8502

经　　销：全国新华书店

印　　刷：广州市怡升印刷有限公司

开　　本：889mm×1194mm　1/16

印　　张：15.5

字　　数：300 千字

版　　次：2010 年 11 月第 1 版

印　　次：2010 年 11 月第 1 次印刷

定　　价：29.00 元

投稿热线：（020）87373998-8503　读者热线：（020）87373998-8502

网址：http://nf.nfdaily.cn/press/

发现印装质量问题，影响阅读，请与承印厂联系调换。

目录

南方周末高级编辑 鄢烈山

政府是要接受批评和监督的，作为有独立人格的知识分子，我们的主要职责之一就是监督政府、批评政府，所谓“第四种权力”也是这个概念。

作为一个写作者需要有广阔的知识，扎实的专业功底。这点很重要，但在我们当下的社会里面，更重要的是良知。

南方都市报常务副总编辑 任天阳

我们常说你是否名记者、是否大牌的记者，这不单是你个人的写作水平、采访水平高下，有没有代表作，是不是大家都非常熟悉的记者，其实在这背后有一个很重要的素质，你要成为一个名记者，你要有新闻线索的发现能力。名记者必须有非常过人或者说出色的新闻线索的发现能力。

南方日报机动记者部副主任 张蜀梅

我们南方都市报的记者一般都是第一个到达（事发）现场，就能拿到第一手资料，而且我们一般都是最后一个走，所以基本上我们每天都有独家新闻。

我经常都是一天之内会身处不同的境遇里，一会儿我在爆炸的现场，一会儿我又在火灾的现场，晚上又得跑文化，在友谊剧院看俄罗斯芭蕾舞团的《天鹅湖》……

打造业界学界融合的最佳平台

杨兴锋

在今年的集团战略发展研讨会上，我们郑重提出：从今年起，用五到八年的时间，把南方报业传媒集团打造成资产超百亿、销售超百亿的国内一流、国际知名的大型传媒集团。“双百亿”是集团首次清晰提出的中期经济目标，从本质上讲，它就是集团进行目标管理的中心，并以此为重要推动力，推动集团进一步落实聚合战略，构建现代企业制度。

聚合战略是集团针对新的竞争形势与发展趋势提出的新的战略思路，近年来对集团的事业发展起到了战略推动作用，其自身也在实践中得到了不断的丰富与完善：既强调集团旗下不同媒体形态、不同媒体品牌以及不同业务单元的内部聚合，也要延伸至对集团内外的政治、经济乃至人才等一切资源的全面聚合。我们越来越深刻地认识到，聚合战略的成功实施，与业界和学界的融合有着十分密切的关系。正是基于这一认识，近年来我们着力打造业界和学界融合互动的有效平台，目前已经搭建了四个颇具影响的平台——《南方传媒研究》、实习生培养基地、博士后科研工作站和准记者训练营。由以上四个分平台共同构成一个总平台即南方报业传媒集团将努力成为业界和学界融合的最佳平台。

《南方传媒研究》影响大

说到《南方传媒研究》，我们一直着力将其打造成集团和学界以及新闻学子沟通的桥头堡。《南方传媒研究》依托整个集团的采编资源，从新闻实践出发，既不唯经验论，也不学院派，强调实操性，赢得了不少新闻从业者的青睐，更受到新闻学子的追捧，有“中国唯一一本几乎没有任何废话的传媒杂志”的赞誉，社会影响力巨大。全国很多高校，包括中国人民大学、复旦大学、武汉大学、暨南大学等新闻教学重镇的老师，都把《南方传媒研究》列为研究生的必读书目，中国人民大学传媒研究所编撰的《2006新闻年鉴》将《南方传媒研究》的推出收录其中，并对其独特个性和风格追求做了介绍。国内报业集团的同仁以及新闻管理部门的领导通过各种渠道索书，导致这方面的印量不断增加。此外，《南方传媒研究》的论文转载率和引用率越来越高，在全国同类刊物中居于前列。

概括而言，《南方传媒研究》的巨大影响力主要体现在三个方面：采编经验的总结、新闻理论的探讨和新锐年轻化的操作理念。

在采编经验的总结上，《南方传媒研究》扎根于南方报业优秀的人力资源及新闻采写的卓越实践，不刊登枯燥空洞的理论，拒绝冗长无味的鸿篇巨制，既倡导和树立新闻理想的高远目标，也强调重视高水平的新闻实践，并且善于在两者的结合上，提供恰当的视域和平台，向中国新闻界持续提供和输出“南方样式”的新闻理念和操作。

在新闻理论的探讨中，《南方传媒研究》秉承和坚持南方报业一以贯之的品质和精神气度：自由而不散漫、包容而有原则、专业而不晦涩，在观点的碰撞与激荡中寻找共识。

《南方传媒研究》还张扬着新锐气质，力求站在传媒发展的潮头，贴近最新趋势。2009年，新浪微博刚刚测试的时候，《南方传媒研究》就敏锐地觉察到Twitter这种微博客所具备的传播优势，推出“微博时代”专题。紧接着，推出“全媒体转型”和“iPad与纸媒”，随时跟踪传媒界的最新动态，对传媒业发展作出前瞻性的判断或瞭望。在杂志的表现形式上，也向网络化、年轻化靠拢。如博客刚刚兴起的时候，《南方传媒研究》在2006年创刊号上开设“记者博客”的栏目，这是新闻类学术刊物的首创。同时还选编网文，开设“网友观点PK”、“围观版面”、“微博话题”等栏目，为严谨的学术杂志吹进了一点“时尚”之风，洋溢时代气息，贴近读者需求。

实习生基地实习效果好

如果说南方报业传媒集团是新闻传播专业大学生毕业实习最理想的选择，应该算不上夸张。多年来，实习生在南方报业得到锻炼成长，传遍了大江南北。更何况，传媒“黄埔军校”的美誉，早已令许多新闻学子心驰神往。

南方报业传媒集团非常重视实习基地的建设。我们认为，重视实习记者的培养，锻造杰出能干的新闻后备军，意义重大而深远。实习，不仅是为了更好地利用高校资源，培养、发现优秀的新闻、管理和经营人才，也是为了帮助高校培养学生，为新闻界培养更多更杰出的后备力量。我们通过统一公开招聘的方式，广泛接收高校学生的实习申请，并从中选拔优秀学生前来实习，并加强与实习生所在学校的沟通与协调，共同做好实习生培养工作。

我们的具体做法是，每年集团旗下各媒体根据自身情况制订年度实习生需求计划，于年初报人力资源中心，由集团统一公布需求、接受申请、选拔接收。所有的实习生接收工作由人力资源中心统一办理，对实习生实行统一管理，人力资源中心为每个实习生建立实习档案，对其实习表现进行跟踪。各部门则为每个实习生指定指导老师，并报集团人力资源中心备案，导师负有培养的责任，尽可能为实习生安排力所能及的工作，并予以指导。用人部门和指导老师随时考察实习生的个人素质和工作质量，实习结束时向人力资源中心提交对实习生的评估报告，并负责对实习成绩做出鉴定。实习期间表现优秀的学生作为集团应届大学生招聘的重点考察对象。南方日报机动部主任胡键就曾经是南方报业的一名实习生，毕业分配到报社短短几年间，他已经快速成长为独当一面的中层骨干。

博士后科研工作站起点高

为了更好地吸引和汇集高层次人才，加快科研工作步伐，进一步培育和强化核心竞争力，南方报业于2003年8月正式提出设立博士后科研工作站的申请，于2004年初得到国家人事部批准，并于2004年4月挂牌，2005年招收了第一名博士后，从事集团战略的研究，2010年招收了第二名博士后，从事新媒体技术的研究。

我们的博士后科研工作站起点高。为促进和保障集团博士后科研工作站各项工作的顺利进行，集团成立了博士后科研工作领导小组，集团领导担任领导小组成员，负责协调、领导工作站组建及各项管理工作。集团博士后科研工作站的首名博士后挂靠在集团下属的新闻研究所，工作站及博士后科研人员的日常业务管理、科研课题进度控制、落实科研经费等工作由新闻研究所负责，博士后研究人员进出站手续及人事管理工作由集团人力资源中心归口管理。在工作站运作过程中，与北京大学、中山大学博士后流动站的联络与合作，博士后科研人员的考察选拔、科研课题的组织论证、科研成果的评估，以及办理科研成果和知识产权的归属等事宜由博士后的挂靠机构与集团人力资源中心共同负责。

我们为博士后提供高规格的工作待遇。为规范集团博士后管理工作，保障集团博士后科研工作站有关工作顺利开展，根据国家有关规定，结合集团实际，我们制定了《博士后科研管理工作暂行条例》。对博士后科研管理人员的招收、在站期间的管理、博士后科研及日常经费、工资福利待遇和住房等问题制定了具体的标准和实施办法。根据《条例》，目前初定的博士后在站期间的工资“不低于集团同岗位同条件人员工资标准”，集团给予博士后工资待遇加上为其购买各类社保、公积金等开支，每年薪酬性开支约10万元，日常经费总额每人每年约12万元。同时，在博士后科研人员的住房等其他待遇方面，均按照国家规定或高于国家规定标准执行。

第一位博士后出站后留在了集团工作，两年前竞聘上岗成为集团战略运营部副主任，现已是集团的一位得力干将。

准记者训练营互动强

南方报业传媒集团与暨南大学合办准记者训练营，全面融合理论与实践、书本与实战、学界与业界。从2007年3月27日到9月18日，南方报业与暨南大学联合打造第一期“暨大准记者南方训练营”，到今年已经是第四期。业界走进学界，寻找教育与实践的结合点，“暨大准记者南方训练营”可谓首创。训练营以全国有影响力的南方报业传媒集团作为训练基地，请有丰富实战经验的采编精英对“准记者”进行新闻实践案例教学，展示南方报人的办报理念、思维方式和独到的采编技艺，无论对于学界还是业界都有启迪作用。

媒体与学校联手，加强双方在理论教学和新闻采编实战方面的互动及深度合作，深入系统总结国内领先型媒体的新闻运作理念和案例，将推动学院的传媒科研工作及学科建设，促进教材创新和新闻教育改革，改变教学当中与新闻现实脱节的现象，有利于学生的培养，二年级学生期末参加训练营培训，可在南方报业这样的媒体军团中补上案例教学、实践教学这一课，有效锻炼提高思维能力、创新能力和策划能力。

国家新闻出版总署署长柳斌杰去年在视察南方报业传媒集团时说，在改革开放年代，南方报业传媒集团在探索新体制、谋求新发展方面做出了许多有益尝试，孕育了许多在全国影响力很大的报纸，旗下的子报和系列报刊各具特色，形成了一批有全国影响力甚至国际知名度的媒体品牌。“在全国49家报业集团中，南方报业传媒集团可以说是最有影响力、最成功的品牌之一，在全国报业发展上起到了排头兵的作用。”今年6月28日世界品牌实验室(World Brand Lab)在京发布了2010年(第七届)《中国500最具价值品牌排行榜》，南方报业传媒集团旗下有四份平面媒体《南方日报》、《南方都市报》、《南方周末》、《21世纪经济报道》分别被评估出60.45亿元、48.17亿元、47.98亿元、17.31亿元的品牌价值，同时进入“中国500最具价值品牌”排行榜；南方报业传媒集团仅上述四报品牌价值已达173.91亿元，仅次于中国中央电视台、凤凰卫视位居中国传媒业界第三品牌巨头。正是因为南方报业传媒集团在全国报业中的排头兵角色，我们的新闻理念和经验、光荣与梦想，才能赢得业界和学界的广泛认同。

宋代大儒朱子有诗云：“问渠哪得清如许，为有源头活水来”。准记者无疑是我们新闻事业的源头活水。今天的准记者，将是明天的新闻生力军，后天的主力军。

是为序。

（作者为南方报业传媒集团董事长、南方日报社社长）

实现从“操作工”到“技师”的转变

范以锦

我曾说过“传媒人不是新闻技工”。再细分一点，采编一线的传媒人由于自身的素质不同可分为三种类型：“操作工”、“技工”、“技师”。操作工就是完全按照一种模式操作，属简单的劳动；技工则技术比较熟练，比一般的操作工强多了；技师属更高层次，达到一定的创新能力。传媒行业是实操性很强的行业，采编活动专业技术含量较高，因此与一般的实操行业有很大的不同。传媒大学生在进入传媒单位实习或工作初期，往往是从“操作工”开始的，大多数传媒人不会满足于“操作工”的水平，但达到“技工”的水平之后，有些人就止步不前了。有的是不思进取所致，有的则是观念滞后、知识积累不足造成后劲乏力。传媒新人要实现从“操作工”到“技师”的转变，须费很大功夫，而且从学生年代就要打好扎实基础。

从2007年开始，暨南大学与南方报业传媒集团联合打造“暨大准记者南方训练营”，学员来自暨南大学新闻与传播学院二年级新闻专业的本科生，旨在通过培训，让传媒大学生明确新闻人的基本素质，明确自己未来的发展方向，以达到培养更高层次传媒人才的要求。这些掌握了一定基础知识且即将上三年级的“准记者”，有很强烈的进入业界学习锻炼的愿望，训练营急他们所急，以全国传媒界颇具影响力的南方报业传媒集团为训练基地，请南方报业有丰富实战经验的采编精英对“准记者”进行新闻实践案例教学。教学结束后，组织“准记者”参与采编活动，进行实操训练。训练营每年举办一期，至今已创办四期。2008年，南方日报出版社将训练营老师的教案以《准记者培训教程》为书名结集出版，问世之后产生了良好的社会影响。因此，联办单位决定选择第二期、第三期部分业界老师讲课的内容，出版第二辑。尽管每位业界老师所讲的侧重点不同，但都有一个共同点：传播了传媒的新视觉、新理念和传授了提升采编创新能力的新技巧。这也正是传媒大学生最需要下功夫培育的。传媒院校既不是纯学术型的科研机构，也不是培养新闻“操作工”、“新闻技工”的职业学校，我们的传媒大学生既不要把自己关在书斋里成为新闻经验贫乏的“空头理论家”，也不要把自己降低到无理论厚度而只懂肤浅的操作手段的新闻“操作工”。传媒院校新闻学的学生要激发持续学习的能力，着力打造适应业界需求的三项基本创新能力：适应新闻内容创新的过硬的语言文字表达能力、以新的视觉和方法洞察社会的能力、新媒体时代把握新闻发展趋势的认知能力。

现在都说新闻教育脱离实际，于是解决这一问题的捷径就是请校外的业界人士讲课和让学生更多地到新闻单位实习。前一个使学生对这个行业内部运作的情况有了理性的了解，后一个是通过见习将课堂上学到的和理解了的在实践中进行检测，这样就使课堂上学的与实践一致起来，学生在实习中或到传媒单位工作后并不觉得课堂内外存在过大的反差。这样的学以致用，与脱离实际的学习相比，当然是一种进步。但是真的就完全解决问题了吗？以我之见，不能一概而论。如果这种检测和套入的过程，只是干毫无技术含量的活，还是不能解决“后劲不足”的问题。关键的两个问题是：请进来的业界老师讲的是什么内容、传授的是什么经？学生在实习中关注和学到的又是什么？从请进来的教师授课的角度看，如果只是讲一般性的技艺，顶多也只能充当中等技术学校的老师。从实习的角度来看，如果只是想检测一下所学到的一般技艺的理论知识，一味埋头写稿，不研究问题，也只能达到熟练技术工的水平，可将其称为熟练的“新闻技工”。从长远来看，一般性的经验传授和见习，其价值很有限。新闻教育如果单纯传授技艺，只注重实践和专业技能训练，不拓宽学习的领域，就无法提升传媒大学生的层次，这就与职业教育、职业培训差不多了。

“暨大准记者南方训练营”的价值在于，所选择的讲课老师，是业界有一定影响的采编精英，他们讲授的也是前沿的理论与实践。授课老师、南方周末报系执行总编辑向熹的《时代认知与新闻方法论的创新》说到，在媒体众多的责任中间，如果你不是一个真相的追寻着，你扮好了其他的角色，你还不能说自己是一个优秀的新闻媒体。南方日报时政新闻中心主任段功伟谈如何做好政治报道时说，谈政治要谈出滋味来，把单向的宣传灌输变为双向的互动碰撞，以新闻的生动带来政治的兴趣。南方周末高级编辑鄢烈山讲到为建设公民社会而表达时认为，作为一个写作者需要有广阔的知识，扎实的专业功底，但还不够，在我们现代社会里，更重要的是良知。南方都市报常务副总编辑任天阳着重谈了新闻策划与新闻线索管理，他强调，是否是名记者，这不单是个人的写作水平、采访水平高下，其实在这背后有一个很重要的素质——非常过人或者说出色的新闻线索的发现能力。南方日报机动记者部副主任张蜀梅从事突发报道多年，她以“我是怎样采访突发新闻的”为题，谈了自己深入突发现场采写的感受。南方周末编委郭光东的《新闻策划的力量及其滥用》，给人“新闻策划这个大块头需要大智慧”的深切体验。南方周末资深记者傅剑锋畅谈了“新闻专业主义与新闻诉讼”的话题，提出为保证新闻的真实，新闻工作者要采访到核心信息源，没有核心信息源的报道往往充满风险。南方都市报原副总编辑、时代周报总编辑宋繁银的《寻求本质的真相——全球化语境中的经济报道》，讲述了对追求真相的深刻感悟。南方日报版式总监兼视觉新闻中心副主任赵小星，在透析提升报纸信息的传播品质时，讲到了差异化设计、易读化设计、大视觉整合、人性化管理、全媒体传达五个发展节点，提出没有最好的版面设计标准，只有最合适的。南方报业传媒集团副总编辑江艺平和南方农村报副总编辑麦倩明共同以“边缘媒体如何实现主流化生存”为话题，提出了“不能放弃把声音融入主流的努力，实现‘相对主流’”的观点。我们从书中可以看出课程内容的前瞻性，包括新闻人采编的理念和思维方式，很有意义和针对性。他们传经布道，不是传一读就懂一看就会的简单的操作方法，而是传授新闻理念、思维方式。新闻理念、思维方式和先进的技艺，其综合体就是前面所讲的“三项基本创新能力”的提升。

训练营一方面将实践中提升起来的理论对“准记者”进行培训，另一方面组织“准记者”到业界实习并引导他们明确实习的目的。实习当然可以提前学到日后工作用得上的本领，但作为学生，实习的作用并不是看其发了多少篇文章，也不只是看其上了多少个头版头条，而更为重要的是要点燃自身持续学习的激情，通过业界老师授课和实习指导，明白自己还缺什么、要抓紧学习什么。《南方周末》是全国很有影响力的媒体，他们很重视大学生的实习，方法也特别。在新闻采访部实习，实习生必须参加南方周末举行的选题会，会前要求实习生通过多渠道寻找报道线索，并提出可以经营的选题。在选题会上，了解和分析为什么有的选题上了有的上不了。选题选中了，然后参加实际操作。写好了稿，有的见报了，有的又碰到禁令不能见报。当你感到困惑时，南方周末的老师会给你进行具体分析指导。寻找选题的过程需要新闻敏感，需要丰富的知识，需要对社会有深刻的了解，包括常态下是怎样的、非常态下又是怎么样的。南方周末对稿件的写作又非常苛刻，要有高度、深度和独特视角。因此学生实习时写稿并不多，但收获不小。在实习中，学生学到了学校学不到的知识和非一般性的技艺，更为重要的是，知道了自己缺什么，会抓紧在校的时间搞好学习。我想这样的实习就不一般，培养出来的肯定不是“新闻技工”。我们为什么将训练营的学生定在二年级即将上三年级时，也就是将实习时间适当往前移？并不是希望他们尽快学到新闻单位的那一套具体操作方法，而是想通过实习尽快找到学习方面的不足，在接下来的时间里能更有针对性地搞好学习。毕竟，学生的主要任务是学习。

我们经常说，传媒学生“后劲不足”的问题，这既有“学”的缺失，也有“术”的不足。所谓“学”，就是传媒学问的研究，更多的是理论层面的；“术”，就是从事传媒工作的技艺，更多的是操作层面的。从中国传媒业发展的现实来看，当然既要“学”也要“术”。随着社会进步，作为极其敏锐的媒体，必须有人去研究和指导，大力推进这一行业的发展。但脱离了“术”的研究，肯定也是不着边际的空对空，收效不大。从“学”的方面来看，目前普遍认为传媒学通识教育不够，学的范围太窄。就新闻自身的理论而言，则是创新理论的缺失。前沿的新闻实践已轰轰烈烈地进行，但经验的总结滞后，或只是一般性的总结而未上升到理论层面，更未为学界所关注、未及时转化成“学”的层次。只有“术”没有“学”，理论的功底、深度和厚度不够，是走不远的；反过来，只有“学”没有“术”，脱离实际，与业界的人才需求相悖，也违背了新闻教育的目标。

我们企盼，训练营能在“学”与“术”的结合方面，起到示范、引导的作用。这部作品是训练营的重要成果，我们期待，其所展示的报人理念、思维方式和独到的采编技艺，无论对传媒大学生还是新参加工作的传媒人都有启迪作用。

（作者为暨南大学新闻与传播学院院长、教授、博士生导师）

第一讲
时代认知与新闻方法论的创新

在突发的大灾难面前，有太多的社会责任需要媒体来承担。在媒体众多的责任中，第一位的还是做真相的追寻者，永远的真相的追寻者是灾难性事件中媒体应有的主观认知；如果你不是一个真相的追寻者，你扮好了其他的角色，还不能说自己是一个优秀的新闻媒体。

主讲嘉宾：南方周末报系执行总编辑　向熹

时　　间：2009年6月11日

主 持 人：暨南大学新闻与传播学院新闻系副主任　张晋升

讲座发言

主持人 | 今天我们非常荣幸地邀请到南方周末报系执行总编辑向熹先生，欢迎。向老师对我们训练营非常支持，在第一届的时候第一课也是向老师开讲的，之后，我们同学去专访他，他都非常热心，非常支持我们的学生的实践活动。向总大家应该都比较了解，有一篇文章收在《中国传媒：激荡与拐点》里面，大家也应该看过。那篇文章对于2008年的几件大事，进行了非常好的回顾，并且里面观点非常新。今天向总主要就是围绕2008年这些大事，谈一下新闻媒体、记者应该怎么去面对。我们欢迎。

向　熹 | 暨大的同学们，非常高兴第二次参加准记者训练营。第一次是应范社长（现为暨南大学新闻与传播学院院长）的要求，南方周末做了一个系列课程，也就是后来南方日报出版社出版的那本书——《准记者培训教程》。书里面我谈了时代认识和价值认识。那次确实是非常认真地准备，准备的目的是想和新闻系专业的同学有所沟通，想让大家有所收获。没想到那个讲座之后，讲座的内容受到了广泛的欢迎，后来呢，在厦门大学、南京大学，还有武汉大学我都讲同样的题目，倒不是说我走到哪儿都讲一个题目。这个话题在有所修订的过程中讲了若干次。那么今天来给大家讲的还是从2008年中国传媒的变化入手，通过传媒变化的实例、社会变化的实例，给大家阐述一下在这一年里，预示着中国未来发生什么样的变化，中国传媒会有什么样的变化。跟新闻系的同学交流，非常简单，不用讲太多ABC的内容。昨天下午，我抽了一个半小时应邀去给某跨国公司大中华区（包括香港、台湾）讲课。讲什么内容呢？也就是讲中国会有什么样的变化。他们更想知道，在这样的变化之下，应该如何应对。所以我接到这样的邀请的时候，感觉有点突然，我是做传媒的，不做营销研究，我能给他们讲什么呢，他们说你就讲受众群的一些变

化，讲中国传媒形态的一些变化，就很好了。结果讲下来以后呢，海峡两岸及香港地区现场的反馈非常好，就觉得这样的一些变化，不单是新闻从业人员应该把握的，也是商界应该把握的。那么我们来谈2008年的中国传媒的变化，我们准备怎么来看呢？

2008年，是中国历史的一个逗号。说它是一个逗号，在于改革开放在这一年走到了30年，也就是这一年，中国开始新的一个30年。那么在过去的30年，中国创造了让世人惊羡的中国奇迹，而在这样一个奇迹面前我们居然没有一套成熟的分析方法与认识：这是怎样一种模式？这个模式的得失是什么？

2009年6月10日下午，省委主要领导针对传媒的问题跟全省的新闻媒体的负责人进行了一次讲话。他的讲话中间也谈到一点，就是说我们目前跟西方之间的分歧到底在哪里？大家谈“中国威胁”，真正的威胁来自什么？是来自经济吗？显然不是。中国的经济体量，与美国的经济体量相比，还不可同日而语。是来自军事吗？中国现在所有的军事都建立在近海防卫和本土防御上。连战略性的航空母舰都没有，那么谈中国军事威胁显然也是一个不切实际的说法。那么真正威胁着谁呢？是什么威胁着对方呢？那就是一个全新的模式。这是一个发展的模式，这种发展的模式颠覆了西方社会一直主张的模式：国家要发展，民族要复兴，就必须走西方的道路。那么中国30年的发展给出了一个特例的答案，这个答案就是中国创造了奇迹，再一次向世界说明有另一种模式的可能性。这种模式的可能性就造成了对西方模式发展认识的威胁。所以中国的威胁，实际是来源于中国模式的威胁。

所以今天谈这个话题的时候，我想首先还是要从最宏观的角度切进去。大家看好莱坞的电影，有很多的电影是从卫星视角开始，从地球之外来看地球，然后一直放大到某一个地点，我们希望今天这个分享，也能延续这样一个视野变换。

今天首先我会讲重新认识中国奇迹，第二是重新认识国际形象，第三是重新认识大国国民心态，第四个是重新认识中国的传媒。

一、重新认识中国奇迹与中国传媒

“中国奇迹”，为什么要重新认识？这个在于1989年，它代表了中国对于发展模式的一种选择。这种选择在1989年之后到2008年20年的时间里，它创造了一个确实让世人惊羡的奇迹。这个奇迹在上一次的准记者训练营上谈过，这个奇迹是人类历史上从来没有过的。在1978年到1987年的九年里，中国实现了GDP的翻一番，这个纪录之前只有日本在1960年到1969年实现过，美国用了40多年，英国用了50多年。中国GDP第二个翻番又用了9年，超越了日本的纪录和韩国的纪录。中国在2020年将实现GDP再翻两番，这个目标设定的时候，没有人怀疑中国的能力，就是在金融危机之下的今天，我们仍然看到中国GDP单季度的增长达到了6.8%，印度达到了5%，而美国是-4%，日本是-7%。在这样一个数字之下隐藏的就是中国以一个让世人惊羡的速度在高速增长。在这样的增长之下，如果中国保持这个速度（前30年中国的发展速度是平均每年9.8%），不要说保持一年9.8%，就是一年7.2%、8.5%的速度，那么中国在将来会实现一个什么样的飞跃目标呢？就是在2040—2050年之间，中国的经济总量是美国的两倍。这样一个经济体量的出现让世人太惊讶了。大家可能看到一个从来不认识的中国，它以一个世界不认识的发展模式在迅速地增长。1860年的时候中国的制造业是世界第一的，和英国并列。在2007年中国重新回到了制造业第一，在这一年我们看到了中国的各个媒体都报道了这样一个消息，但是在这个后面呢，我们同时要认识到，在这一年里，“中国的制造业世界第一”还是可以做另外的解读，就是制造业占世界经济的总量不超过20%，在14%到17%之间。那么我们来看中国的奇迹，惊诧于它的成就，另一方面确实要从中国经济的现实问题入手，来重新评析这样一个奇迹。第一是中国经济的结构，第二是中国经济发展的能力，第三是中国这样的经济发展给我们整个人类带来的压力。这三个问题在西方人眼里是有既定答案的，虽然他们也无法解释中国奇迹是怎样实现的。不是说他们不能解释，有三套体系，包括所谓社会与政府的权利让度问题，包括国际组织与民族政府之间的权利的切分的问题，以及其他的分析方法。总共有三个关于中国经济发展模式的框架体系。但是他们总的来说还是有一些担心的。第一个是高能耗的发展模式；第二个是国有控股企业作为最主体的企业的这样一种发展模式；第三个就是中国经济发展之后，政府力量壮大，会不会产生对人类的威胁。这三点是世界对中国的一种疑惑，也是世界对中国经济发展的一种隐忧。正是在这种隐忧之下，中国在2008年出现了一个很大的自我认知和他人认知的反差，这个反差具体表现在年初奥运会火炬传递到西藏时中方和外国媒体报道的视角差异。在这个过程中，我们看到的是我们认为是民族复兴标志的奥运会的举办。我们做了一个计划，这个计划是人类奥运史上最长的一次奥运火炬传递活动，但是当火炬传递到世界各国的时候，它受到了各种形式的阻挠，这种阻挠如果仅仅来自"藏独"分子，我们是可以理解的。那是中国的内政问题，是一个历史遗留问题。但是它来自各个民族，来自各种人群，对中国产生了一种抵触。所以这个时候我们就不得不想，到底中国在国际上是一个什么形象。本来我们以为我们GDP的增速，连续30年居于世界之首，本来我们认为我们的经济总量已经成为世界上一个不可忽略的经济体，本来我们认为我们的整个民族复兴的过程，已经达到了人类历史上从来没有的一个奇迹，但是我们恰恰没有想到，就是在我们自己对自己这么认可的时候，世界却用行动表达了对中国的不认可。这样一个反差出现在2008年。

在这一年里我们内部青年知识分子和中年知识分子发生了思想上的冲突。一个西方人问我，你觉得中国社会和西方社会有什么样的区别？我说最大的区别就是：西方是稳态的，中国是变化的。那么从中国人的意识来看，青年人在思想上趋于保守，也就是维护现实，中年人的思想趋于激进，也就是批判现实。而这一点恰好与1776年到现在的200多年间，世界意识形态发展的所有的规律相背离。也就是说，在任何时代、任何国家都是中年人趋于保守，年轻人趋于激进。那么为什么在中国青年一代这么保守，这么维护现实，年老的一代、中年的一代这么激进地希望改变现实呢？那是因为中国在短短的30年之内，实现了翻天覆地的变化。那么这个时候我们再来认识，我们就感觉，在中国，目前大国的国民心态并没有与大国的经济实力相匹配。甚至从中国目前来说，这种国民心态是分割成若干块面的，这每一个块面都有一定的代表性，但它绝不是一个整体。

也就是这一年，中国的传媒经历了一次从潜在威胁走向显性威胁的转变，特别是传统的媒体。这种威胁不仅来自新兴的媒体，也来自自身产业内部。所以2008年从上述的四个方面，无论是中国奇迹的再认识、中国形象的再认识，还是大国国民心态的再认识，我们从事和在座的各位将要从事的行业都面临着一个认知的问题。2008年是一个巨大的标本，只有解剖了这个标本，我们才能清晰地看待过去的30年，也才能成功地前瞻将要到来的30年。

这一年是我们传统媒体自我拷问的一年，我想以解剖汶川大地震来给大家做一个剖析。这个剖析表面上看是灾难报道和媒体角色的认识，而从根本上讲，是对媒体角色的自我认识。这个问题的针对性是什么？针对性在于，2008

年媒体该报道什么，报道什么会得到褒奖，报道什么会受到批判，这么一个舆论的争议出现在“5·12”大地震之后。这个问题的另一个侧面是，我们也许在过去没有清晰地思考过媒体的角色是什么。但是经历了2008年，我们却不能不去思考媒体的角色是什么。有人说在灾难报道的时候，媒体是动荡社会的黏合剂，是稳定人心的一剂稳定的药。那么这个是不是媒体对自身角色的认识？应该说这样的角色认知，在2008年和今后都一定是对的，但是对于元问题、第一性的问题，我希望通过接下来的阐述能和大家形成一个共识。

二、《南方周末》是如何报道汶川大地震的

我们首先来回顾2008年，我以《南方周末》为例，这张报纸做了什么，这张报纸做了以后在社会上引起的争议以及争议的焦点是什么，这个焦点背后又是怎样的一种思潮的回音。那么《南方周末》在汶川地震中做了什么呢？《南方周末》在汶川地震当中总共做了一期号外、六期专题和一期后续报道。

学校之殇　重建之思　水火之急　返乡之困　灾区之大

南方周末

Southern Weekly

大地震现场再报告

绵竹富新二小：
垮塌校舍是怎样建成的

将开放透明进行到底

《大地震现场再报告》专题报道

应该说“5·12”的到来，没有人有思想准备。我还记得很清楚，那一天中午，我正在报社旁边，请我们厦门的发行合作商吃饭，吃完饭以后我把他们送走，当时是两点二十几分，然后我走回报社大院。走到报社大院楼下的时候我就接到电话。我是成都人，我的父母都在成都。然后我接到我父亲的电话，短短的通话里他就讲，成都地震了，震级很大，影响很大，最后一句话是“我和你妈妈都跑出来了，但你的姐姐还联系不上”，之后电话

就断了。我的第一个反应，当然是担心自己的家人；第二个反应，我不知道这个新闻有多大，那我能做什么呢？我一边在脑袋里想，一边没有等电梯，直接跑上12楼。因为在南方周末，只有新闻部有一幅大的中国地图，我想弄清楚震中在哪里。我跑到地图前面的时候，我们的科学版的记者和编辑以及新闻部的总监都站在地图前，大家都在找震中在哪里。我就听见科学版的编辑说了一句话，“以现在这样的震级”，他画了一个圈，“在这个范围之内，片瓦无存”。我意识到：大新闻来了，但是我们应该怎么做？我们坐在会议桌前的反应是把记者派出去，不知道前面发生什么，我们在成都有记者站，但是打不通电话，就把所有的记者调动起来，往前冲，先在第一时间往前走，让我们的行政中心，最大可能地为前线记者提供一切的支持。当天订的飞往重庆的机票，因为成都机场已经封闭，只有救援物资可以进出。飞到重庆，然后我又打电话给重庆日报的领导，让他无论如何帮我租好两辆车，帮我们把记者从重庆送到成都。让记者出发之前，我们行政中心要准备好鞋子、手套、口罩，买好相应的物资，还要给记者每个人买两份以上的保险。记者上前线，谁愿意去谁报名。不愿意去的记者我们绝不勉强。在那一刻我们确实没有想到那么多，想到的就是新闻发生，我们必须到现场。南方周末做的一个形象广告叫做“无现场，不新闻”。

南方周末

心手相连　抗震救灾

招商银行向地震灾区紧急捐款500万元

本报记者5月14日徒步走向震中汶川……

徒步汶川

都江堰-汶川：90公里生命之路

记者亲历地震现场，报道《徒步汶川》

为什么我要谈这个号外的问题呢？可能任何报社碰到大事都会这样应对，但那一刻对《南方周末》来说不一样，2008年《南方周末》来说正面对一个自我形态的调整。因为我们当时在考虑到底是“做多”（一周做几期），还是“做厚”（一期做若干个版）。我们正通过调查公司在读者群中做调查，内部也在做

大地震现场再报告　学校之殇

“我下跪不是内心有愧”　——南方周末独家专访四川省绵竹市委书记蒋国华

《大地震现场再报告·学校之殇》专题报道

这样的一个权衡。所以在汶川大地震发生的时候，我的第一反应就是，那我们干脆就做日报，从现在开始滚动报道汶川地震的事情。因为我们跟其他媒体比，我们更有优势，我们在成都有记者站。后来在下午4时多我们打通电话的时候，成都站负责人跟我讲记者已经准备好干粮，徒步往汶川去了，但是现在联系不上。所以我们在第一时间做的是把记者派出去，保证后勤以自愿的原则选择人员派上去；同时我们在做的就是符合《南方周末》自身的方向选择，做号外这种模式。《南方周末》5月13日号外就出来了。5月13日我们的第一拨记者就到了北川，就是张悦。但是张悦并没有进去。面对那个全部停电的状态，又是暴雨，地震之后的暴雨，整个天空和地面都是黑的。李海鹏赶到的时候问张悦：“你进去了吗？”张悦说：“我不敢。”所以我们觉得那一刻他说的这句是真话，面对着一个死城，你确实是不敢。虽然他比新华社记者还早赶到了北川县城外，但是他不敢进去。连个照明设备都没有。后来，记者发回的第一篇报道《北川，悲伤成川》，就是在天蒙蒙亮的时候，记者开始做了采访。从那之后，《南方周末》相继做了六期专题，包括大家熟知的《汶川九歌·大地震现场报道》和后来的《大地震现场再报告》，包括《学校之殇》这样的调查。其后《南方周末》做了其他的包括《唐家山堰塞湖炸还是不炸》，决战唐家山这个决策过程。我们有一篇稿子是在汶川地震中写成的，但是一直拖到全国人大常委会议审议《减灾法》的时候才报出来，那就是《中国地震预报的“江湖”》。

报道出来，《南方周末》自己的感觉是什么我可以跟大家讲，《汶川九歌》出来的时候，就是大地震现场报道做完以后，我已经是三天三夜没有休息。我给一线记者发了个短信：大家做出了一件了不起的事，这一期报纸可以和《南方周末》24年以来任何一期相媲美，甚至可以写入中国的报史！在这样一个情况之下，我们还是非常乐观的。所以我给评论部出的是命题作文，叫做《汶川震痛，痛出一个新中国》。那是中国5月1日开始实施《信息公开条例》，政府第一次透明化关于地震灾害这样一系列的内容。我们原来准备发一组系列评论，当时，张晋升老师他们来采访我的时候，我还抱着一个很好的愿望，我还在说第二条是什么、第三条是什么，都是希望这一事件，能够让中国有所改变。

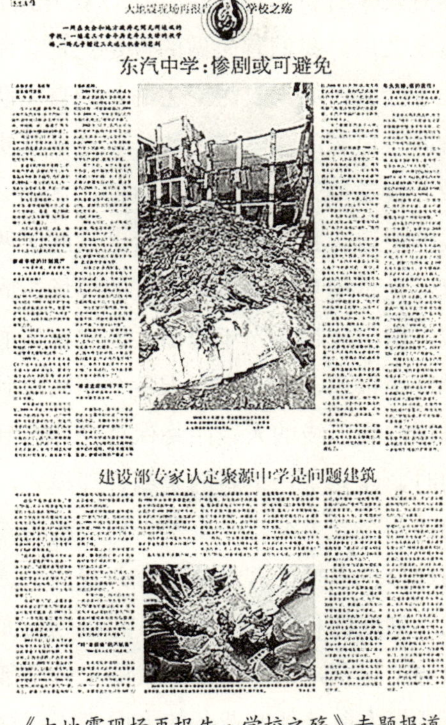

东汽中学：惨剧或可避免

建设部专家认定聚源中学是问题建筑

《大地震现场再报告·学校之殇》专题报道

南方周末

Southern Weekly

大地震现场报告

汶川九歌

汶川震痛，痛出一个新中国

震后专题《汶川九歌》

在报道的过程中，我们不经意地把这几年《南方周末》锻造出来的四支团队依次地往前派。第一支往前派的是“观察”团队，做《汶川九歌》的时候，包括前面徒步汶川，再之前的号外。团队报道新闻的手法，就一个——观察。“观察体”是《南方周末》在20世纪90年代末就开始尝试的。当时为什么会出现这种体例呢？是因为《南方周末》当时设想一个记者去采访硬新闻的时候，如果用你全部的感官去接触现实，你会有新的发现，这个发现足够影响读者，那么它本身是个有价值的报道，所以就开始尝试“观察体”。在“5·12”汶川地震爆发之后，我们首先做的也是把记者派出去，用“观察体”来全方位地报道发生了什么。第二支派上去的是调查团队，就是《大地震现场再报告》中谈到的占四个篇幅的《学校之殇》。这个其实没什么奇怪的。别人问你为什么要这么做？我觉得一个是正义感驱使。在第一、二天我就几乎接到所有记者要求上前线的申请。我在内部网上给大家回了两条信息，一条就是说，我们借这样一个机会是希望真实地再现灾区的现场，同时也希望在新闻业务上实现对自己的突破，做出能超越当年唐山大地震报道的好报道；另一条是说，我们希望通过这样一个报道，让南方周末各个团队得到锻炼，所以我们必须持续地往前发展。每期派到前线的人数始终保持在12名到18名之间，我绝不让所有的人往前去。同时，建立了一个新的采编管理模式，我把编委逐个派到前线去担任指挥，后面的两个副主编，一个管组稿，就是找别人写，另外一个管新闻的部分。组稿的部分也包括了言论的部分。我周一、周二、周三在做后端的管理，到周四我就飞到成都和前线的编委一起策划前面的报道。在这种模式之下，我们第一组做的是观察，第二组派过去的记者全部是现场调查。这个调查今天来看依然没有任何人敢从新闻业务的方面来指责这个报道有瑕疵。按照《南方周末》的调查报道规范来说，我们做得非常好。记者调查了校舍建成的所有环节，包括设计、批准、购买钢筋水泥的人、施工的包工头。在这个调查之后，我们进入一线的是南方周末近几年打造的一个非常优秀的团队，就是时政团队。从2001年开始，我们要做时政报道，2002年做出标志性的报道，比如说《为中国开启世界之门》，就是中国共产党转型，《他们眼中的胡锦涛》；到2003年做出“癸未施政”系列报道。在这个过程中，我们确实从无到有地塑造了一个中国很优秀的时政团队。当我们把时政团队往灾区派的时候，可能连内部大家都会想，他们去干什么？其实时政团队到了灾区大有作为，因为在前期黄金72小时里，救人是主体；72小时之后，“人祸的追问”是那个时候最密集、最稀缺的一个新闻。在这之后，好像灾难已经趋于平静，在这个平静之下，我们能做的是对背景和救灾的主体，也就是政府，做一个深入的报道。中国这次救灾的成果，可以说绝大部分都来自他们。从情感上，从舆论造势上，民间、志愿者、企业捐款，占了很大的一部分。但实际上，中国整个救灾是政府在做。政府的官员忍着伤痛在做，他们是怎么生存的，他们是怎么做的。还有，政治报道中，最大的一块就是决策。在灾难面前，决策的报道是没有的。我们不想去报道唐家山堰塞湖它会发生什么样的变化，什么样的一种危机会造成绵阳市的淹没，或者其他的什么结果。我们关注的是那个关着门的会是怎么开的，唐家山堰塞湖经过了三个月方案的选择，每一次方案是怎么拍板的。所以我们关心的是决策，任何决策者在决策的过程中，虽然决策是团队在做，但实际上是孤独的一人在做最后的决定，那么这个人当时他在想什么？这样的题材的操作才是我们时政团队的事。挖出中国决策背后的特殊的成败，这个是这个团队的优势。

再往后，我们做了《成都的惊情一周》，这时派上去的是我们文化和特稿团队。这个报道是我们《南方周末》在2002年之后努力打造的一个全新的新闻品种。所谓“中国式的特稿”，它和Features又有很大的区别。如果按西方特稿的模式的话，《南方周末》的每一篇文章、深度报道，都可算作特稿。但我们想我们所期待的特稿不是这样子，我们所期待的特稿是用其他的各种报道体例都无法呈现的事实，我们用特稿这种体例去呈现。怎么说？第一，冷和热的问题。所有的新闻一定是热的，对冷的事情的挖掘一定不是新闻主体所要承担的责任。第二，在手法的运用上，一个虚构的文学，它可以采用很多的写作方法和写作节奏。对于新闻来说有大量的限制。但是限制之下，非虚构的作品应该怎样去描绘，才能做到更好。第三，我们容许一个超长的文本出现。《南方周末》的版面寸土寸金，每期只有32个版，记者都争着上稿。我们每期都拿出两个版面来做特稿。这么做就是考虑这个东西用热新闻没法操作，用传统的新闻手法无法表现，同时，用小篇幅无法对这样的一个题材进行充分的描摹。只有符合这三个条件，我们才用特稿去操作。那么南方周末在地震发生之后的第五周我们最后一次派到前线的团队，就是特稿团队这样一个小组。他们到了前线，就是把成都彻底按照“二战”时期的巴黎进行一个呈现。从地震发生到人的心态的变化，到这群人作为中国独有的独具幽默感的一群人，他们怎么面对生活，面对失去亲人，面对每天都像打仗一样供应前线这样一个战时机制。采访了很多很多的人。这个版面上面有大量的人像，都是接受采访的代表，用这个方式作了一个呈现。

三、《南方周末》汶川大地震报道引起的争议

这样一个地震报道，让我们自己感觉南方周末在这一次事件中全体出动。我们没有保留一支战略预备队，我们把每一个团队，每一个拿出来就能打仗、打仗就能胜利的团队，全往前线派。我们的每个派到一线的编委，都是与一个团队相配合的。做时政的编委，就跟这个结合；做社论的编委，就和观察调查结合；做特稿的编委派到前线后就和他们的特稿团队结合。这样的操作之下，我们自己感觉这组报道在我们自己的报史上还是很荣耀的，做出了历史上非常耀眼的一组报道。但是，就是在这种情况之下，《南方周末》的地震报道在社会上引起了巨大的争议。这个争议我简单地挑几个最突出的地方来和大家分享。

第一个是针对《汶川九歌》，赞弹都有。赞的方面是说这是最真实的震区记录，弹的方面是说这是一个纯客观的报道。对于地震中房屋倒塌报道，大地震现场再报告，24个版的1/6就是4个版，赞的方面说这是一个社会良心的体现，弹的方面说这是救灾过程的不和谐音。在这样的赞弹之下，我们认真地分析一下，究竟是什么原因引起了这样的分歧？在这样的分歧之后，表现的是中国社会有什么不一样的变化，以及将来我们做传媒该怎么应对呢？

我们来看争议的焦点在什么地方。首先是记录了负面的现象。《南方周末》有几篇文章，我们自己感觉做得非常好，甚至我在内部讲，这几篇文章在日常可放在头版头条，而且是头条中间能打高分的，能在《南方周末》历史上留下痕迹的作品。而《南方周末》自身对于新闻水准的苛刻要求也决定了这样的作品在中国新闻界绝不是差的作品。在这样的作品里面，其中的一点是呈现了负面的现象。我最后把细节全部进行了一次统计，统计结果是《南方周末》所做的灾区现场记录中间，被人归入负面记录的细节占总细节量的不到10%，可能7%左右。对于这样的量来说，《南方周末》的报道就是那么不可容忍吗？在那一刻为什么大家以心术不正、出发点不好来批评呢？我不想来批判这种东西，我想很冷静地来思考到底是什么原因造成的。在灾难发生之后，中国进入了很有意思的时期。那个时期就是政府全面地公开信息，媒体全线地进入。大家出于人道的本意，开始努力地去报道各方面的灾区现状。在这样的现实之下，我们不经意间营造了一个所谓的“媒介现实”，就是一种社会建构理论，在传播学上同学们都学到过。社会建构理论讲，从笛卡尔开始，世界一

个是内心的，一个是外在的。外在的有什么样的真实世界，内心的世界就是它的反应。后来从康德开始思考一个问题：其实不是这样的，不是人心是一个镜子，世界是一个实体，而是在这个实体与镜子之间还有一个“现实”存在。媒介现实就是通过大众媒介的描述营造了一个真实与个人世界之间的一个媒介的现实。在“汶川地震”中这体现得特别明显。

我们看到后来网上出现当受灾群众在医院里面要吃要喝，跟护士医生发生冲突的信息的时候，大家揪心地痛，不可理解：自己的怜悯怎么给了这么一群人？同样如此，当大家看到《南方周末》的报道，报道这个可能是人间圣地的灾区，除了救人，除了生离死别，除了人道关怀之外，居然还存在着抢银行的，居然还存在着抢食物的，居然还存在着黑社会性质的行径，居然还存在着小蟊贼，去扒倒塌的房屋里面的食物和财物，大家受不了。总而言之，我们已经通过媒介为我们营造了一个童话，这个童话让我们相信，灾区就是天堂。那不是人这种物种的天堂，而是一种精神的天堂，在那里只有崇高，没有卑下。但事实上，当这份报纸出来的时候，当李海鹏在写“有人从一个地方跳到另外一个地方去偷盗，去抢，去挖财物的时候，当有人在一个电器营业厅没有人时冲进去偷手机的时候，当一群民警战士把小蟊贼们拦下来要求他们交出抢夺的财物的时候，对他们说‘你们是生在一个好时代，如果生在唐山大地震的时代，我现在就有权就地枪毙你们’”，当大家看到这样的例子的时候，大家受不了，哪怕拿出7%的所谓的“与童话相背离”的事实，大家都受不了，这是一个重要的争议。

第二个争议的焦点，就是《南方周末》怎么能够偏离救援？当大家都在救援的时候，你居然去关心别的。比如陈江、李海鹏做的这个。我认为在地震报道中，大家都看到了李海鹏《灾后北川残酷一面》，但是这篇文章是被大家忽略的，我认为是非常优秀的一篇文章，就是《北川村民出深山记》。大家都关心救援，有人关心过那些在深山之中的村民吗？当地震造成山河改道，他们是怎么出来的？陈江的这个调查非常优秀，它从聚集在绵阳市区九洲体育馆周围的受灾群众开始入手，先去区分他来自哪个乡，他来自哪个村，然后把他们划堆，一个堆、一个堆地采访，他是怎么出来的；每个村，特别是深山之间的村庄，在北川损失惨重，主要是干部群众损失惨重，有的村根本就没有干部领着大家往外走，那么大家自发地往外走，是怎么走出来的；有干部，大家又是怎么走出来的，怎么带领大家走出来的；他们的每一个失望，是怎么发生的？比如说，翻过一道山就可以到镇里边，他们原来的希望是带着干粮走到镇里面，自己就能得到救济；当走到镇里面发现镇已经被地震完全摧毁了，那个时候，绝望是怎么弥漫的？又是怎么重新打起精神从镇里走到县，从县里最后走到绵阳市的？这样一个过程也许我们大家都在关心救援的时候没有人去关心，因为它太原生态了，它太简单了，不就是人的求生吗？但事实上，这样的题材，我自己感觉才是最重要的一个题材。

这些故事，可能我们都忽略了，到今天我们仍然没有在脑袋里面形成印象，因为很多人可能也没有读过这篇文章，对北川的深山村民在地震发生之后怎么走出来的，也不会有什么印象。

还有一个是《汶川没有死去，汶川依然活着》，这篇文章在报道汶川的时候，没有去讲外面怎样去打通通往汶川的路，而是去还原了汶川里面发生了什么事情。他们有一个高中的班长，不允许自己的同学去抢一粒食物，坚持有粥喝粥、有饭吃饭，有一顿的饭就吃一顿，有两顿的饭就吃两顿；大家还每天唱着歌、打着篮球；也有退伍军人在里面及时地制止了抢夺的发生，维护了秩序。对这个过程的描述，展现的就是一个活着的汶川。

尽管2008年“5·12”，地震刚发生时“汶川怎么了，汶川是什么样子”没有人知道，汶川就像一个死城一样，但是并没有死去。曹筠武是我们刚才说的徒步走向汶川的一名记者，他进去之后，看到的就是这样一个状态：一直到打通的时候，汶川人是怎么活的。这里就出现了争议的焦点，就是说大家都在救人的时候，你为什么不去救人？你为什么偏要写人的撤出？你为什么要去写这36个小时他们是怎么活的？这些比消防战士、武警官兵往里冲，不顾生命安全去打通这条路更重要吗？

【灾难与人心】

灾后北川残酷一面

《南方周末》报道《灾后北川残酷一面》

我们的回答往往就是“他们同样重要”。

还有一个争议的焦点就是时机。大家都在报道抗震救灾的时候，你去报道灾区校舍的倒塌，这个对灾区的一些干部来说是不是造成了心理上的伤害？因为你要追究责任，这个学校倒塌，是质量问题呢，还是地震造成的？在这个问题上无论从良心还是正义感来说我们都不应该缺位，从纯粹的冷静的新闻事实上说，我们应该在这个时候尽量地还原，因为我去过倒塌的校舍现场，现场有别的建筑包工头也过去看，他们也在议论水泥砂浆标号的问题、钢筋粗细的问题、没有抗震框架的问题。如果连普通的包工头都能说出问题的话，我想，那一定是真的有问题，报道这个事情是对历史负责。过了这么久，就大家看到的事实，认为仅仅是一个时机问题吗？我觉得不是。

那么在这样三大争议焦点之下，我跟大家分享一下，也是我们大家以后走向社会、走向新闻单位以后必须面对的问题，就是怎样面对我们自己，怎样认识这个已经变化了的生活。13亿人的现代化是人类没有过的一个大课题，在这个过程中什么都可能发生，但仅仅有这样的认知，还是等于站在地球之外认识中国。例如，对于中国来说，我觉得就像刚才说的一样，有几个特征是非常明确的。第一个特征就是两代知识分子的认识分化。从来没有一个国家的知识分子像中国一样体现了中年激进、青年保守这样一个现实。回答这个现实的时候我跟大家说，如果没有2008年开始的由美国次贷危机引发的西方金融危机和中国经济的一些困难，那么也许我们年轻一代不会改变对世界和人生的看法，他们的看法就是明天一定会比今天好，没有人想过明天会比今天更加糟糕。1978年之后出生的年轻人可能没有见证过中国在权利不平等的时候造成的民族性的灾难。所以他们没有这样的切肤之痛，所以他们更加愿意维护这样的现实，更加觉得中国创造了这么大的一个经济奇迹，世界就应该尊重我们。这就是保守的一个逻辑来源。那么中年一代为什么至今还是激进的呢？因为在他们的青春期，他们形成的一个意识是他们眼中看到的世界是那么的残酷，这个残酷就在于人生而不平等，就在于人是没有一个平等的政治权利可以申诉，人在其他基本权利的保障上找不到依靠，所以他们比年轻一代更加呼唤要政治权利方面的一些平等，要推动中国每个人要达到一种权利上的保障，所以到今天为止，这部分人依然是激进的。正是因为两代人之间这样一个很突出的特征，我这里一定要强调是谈思想而不谈行为，行为永远是年轻人激进、中年人保守，而年轻人就是因为思想上保守，认同中国，维护现实，所以他们认为对中国的批判是别有用心的，当知道某国站在自己的对立面，对分裂祖国的这些势力有所支持的时候，他们肯定是第一个冲出去的，所以一定要强调是思想保守而非行为保守。在这样一个独特现实下，2008年产生过一种误解，这种误解就是当年轻一代谈论我们要维护中国的现实，维护中国的名誉，强调中国的不可侵犯，跟西方开始作斗争的时候，中年一代把他们看成是“义和团”，那么在那一段时间上曾经是有过争论，比如“3·14”之后到4月份，后来争论不了了之，形成的是两代知识分子之间的严重的隔阂。所幸的是“5·12”的爆发。“5·12”中不幸中的万幸是它造成一个基本的共同体认同的平台，造成了一个共同的人道主义认同的平台，这两个平台可以跨越年龄，可以跨越一切的认知，那么在这样的平台之下，两代知识分子达到了一个无比好的融合，而且中年一代知识分子终于老气横秋地来赞扬说中国年轻的一代和美国的不一样，他们也可以承担社会责任了，当担子落在他们的头上，他们是那么的可爱。如果像鲁迅说的那样，“当你面对年轻人做的一些事情你就开始挑剔的时候，只能证明你已经老了”，那么在这一次中，中年人除了证明自己老了之外，他们与年轻一代也达到了一种认同，在救援前线的时候，我们看到了不光是青年人，跨越年龄阶段，不管是什么年龄的人，当他们在做志愿者的时候他们的目标是一样的，各自在发挥自己的优势。所以在这样一个配合和协作之下我们觉得非常欣慰，“5·12”为知识分子塔建了一个融洽的平台，并由此形成一个融洽的现实。

第二，就是我们刚才所有的对《南方周末》的一个争议就是信息的空前公开带来的舆论效应，没有人经历过，所以大家就没有对媒介现实的警惕，大家以为媒介现实就是一个真实的事件，不知道大众媒体天然地就可以营造一个镜像来让我们觉得那个就是世界，那么这样的信息公开就让大家产生了对所有公布信息的一种公信力的认同，认为既然政府已经公开了，没有一个看得见的手在阻碍信息的传播的时候，信息一定都是真实的，所以这就是受众被自己欺骗了。

第三，就是媒介现实的营造给大家创造了一个童话：灾区就是一个天堂，灾区就是一个灵魂提升的地方，那么在那里发生的任何丑陋的事情我们在心理上都是拒绝的。当后来大家讲，包括一个名叫绮梦的人在网上报道温总理怎样怎样的时候，我们追踪的时候却查无此人，这个新闻可能是假的；当我们看到有一个母亲临死的时候给孩子留下什么话，我们在一路往下追踪的时候，发现它也是假的。没有任何人来讲这样一个事，只是传播的时候我们就真的相信了，也就是从那一刻起，我们所有人都从心理上不自觉地愿意听到这样的消息，愿意听到符合自己内心期待的消息，这时的灾区就是一个人性的天堂，当你告诉他灾区同时也是一个人性的地狱，他就不能接受。

这三个状态，第一个状态是中国的社会现实，第二个是中国政策带来的传播现实，第三个是行为学所谈到的或生理学谈到的“一个独特的心境”。从这三个角度来说，我们就不难理解为什么《南方周末》在自认为在新闻操作上做得非常优秀的时候，却受到广泛的社会质疑。

在这个过程中，除了刚才所谈到的这些社会现实的变化之外我们也遇到了一个价值观的牵扯，这个价值观的牵扯就在于是采访还是救人？也就是职业职责与人性道德的冲突。这一点我跟记者是说过的，你到了救援前线你可能会被现场所感动，要么是被吓着了，要么是被激励着去做一些救援的事情，但是请你相信一点：你是一个职业新闻人，你的第一要务是把灾区的真实状况报道出来，你只要报道出了真实的状况，就是你对灾区最大的支持！做好这样一个职责之外，你再去做别的事。你的工作完成之后，如果你想帮忙、做志愿者，我们送你去，我们给你买保险让你去，报社给你假期让你去；但是在没有完成第一点的时候，你一定不要去做其他的事情。别人都在哭，你别哭，你用眼睛去看，别人都在挣扎的时候请你保持冷静。所以在这样一个价值观牵扯之下，我们第一次要求记者用职责去超越人道的皈依。他的内心哪怕痛苦，也要先做自己职责范围之内的事。

第二个是到底技术正确还是政治正确？这也是一个冲突。就像前面讲的，不要领导走到哪里你就跟到哪里，跟着领导走，这是政治正确，从新闻上面来说不是技术的正确。所以才会要我们的记者按照职业的要求去了一些诸如红白镇等这样的地方，甚至在一些大家没看到的东西，比如用救灾的车在运私家的财物，甚至在一个动物园崩溃之后，城镇附近居然到处流窜着狼、狮子、老虎。这样的事情在现在听来像故事一样，但是这样的现实为什么那么多的媒体错过呢？此外在其他的方面，我还想问一个问题，这个问题就是我们自己对自己的追问，如果回答不清楚这个问题的话，我们可能在道义上让自己站不住脚。这是《南方周末》在做任何灾难报道的时候，当第一轮的报道完成之后，都会进入的一个人祸追问，这个人祸追问是我们自己的路径依赖，还是灾难报道必须经历的步骤？对这个问题我们有过争论，最后一致地认为：如果一个灾难没有经过人祸追问，那么这个灾难一定有些真实的现象被我们忽略了；如果一个灾难经得起人祸追问的话，那么它可能就真正是一场自然灾害。所以对于我们新闻工作者而言，该不该有人祸追问的行动呢？我们自己对自己的认识是必须有这个。不管是什么样的灾难，灾难报道出来以后，应该去追问一下有没有人应该承担某种责任。只有报道一些触目惊心的社会性事件，只有去揭露贪官恶行，才是一种社会价值的坚守，不是这样的；我们认为从方法论上讲，人祸追问是必须有的第二个条件。所以通过这一点，我们觉得2008年给我们最大的启发还是我们进一步坚定了我们的认识，这个认识就是在突发的大灾难面前，有太多的社会责任需要媒体来承担，在媒体众多的责任中，第一还是做真相的追寻者，永远的真相的追寻者是灾难性事件中媒体应有的主观认知，要努力去演好这个角色，客观上会具有维护社会稳定的信息发布者、社会共同体的黏合剂、慈善的平台、心灵的抚慰者等其他的社会功能，都因为你做好了这一点你才可能自然地去扮演或者作为你的追求去扮演。如果你不是一个真相的追寻者，你扮好了其他的角色，你还不能说自己是一个优秀的新闻媒体。这一点看似简单，对我们的内心来说是非常挣扎，因为在这一年里我们经历了太多的质疑。过去对《南方周末》的质疑可能就是你报道的新闻不好看，因为你不尖锐，你不敢去揭露黑暗；但是近一两年以来对《南方周末》的指责居然是，你是西方的代言人，你是拿美元生活的一家媒体，你是站在中国人的对立面的，你是想用西方意识形态来改变中国的。在这样一个挣扎之下，我们通过自我追问和反省，进一步坚定永远的真相追寻者才是媒体的本分。这是一个元问题或者说一个元价值。

做一个真相的追寻者，还需要一个方法的创新，我给大家分享两个方法：

第一个方法叫复盘。通过对钉子户、雪灾、地震等事件的报道，告诉记者，不要讲什么热的新闻，你冲不过当地媒体的，你去的目的就是用你的眼睛、耳朵，打开你一切的感官，去收集信息，还原得越完整，新闻的价值越强。

第二个方法是前传。前传是在新闻中解释新闻的一个现实的方法论。

所以我得出这样一个结论，这个结论是做一个真相的追寻者不能天然带来你在这个新闻中胜出，你的胜出还必须是方法的创新，复盘、前传等也只是方法的一些举例。

所以我想讲的第二个部分是报业的商业模式和传媒主题机制在2008年得到了反思和创新。

四、中国传媒格局的变化与报业商业模式的创新

2008年这一年中国传媒的格局发生了巨大的变化。这个变化包括：一个方面，总量增加很大，中国历史上从来没有过这么多的报纸杂志进入市场；另一个方面，中国传媒这些年利润越来越高。但是今年（2009年）后发展开始减速，表现在它的增长速度在下降，它的利润在下降，它的广告营业额、发行量也在下降。

传媒格局的第二个变化是互联网在2008年达到一个巨大的此消彼长的状态，除了互联网，还有一种媒体，就是所谓的渠道类媒体，如分众传媒。在这样一个格局之下，我们就要追问一下，传统媒体还有没有优势？互联网媒体对于传统媒体而言，是不是一种取代性的力量？由于法规的限制，互联网暂时无法取代纸媒。

第三个变化是严重依赖广告市场的媒体在2008年也出现了大的变化。我跟大家分享下我自己的一个研究成果。在某大学教授的一篇论文中，中国广告业的发展速度在2001年还有100％到200％的井喷式增长的空间，他的理由在于中国广告的营业额占GDP的比例在1％左右，而发达国家在2％到3％之间。但事实上，这样的增长是真的存在吗？我们仔细分析一下发现，不尽然，因为他把分母用错。在中国，能产生广告的并不是能产生GDP的所有的经济活动，只有内需和外国产品在中国的销售部分才产生广告，而投资和外贸并不产生广告，所以中国的分母要降到研究者的分母的40％左右，而西方则降到自己的75％到80％，这样的结论就是中国和西方发达国家的广告营业额占可产生广告的GDP的比率差只有0.2％左右，也就是说我们不可能设想再来一个广告黄金十年。我们做过一个统计，从1993年到2007年，广告的单年增长率，1993年是97％；到2007年则只有10.09％，低于GDP的增幅。在这样一个广告增量之下，电视广告继续保持较快增长，报纸、广播、杂志都出现了波动，这个波动主要是行业性的。占报纸杂志广告巨大比例的是三类：通信、汽车和地产类的广告客户。这三类客户在金融危机爆发之后都开始进入波动的领域，而这几类广告在纸媒广告中占了60％以上，在电视广告中只占了10％左右。也就是说纸媒广告中有60％会受到金融危机的影响，而电视只有10％左右。因为我没有互联网的数据就不做赘述。我本来认为互联网会有一个好的增长，但是2009年第一季度过去的时候，我很悲观地看到，互联网的下跌居然超过了纸媒：全国纸质媒体第一

季度下跌了大概30%，第二季度有所回升；而互联网全部超过30%。所以互联网的状况并不乐观。这主要是因为互联网不能作为一个原创的内容报道新闻，使其内容受到影响，同时大家在互联网上投放广告的习惯还没有形成。

还有上次讲过的报纸行业的三把悬剑。第一是纸价，纸价是几年高、几年低，在2007—2008年疯涨了六次，从每吨4000多元涨到6000多元。纸价上涨导致了报纸业的利润消耗超过报纸整个行业的利润总额。第二个是替代型媒体的快速增长。第三个是广告链和广告媒介的不确定。

我们在这样的形势之下的应对方法是什么呢？就是改革我们的商业模式，就是来看看旧的商业模式的困境。传统纸媒有一个二次销售的模式，如果二次销售模式没有完全完成，这个纸媒是不成功的，它也不可能实现收益。难道纸媒必须通过两次销售才能产生价值吗？难道传统的纸媒就一定是最好的广告载体吗？我们回头看一下，纸质媒体并不是因为广告的出现而出现的，从西方纸媒发展历史来看，它服务读者、满足社会需要都是出自社会对于信息的需要，而不是广告商对广告载体的需要。什么时候纸媒变成了现在这种商业模式呢？严格说是在“二战”之后。所以严格来说，纸媒并不是一个好的广告载体，或者说不是最好的。这时我们要追问，我们能不能改变商业模式，或者回归到纸媒最初的商业模式去实现纸媒的第二次生命呢？这就是对《南方周末》提出的挑战。我们自己分析了一下，这样一张报纸的总投入，每个版超过1万块钱，如果这样的报纸还不能实现“卖报纸卖出价格”的话，那么我们觉得做报纸真的是没希望了。所以在那一刻我们就在想，我们不把自己当广告媒体看，我们要做到提价之后发行总量不下降。要做到发行总量不下降必须做到两点：第一是内容足够坚挺，所有人都认同你；第二是发行量足够大，你不如先把量做大，提了价以后，跌了一定量剩下的量足以支撑现在的广告价格。所以我们沿着这样的思路，做了一年半的先期工作，从2007年1月1日做起，一直做到2008年的6月份，终于实现了发行量净增22万份；而提价后第一期下降3万多份，其后我们通过奥运会的三期，总量竟然超过了提价之前，量一路涨到今年。在这一刻我们也会想，除了盈利模式会发生调整之外，传媒的生产机制有没有变化呢？我们觉得这也是可以想象的。1945年后以美国为首的西方国家创造了工业化的生产模式之后，它不仅创造了传媒的商业模式，同时它也创造了传媒内部的运营机制，这个运营机制有几大特征：第一大特征就是否定掉每个知识分子，即内容生产者的个体价值；第二大特征就是我们的指向不是价值指向，我们办一张报纸不是要传播信息，不是传播价值，我们是为了实现广告的增长；第三个是我们创造一个新的版面、一个新的媒体，我们的目的是满足新的需求、创造新的收益，而不是说我有没有新的价值要传播，有没有新的内容要生产。

在这样一个生产机制之下，我们是不是可以想象在互联网时代有些东西可以变成可能？这个可能就在于过去是通过卖媒体赚钱，将来是否能通过品牌新闻，通过卖新闻来挣钱？能不能创造一种新的传媒生产机制？假如可以的话，那么我们现有的传统媒体就必须要思考我们现有的机制有没有可能与新媒体时代的要求相挂钩。在传统的媒体当中，我们可以把一些优秀的人独立出来，成立一个工作室来跟我们报社进行合伙，报社取得收益之后，不是按照股份，而是按照合伙的方式给他们一些收益。在新媒体时代是有这样的机会的。这样的机制假如能实现，我们通过商业机制的转变，通过运营机制的转变，我们完全可以在商业诱惑面前有所坚持。

传媒有三重属性，第一是满足受众的知情权的工具，第二是承担舆论监督任务的载体，第三是传媒机构实现收益的一个商品。

前两个功能都是公益化的功能，最后一个功能是私利化的功能。私利化的功能在一个正常的社会中是应该被限制的。一个媒体，当它需要提高发行量或者收视率去做一些事情的时候，社会监管部门对它应该非常警惕；当一个媒体去行使诸如监督和满足公众知情权这样一个公益性功能的时候，社会应该非常宽容，甚至对它在一些地方出现的瑕疵也应该有所包容。这样才能让一个社会越来越正常。《南方周末》实现了发行的赢利，在这个过程中，采编部门更有理由坚持“我不为五斗米折腰，我更不向权力和市场的诱惑低头，我更加坚定地去做好我的内容，心无旁骛地去做，以提高媒体的公信力作为自己的总体追求”，所以这也可能是新媒体时代传统媒体的一个价值归位。

下一个，谈论舆论机制和传播效应的问题。新媒体介入，只有舆论的一些设置发生了变化。互联网和传统媒体在面对舆论新闻的时候在这两年是怎么实现的？是互相融合、互相推动，最后实现了舆论监督的效果。从舆论学上讲，是议程设置发生了变化。原来我们一直都是把传统媒体当成设置议程的一个媒体来看，但是现在不可逃避的就是互联网，很多东西都是互联网第一步报出来成为一个焦点，然后传统媒体跟进，造成一个新的舆论监督的环。

同时信息公开对舆论监督也会产生很好的影响。大家都会依托一个新的媒体，依托一个新的主体，在做着舆论的议程设计。不管是商业的目的还是传播的目的，很多都已经达到了。

我想起一个有趣的例子。我在北京出差时一个老前辈打电话给我，让我关注一个新闻：成都一个收藏家把一个叫做珐琅彩的东西捐给汶川县，按照国际市场拍卖的价格，他捐献的珐琅彩价值可能快到2个亿。之前企业捐款给汶川款项最高的是1个亿，如果他真的拍卖到2个亿的话，他就是捐款之王，而不是王老吉、苏宁了。我当时就觉得很奇怪，问了他很多问题：第一，他家是否藏有很多珐琅彩？第二，捐献的东西从哪里来？（2002年于成都用1000元购得）然后我就问前辈是否给专家鉴定过？前辈说给北京收藏者协会的专家鉴定过了，那些人就告诉那个人不要这样捐了，干脆把它拍卖掉，所得款项一半捐给汶川，一半留给自己改善生活。结果那个人就表现得特别像好人好事的主人公，他说："不，我的善心是完整的，决不能分割。"

这样一个表态，彻底感动了收藏者协会的主席、副主席，他们又捐了一些珐琅彩的瓷器出来。北京的收藏家也捐了很多。汶川县政府在抗震救灾期间拿了这么多文物，他们不知道该怎么办，就拿到省博物馆，想先办个展览，拍卖之后再拿来赈灾。省博物馆相关工作人员说：第一，你们这东西送北京之前没告诉过我们，这是程序上的问题；第二，我们没有这方面的专家，我不能给你做价格或价值方面的鉴定，只能告诉你它是哪一年的，残缺度是多少等。汶川县政府一急，又找了地震博物馆，想先放在那里再说。

当时是"5·12"汶川地震一周年，我觉得有点奇怪，因为那老前辈的意思是想借《南方周末》的力量来推动这件事，办个展览，然后拍卖。以我对文物的粗浅了解，我觉得这中间有猫腻。为什么说有猫腻呢？珐琅彩这个东西是清中期之后，应该属于晚近的东西。我知道的2004年佳士得拍卖了一个青花瓷罐"鬼谷子下山"，卖到了1亿多元人民币，我说那个就是鸡犬升天，拍卖完之后所有的青花瓷都升天了，连周杰伦都唱这个歌了（笑）。青花瓷的走红是有它的道理的，因为在那之前的瓷器的图案都非常单调，青花瓷一开始就是充满美感的。而珐琅彩是一个陶瓷技术的杂种，之前也就卖了几千元，怎么就升到2亿元？所以我猜测会不会是他打着慈善的旗号去炒珐琅彩？因为他自己去卖肯定卖不到这个价钱，而由汶川县政府来卖，大家都觉得多悲情啊，说两个亿就给两个亿了。中国有两个亿的企业家多的是，哪怕买个砖头他们都愿意的，就当捐了。这一炒不要紧，珐琅彩价格起来了，他家的碗啊，碟啊就都跟着升天了。

我就跟那个老前辈说这个东西我们要谨慎，我们这样做的话，所有无论有没有艺术感的东西搭着民族情绪的车都能起来。文物本身是没有合理价值的，市场认它多少就是多少。所以我当时感觉他也是想利用这样一个舆论环境来设置议程：汶川政府拍卖了，有没有善心的企业家出来把它买走？所以我现在讲的就是在大地震中，是“八仙过海，各显神通”。企业有企业的目的，政府有政府的目的，公众有公众的目的，中国的舆论环境是很复杂的。

我举的第二个例子就是议程设置的变化。如某局长戴个名表，抽个天价烟，就能被网友迅速人肉搜索出来，这也是互联网在新闻中体现出来的新作用。

还有一个例子就是杭州的撞人案，它之所以迅速地进入大众视野，是因为是一个权贵之子，改造名车，撞人之后又非常嚣张。调查清楚之后事实也不是这样的。大家要把一个情绪和一个事件搭在一起来考虑。

还有一个信息公开对舆论监督产生的影响。我们国家是从“五一”开始实施《信息公开条例》的，我大概统计了一下，它包括了11类信息，涵盖了知政权和社会信息知情权的相关内容。知情权，包括言论自由，作为一个权利来伸张的脉络是从文艺复兴之初开始的，最早的法律不允许个人有出版物，后来启蒙思想家写出《论出版自由》。从出版自由到后来的新闻自由这类自由，都是从信息传播的主体来强调权利的，就是说我是信息传播者，我有传播信息的权利，我有出版和报道新闻的自由。“二战”以后，在美国和欧洲开始流传一个新词——“知情权”。这个知情权不是从传播者主体来强调权利，而是以信息接收者为主体来界定政治权利，包括个人信息、政治事务、社会信息的知晓权。对这一权利的承认在世界上也有一个逐步演进的过程，美国是通过法律在20世纪80年代给予确认。我们国家在2008年终于通过一个条例保障了这样一个知政权和知情权。这也是中国舆论环境发生重大变化的一部分。那么在这个《信息公开条例》执行之后，我们知道它的立法本意，但是政府还是不适应。比如说这里面要求政府的财政预算和决算必须向公民公开，不光只有人大代表有这个权利，每个公民都可以去查询。有个律师就做了这么一个尝试，他向各个地方的各级政府要求查询预决算信息，政府都说不行，这是保密的。所以政府在这方面还不适应，直觉不适应，政府的旧有规章制度不适应，民众也不适应。所以适应这样一个信息公开的环境对于2008年来说也是一个起点，但过程有多艰难、要多久，我们没有办法判断。

最后一个就是新技术背景下政治参与发生变化。我们不得不重视网络民意，从广东省最高层省的书记到各地市的领导都开始谈尊重网络民意。

按照“沉默的螺旋”这个传播学理论，当支配性的意见占强势地位的时候，其他的意见就主动考虑调整自己的立场，从而造成反对意见越来越弱，强势意见越来越强。在这样的环境之下，我们传统媒体千万不能跟着网络意见一边倒。其实网络很多的声音就是因为我们没看到，或者因为“沉默的螺旋”而消解掉的。

最后一点就是从统计学上讲，要警惕不科学的网络投票。我曾对新浪网的人说，你不能每发现一个新闻就弄一个赞成反对的投票，这是没有意义的。因为统计真实的状况必须是以随机抽样为基础，没有这样的基础统计结果是没有意义的。所以做媒体的人一定要冷静，有统计学的基础，民意的体现可以是科学的。

现在很多投票是不科学的，那什么投票是科学的呢？我这里岔开来讲一个政治传播的例子，希望能对大家有所启发。就是厦门的PX事件，厦门市民采用了“散步”的方法，“散”到最后当地的媒体仍然没有承认这是厦门大部分人的意见，虽然北京有两百多人的代表因为厦门大学化工教授也是政协委员，拉了人一起签了名，那天也与武警发生了冲突。到最后厦门政府也没有承认，因为这是小部分市民的民意。当时我和一位舆论专家探讨时，问他有什么方式可以在不违反政策的前提下把民意体现出来。他说有，在各个地方用捐款的方式，一次只能捐一元，比如你赞成保护环境的话，你就捐款，一次一元。如果最后有60万元，就代表有60万的市民赞成。所以我们国内在政治方面没有特别厉害的传播专家，如果有的话，那么许多调查做出来的结果会是非常惊人的。中国的政治传播理论远远落后于国家意识形态的变化。我们在这方面有许多优秀的老师在做一些研究，但始终不能成为我们的政策，成为我们的政治手段。

所以，从2008年走出来，我们要有一个清醒的认识，舆论环境发生了重大的变化，中国的传播方式也将发生重大的变化。我们将来在做传媒的时候都要有这样一个意识：这是一个大时代，我们在哪个方面需要空间，而这些又需要我们去努力学习和创造。这样的努力是为中国13亿人造福，为一个大国的崛起贡献力量。

第二讲
如何做好政治报道

在新的媒体环境下，如何做政治报道？政治不仅仅是社会生活的内容之一，也是公众的需要。所以我们要谈政治，要善于谈政治，要谈出滋味来。在这个要求上，我们要改进我们题材选择的新闻表达，把单向的宣传灌输变为双向的互动碰撞，以新闻的生动带来政治的兴趣。

主讲嘉宾：南方日报时政新闻中心主任　段功伟

时　　间：2009年5月7日

主 持 人：暨南大学新闻与传播学院新闻系副主任　张晋升

讲座发言

主持人 | 下面有请南方日报段功伟先生为我们“暨大准记者南方训练营”系列讲座演讲。演讲题目是“如何做好政治报道”。请大家热烈欢迎！

（掌声……）

段功伟 | 各位同学，下午好。今天非常高兴在这里和大家一起交流如何做好政治报道。我主要讲两个问题。

第一个问题：政治报道的迷失与拐点

引子：时政记者的困惑

先问一个问题：大家怎么看时政记者？

是不是觉得很风光？确实，在不少人的眼里，机关报的时政记者出入党政机关，随领导开着大会小会，与那些走街串巷，甚至“潜伏暗访”的报料记者相比，多么体面风光，多么令人艳羡。

但实际上，一种“认同危机”常常伴随着时政记者。

一方面，在很多读者眼里，时政报道官话连篇，面目可憎，不忍卒读。而在新闻专业主义者眼里，时政记者是“官方”记者，时政报道严格来讲只能算宣传，其新闻品质和专业价值自然不能与“非官方”记者的作品相比。也就是说，在读者中心主义和新闻专业主义评价体系中，时政记者和时政报道是难以得高分的。

另一方面，时政记者不甘心得不到认可，心中仍有新闻理想在升腾，于是总想在报道中搞点创新，来点新意，却不一定能让“官方”接受；再加上对材料的占有总有局限性，对领导意图的把握不可能永远到位，结果很可能是报道难以让领导满意。

如何在新闻的标准和宣传的标准间求得平衡，是每一个时政记者必须攻克的难题。

如果说这是时政记者的一种职业困惑，那么这当中也有着深深的体制性烙印。时政报道不改，时政记者的困惑难解。

时政报道的当下迷失

在这里我先说明一下，政治报道与时政报道是两个不尽相同但差别也不是很大的概念，但为了方便，我在今天的交流中，未作严格的区分。我们说政治报道必须改革，首先是其地位决定的。那么，在党报的业务格局中，它处于什么样的位置呢？

政治在社会生活中有巨大影响力，时政新闻始终是读者最为关注的焦点。甘惜分主编的《新闻学大辞典》说：政治报道在新闻报道中占有重要地位，曾被称为“报纸的心脏和灵魂”，最早的报纸主要报道政治新闻①。

事实上，时政报道是党报性质、责任、职能的集中体现。我们常说的“五大建设”（经济建设、政治建设、文化建设、社会建设和党的建设），有三个被时政报道涵盖，即政治、社会和党的建设。时政领域始终是新闻必争之地。国家为什么三令五申严管时政类报刊？因为这里是舆论争夺的核心战场。就媒体而言，可以说“得时政者，得天下”。

时政报道严肃、权威，业务创新难度更大。一般认为，时政报道的创新是党报业务改革最难、最后的环节。时政报道改革的成败，直接关系到党报业务创新的成败，直接关系到党报走市场的成败，从而也直接关系到党报提高舆论引导能力的成败。用李良荣教授的话说，“时政报道不突破，我们国家的新闻改革难言成功”②。

---

①《新闻学大辞典》，河南人民出版社，1993年5月版，第151页。

②李良荣2003年12月29日下午在南京师范大学的演讲：《当前我国新闻改革的三大难题和路径选择》。

可如此重要的时政报道，偏偏仍然存在较多问题。长期以来，面对都市报、晚报等城市日报的挤对，省级机关报感到压力重重。一些人认为，省级机关报受众认可度不高的重要原因，是大量的工作性报道充斥版面，既影响卖相，又无可读性。于是，产生一种错误观念：时政报道就是工作报道，是阻碍机关报走市场的负担。在这样的观念下，时政记者似乎要为党报、机关报负责，于是难免产生"灰头灰脸"之感。

从客观上讲，目前的宣传任务还是比较重的。一些上级领导机关和党政部门的要求与时政报道的目标存在差异。这就需要实现新闻与宣传的统一，需要用创新理念来引导说服他们。但这需要一个过程。从主观上讲，在具体的新闻实践中，我们的有些时政记者仍然存在惰性，用新闻手段做宣传的意识不够强，手段不够多，还可能遭遇专业知识的瓶颈。其结果只能是工作化、宣传化的报道充斥版面，影响报纸卖相，影响舆论引导能力，影响党报的竞争力。

于是，"时政报道＝工作宣传"、"政治报道＝政务报道"的观念大行其道。比如，将时政新闻等同于关于领导人活动和会议的刻板报道。领导人级别成了衡量其参加的活动包括参加的会议新闻价值大小的依据。再如，将时政新闻等同于地方党政领导的政绩报道。不可否认，政绩报道一直就是时政新闻的重要组成部分，对此不应一律排斥。然而，一部分地方党政领导要求过量报道自己的政绩，甚至到了不惜违背新闻规律的地步，也不顾读者的感受。第三，将时政新闻等同于党政机关的公文。如会议报道程序化，工作报道像总结，主题先行于事实，事实依附于"宣传口径"，结果是将领导名字罗列一长串，讲话照录一大堆，根本没有信息量。①

凡此种种，都是时政报道的当下迷失，都在扼杀时政报道的生机活力，在吞噬时政报道的发展空间。

南方日报从2002年开始了党报走市场的改革，以"高度决定影响力"的创新理念，对新闻生产包括时政报道进行了大刀阔斧的全方位改造。特别是以"大时政"的方向引领时政报道改革②，成效卓然，引起国内同行关注。我入行不久，即有幸碰上这场改革，参与其中，收获颇丰。在参与接待前来考察的国内多家兄弟报纸的过程中，感受尤其深刻。大家的困惑，都相对集中在领导

①丁柏铨、李卫红：《论时政新闻的改革创新》，《采写编》，2006年第4期。

②杨兴锋：《高度决定影响力》，南方日报出版社，2004年5月版。

活动报道和会议报道上。有一家报纸提出了“顶天立地”的概念，即主要领导的稿件放在头版，不转版，其报相可以想见。还有一家报纸对我们开辟“外眼探粤”[①]专栏，自主采访外国政要有些不解，问：“外交部没有批准，你们能这样做吗？”我列举这两个例子，不是炫耀我们的时政报道多么超前，而是想以此突出时政报道改革的极端重要性和紧迫性。

时政记者迷失三相

时政报道的当下迷失，甚至到了“有时政无报道”的地步。因为在各种报道要求、纪律面前，将时政报道工作化、宣传化，有时已经成为一种集体无意识。仿佛时政报道天生就是这个样子，任何创新努力都没有合法性，所以完全没必要。这一点集中体现在我们当前努力拓展政治报道空间之难上。

于是，有些时政记者也跟着迷失了方向，也许可以用三个“自”来概括，即自暴自弃、作茧自缚、自得其乐。

自暴自弃，是指对政治报道存在的问题非常清楚，个人也很清醒，但过高估计需要解决问题的难度，因而放弃创新改变的努力。比如，对于各种会议和领导公务活动，一种思维定式就是用行政级别来判断其“新闻价值”，进而由此作出见报安排。这样处理新闻，对记者和媒体来说，极为省事。看似完成了报道任务，但有多大实际效果呢？

作茧自缚，是指“政治正确”过度，自己把关过度。由于政治报道的内容十分重要，为了“少犯错误”，“少惹麻烦”，媒体在做政治报道时不免缩手缩脚，不敢越雷池半步，甚至“宁左勿右”。以为只要把领导人活动安排到重要版面，只要把会议报道和党政机关的文件尽可能地大篇幅报道，就算完成了政治报道任务。于是可能出现这样一种局面：一方面，党委、政府和主流媒体对时政新闻不遗余力地宣传报道，声势宏大，但报道角度与方式却大同小异；另一方面，受众关注时政新闻，却看不到多角度、多层次的报道，结果必然形成对时政新闻的逆反心理。[②]也有专家将时政新闻的这种现状概括为“冷热不

①《南方日报》与广东省外办于2009年3月开始合作推出的新闻栏目，主要以对外国政要及海内外知名人士的高端访谈为主，适时推出针对广东现实而策划的看世界的相关深度话题，是在“大外事”战略下“冷线”变“富矿”的经典案例。外交部长杨洁篪曾评价“广东外事报道的创新走在了全国前面”。

②韩希江：《改变党报政治报道的定式与惰性》，《青年记者》，2008年第3期。

均”：党、政府和媒体一头“热”（党和政府极为关注，媒体大篇幅、高频度报道），公众受众却一头“冷”，缺乏阅听热情[①]。

自得其乐，是指仍然沉浸在计划体制下党报独大的残梦里，享受着“官记”的虚荣与所谓的利益寻租，非常可怕。

本来党和国家对党报工作的重视和支持，应该促进党报记者更好地工作。可有些记者，包括时政记者却自得其乐，满足于写一些豆腐块宣传文章，满足于被地方领导干部视为座上宾，满足于既有的安逸生活，对党报的新闻改革缺少动力，不愿改，不敢改，也没能力改。他们没有想到，如果不奋发有为、创新谋变，继续唱着传统时政报道的老调，就是身处即将沉没的“泰坦尼克”号，晚餐虽然丰盛，可是明天呢？

政治报道的拐点

政治报道非改不可，至少有三层含义：一、我们传统的那一套做法，读者是不欢迎的，如果继续坚持，就等于自绝于市场；二、即便是从“围绕中心、服务大局”出发，我们也要想办法提高舆论引导的针对性和实效性，传统做法肯定难以完成好党交给的任务，当然不会让党满意；三、时代飞速发展，我们已经身处一个全新的传播环境，时政报道改革的契机已到。

我们不妨从胡锦涛总书记的两个讲话讲起。

2002年在全国宣传部长会议上，胡锦涛指出：要尊重舆论宣传的规律，讲究舆论宣传的艺术，不断提高舆论引导的水平和效果。鲜明提出“尊重舆论宣传的规律”，表明党对舆论宣传有了进一步的认识，是一个重大发展。

时隔6年，2008年视察人民日报社时，胡锦涛总书记又提出：用时代要求审视新闻宣传工作，按照新闻传播规律办事，努力使新闻宣传工作体现时代性、把握规律性、富于创造性，不断提高舆论引导的权威性、公信力、影响力。

从“尊重舆论宣传的规律”到“按照新闻传播规律办事”，看似只是用词的变化，实乃党对新闻传播规律认识水平不断提高，昭示着舆论宣传事业向新闻传播回归的必然趋势。当新闻传播规律的回归得以确认，当公民有序政治参

---

①丁柏铨、李卫红：《论时政新闻的改革创新》，《采写编》，2006年第4期。

与不可逆转得以确认，当人的全面发展、政治信息成为生活必需品得以确认，我们知道时政报道的拐点已经出现了。

这种改变是被一种合力推动的。而这种合力除了来自时政记者的职业自觉和主观努力，还来自新的传播环境下各种势能向动能的转化。这是什么样的新传播环境呢？

1．新兴媒体风起云涌

网络新闻抢夺了传统媒体不少受众市场，其快速、海量、互动的特点，深受欢迎。博客的兴起，使每一个博主不需借助传统主流媒体，就可以发布信息。博客热未退烧，微博又出尽风头。由于可以通过手机随时随地发布简短信息，微博摆脱了设备的限制，可以做到现场直播，极大提高了传播速度。QQ群则实现了滚雪球式复制传播。BBS成为互联网舆论主要集散地。凡此种种新兴媒体和新兴传播渠道，都在颠覆传统的新闻传播，“受众”已经不仅仅是“受”者，同时也是“传”者。在这个人人都有麦克风的时代，传统媒体感到压力重重。

2．市场类、都市类媒体冲击加剧

党报作为传统主流纸媒，从来都是在各种挑战、冲击中一路走来。最初是广播电视，后来有了晚报，接着是市场类、都市类媒体，最近才是新兴媒体。作为纸媒最有力的冲击者，城市日报占领了最有利的广告资源和发行份额，让党报特别是省级机关报发展极为困难。

3．党对党报要求更高

适应新的国内国际形势，加强和改进政治报道已经成为共识。胡锦涛总书记关于“形成舆论引导新格局”的论断，要求办报纸统筹国内国际两个方面，切实提高舆论引导能力①。这就要求党报的新闻产品，特别是政治报道能够立起来，发挥好舆论主渠道的作用。只有报道品质上去了，新闻产品的竞争力增强了，党报才可能与国际一流媒体争夺话语权，才可能在全世界讲好中国的故事。

4．政治文明不断推进带来新变化

扩大公民有序政治参与是扩大社会主义民主的现实路径。党的十七大报告指出，“坚持国家一切权力属于人民，从各个层次、各个领域扩大公民有序政

①胡锦涛总书记2008年6月视察人民日报社时的讲话。

治参与，最广泛地动员和组织人民依法管理国家事务和社会事务、管理经济和文化事业”，为扩大公民有序政治参与指明了方向。这一方面扩大了政治报道的需求，一方面又为政治传播提供了更多的内容资源。

在世界越来越平的今天，媒体日益成为公民广泛政治参与的重要平台，在传播政治知识和激发公民参与政治事务管理等方面具有不可替代的作用。在这种参与机制中，公民对媒体的信任程度直接影响公民政治参与的意识、程度和效果。[①]在这方面，高品质的政治报道大有可为。

5. 人的自觉需要政治

亚里士多德曾说，人是天生的政治动物，表明人对政治有一种天然的需求。中国人民大学蓝鸿文教授等人在分析我国自唐代以来盛行千余年的邸报的主要内容后指出：政治报道从有报纸伊始，在各类报道中就是唱“主角”的。[②]

从魏晋南北朝时期唱响的“人的自觉”，早已是大江东去，不可逆转。这意味着人的主体意识成为越来越积极的功能体。上面所分析的政治参与及政治信息的获取，自然进入人的需求视野。

第二个问题：政治报道的回归与经略

引子：为什么是政治报道

美国很多记者，在大学都学过新闻学经典教材《新闻报道与写作》[③]。据称，全美有300多所大学选用它。

在序言中，作者梅尔文·门彻（Melvin Mencher）教授说：在这个集艺术家、哨兵、公仆和街头公告于一身的职业中，我的楷模是拉尔夫·M. 布雷格登，他教导了一代新闻记者如何履行职责，向他们引介了他们母语的力量和卓越。拉尔夫坚持认为，一切优秀的报道都是调查性报道。

而政治报道，恰恰是最适合展开新闻调查的。

①邓华龙、李百齐：《浅析我国新闻媒体的政治参与》，《科教创新》，2009年第1期。
②张宿堂、孙承斌、李斌：《破解时政报道的难题》，《新闻与写作》，2008年第3期。
③展江主译，华夏出版社，2003年8月版。

门彻教授本人更在1978年说过一段话，表明其终身理念：作为一名记者，我的主要兴趣在于政治报道和调查性报道。

这段话，的确足以让每一名时政记者兴奋。

事实上，高品质的政治报道，一直是西方媒体新闻竞争的最重要武器之一。一批批政治观察家型的记者、主持人、栏目，长久地吸引着受众，他们所在的媒体也因此长盛不衰。

新闻学经典教材《新闻报道与写作》

我们知道美国《华盛顿邮报》凭借越战文件和水门事件，成为议员必读的报纸。《纽约时报》、《时代》周刊等无一不靠政治报道立足。还有一个在中国报业流传很广的细节：在《泰晤士报》大楼里，无论是总编辑室还是普通编辑的工作间，都挂着同一幅大照片——英国议员们在看《泰晤士报》。这是某一天，议员们围绕重大政策争执不休，突然有人说“先别争了，我们去看看《泰晤士报》的社评怎么说”，结果一看报纸，意见就统一了，政策顺利出台。《泰晤士报》俨然是议员们的意见领袖。在这里，政治记者们将政坛风云、政治生态当作与经济圈、娱乐场一样的报道对象进行关照，将政治人物当成娱乐明星一样追逐。于是，政治报道在西方大行其道，政治观察家型的记者群星璀璨。

华莱士是美国电视新闻杂志栏目《60分钟》的记者和主持人。他曾在采访时，向邓小平讨烟抽，成为佳话。2000年，华莱士在北戴河采访江泽民。针对中国的民主状况、中美关系、李文和间谍案等诸多敏感问题，华莱士把他想问的都一一抛向江泽民。两人时而针锋相对，时而用幽默缓和气氛。

法拉奇更是一曲已成绝响的传奇。她对政治风云人物的专访，成就了她一生。很多政治家以接受她的采访为荣，但也有人害怕，因为她的采访单刀直入，咄咄逼人。1980年，她采访邓小平，问题令世界一震：据说，毛主席经常抱怨你不太听他的话，不喜欢你，这是否真的？如何避免类似“文化大革命”那样的错误？毛主席纪念堂不久是否将要拆掉？当然，这些问题难不倒邓小平。

记者法拉奇

前几年的畅销书《世界是平的》作者托马斯·弗里德曼，是《纽约时报》专栏作家，也是著名的政治观察家。他对许多问题看法很深刻，因而很有影响力。他曾经到广东，留下了美好的回忆。回到美国后，在《纽约时报》上撰文，说他在从广州寄出的明信片上写道：“亲爱的爸爸妈妈，这个地方比我们从外面看到的有趣得多。我看到了渴望西方投资的风能和太阳能公司。这真是一台大戏……”网友们说弗里德曼在《纽约时报》上为广东做了一个大广告，对他的广东之行给予高度评价。

优化党报DNA的路径选择

反观国内。近年来，南方日报率先策动了党报走市场的战略进军，实际上是实施党报再造工程，开辟了党报发展的无限可能。这当中，政治报道的改革与创新是重要一环。

前面已经说了，政治报道在党报业务格局中具有举足轻重的地位。进入政治报道的蓝海，实则是优化党报DNA的路径选择。我们身处其中，在实践中推动，在推动中成长，收获很大，体会很深。概括起来，就是三个“新”——

观念更新：在全球新闻传播的大格局中，重新审视政治报道，认识到政治报道是财富，不是负担，必须理直气壮做强政治报道，激发机关报核心竞争力。

内容拓新：坚持“两手抓”，对于工作性报道，善用新闻手段做宣传；与此同时，加强策划与组织，经营具有专业品质的政治报道。

手段创新：双重主体性，赋予报道生命力；以受众意识指导题材选择；破八股，报道手法多样化；探索严肃政治报道娱乐化。

观念更新：“发现”政治报道

机关报的政治报道究竟要不要报道？怎么报道？是秉持“政治报道＝工作宣传”的传统观念，束手就擒，甚至自暴自弃，还是珍视“政治报道是财富，不是负担”的创新理念，奋发有为，培育激发核心竞争力？这是我们首先要在观念上解决的问题。

如果我们重新审视政治报道，会“再发现”：政治报道是党报的重要财富，必须理直气壮做大做强政治报道，培育激发机关报核心竞争力。

1. 高品质的政治报道，是机关报的核心竞争力

长期以来，面对激烈的新闻竞争和市场竞争，省级机关报备感压力。一些人认为，限制省级机关报受众认可度的重要原因，是大量的工作性报道充斥版面，既影响卖相，又无可读性。由此，产生一种错误观念：政治报道就是工作报道，是阻碍机关报走市场的负担。

有的同行提出要“软些软些再软些”，试图以社会新闻、明星绯闻来增加党报的可读性，从而走进千家万户。但其实，由于党报的性质和它所承担的责任，要完全做到这一点不可能，也不可取。特别是在先有晚报、后有都市类报纸的市场冲击下，就是想以此取胜也难以做到了，反而愈加显得苍白和尴尬，进退失据，左右为难。

《南方日报》自2002年改版以来，在“高度决定影响力”理念的指引下，积极探索“大时政”报道方向，时政报道出现了不少创新亮点。改版成果得到公认。但就目前而言，全国的党报尤其是省级党报仍有两个突出问题没有较好解决：一是政治报道工作化、宣传化，既不够“贴近”，也非真正高端权威；二是尽管掌握很多优势资源，但归类分散，缺乏整合。

我们应该看到，如今一切以人为本，一切以民生为重，政治不是孤立于每一位公民、孤立于民生的空谈，而是实实在在的国计民生。伴随着民主的进步和社会的开放，政治不仅成为生活的重要内容之一，也成为一种迫切需要。从扭曲的“莫谈政治”、“政治挂帅”到健康有序地关心时政、参与政治、把握大势、规划人生，每一个人都需要获取政治信息，从而赋予政治报道强大的生命力。我们要善于报道政治，把政治谈出滋味，生动而深刻地展现政治走向与政治生态，为读者提供有价值的信息。

事实上，党报的自身优势恰恰在于权威性、公信力，在于时政新闻、经济新闻和权威的政策解读，独到的视角、独特的思考和独特的观念，这才是我们高人一筹、赢得读者、赢得市场的立身之本。尤其是在政治报道领域，对政治生态进行深入解读，对纷繁复杂的政治信息进行及时有效梳理，当好读者政治信息海洋的高参，正是机关报的核心竞争力所在。机关报先天地与政治权威部门紧密相连，先天地具有获取权威政治信息的便利途径，这是非机关报类媒体渴望而不可得的优势，我们一定要珍惜并充分发挥出来，形成机关报的独特核心竞争力。

所以，党报办得好不好，关键不在于我们的记者跑不跑机关，而在于如何跑机关。机关报记者跑机关天经地义，但如果满足于浅跑、粗跑，只是到机关开个会、拿个材料，然后回办公室摘摘讲话、抄抄材料，草草交稿了事，不可能把报道写好，自然要影响报纸的报相和卖相。这样跑机关太可惜了。这些会议、材料是经过了大量调研的，是宝贵的线索来源，对此进行深挖掘、深加工，将是取之不尽的资源宝藏。这将是机关报记者最独特的竞争优势。

2. 已有非机关报媒体先知先觉，“突然”重视政治报道

近年来，有一个趋势，就是不管是机关报媒体，还是市场类都市类媒体，都开始重视政治报道，有些媒体甚至将竞争策略由以前争社会新闻的短长，转向比政治报道水平的高低。这也成了时政报道热、时政报刊热的一个重要背景。

《南方日报》从2002年一改版，就致力于打造主流、权威的政经媒体，其核心理念是“高度决定影响力”。2002年至今，已经改版七次。不断的“改版训练”让广大采编人员思路更加清晰，报纸的时政味也越来越浓。

与《南方日报》一样，“高度、权威、主流”正在成为越来越多党报突围的口号。

《湖北日报》：责任造就公信力

《天津日报》：权威媒体，大报风格

《广州日报》：追求最出色的新闻，塑造最具公信力媒体

《河南日报》：权威、高端、有用、民生

《大众日报》：权威、主流、高端、强势

《重庆日报》：权威政经大报，出色主流新闻

《解放日报》：了解上海的第一选择

…………

《人民日报》是最典型的机关报。2005年初，在编采分开改革全面铺开的大背景下，政治新闻版诞生。几年来，围绕“政治文明”大概念，这个板块将政治、法律、社会、民生纳入视野，用“有时效的正确导向”营造亮点，以“现代感的表达形式”创新看点，靠“规范化的机制建设”赢得卖点，版面风格逐步明晰，版面影响逐步扩大[①]。比如，“声音”专栏选取省部级领导干部在公开场合的精彩讲话片段，摒弃空话套话，传达真话、真情、真知，结果一炮打响，海内外媒体广泛转载，高层领导和普通读者共同认可。

《南方周末》一直将时政报道作为立报之本，其高品质的政治报道激发读者形成强烈的阅读期待。

《南方都市报》近年来时政特色越来越鲜明，投入了大量的采编力量。2010年全国“两会”，该报跳出广东，以全国视野选择报道题材。记者们采访省外代表团，抓到了很多猛料，让广东读者耳目一新。

广州本地的《新快报》以前是以做社会新闻见长，最近也关注政治报道，改版后推出“时事观察”，初展气象。

10 政治 人民日报

《人民论坛》杂志与本报联合问卷调查

百位基层干部眼中的“幸福观”

“值得再干二十年”

《人民日报》政治新闻版

时局

“二套住房”政策再成权衡标杆

中国粮食援助孟加拉记

《南方周末》时局版

①胡果：《打造党报政治报道的亮点、看点和卖点》，《青年记者》，2008年第3期。

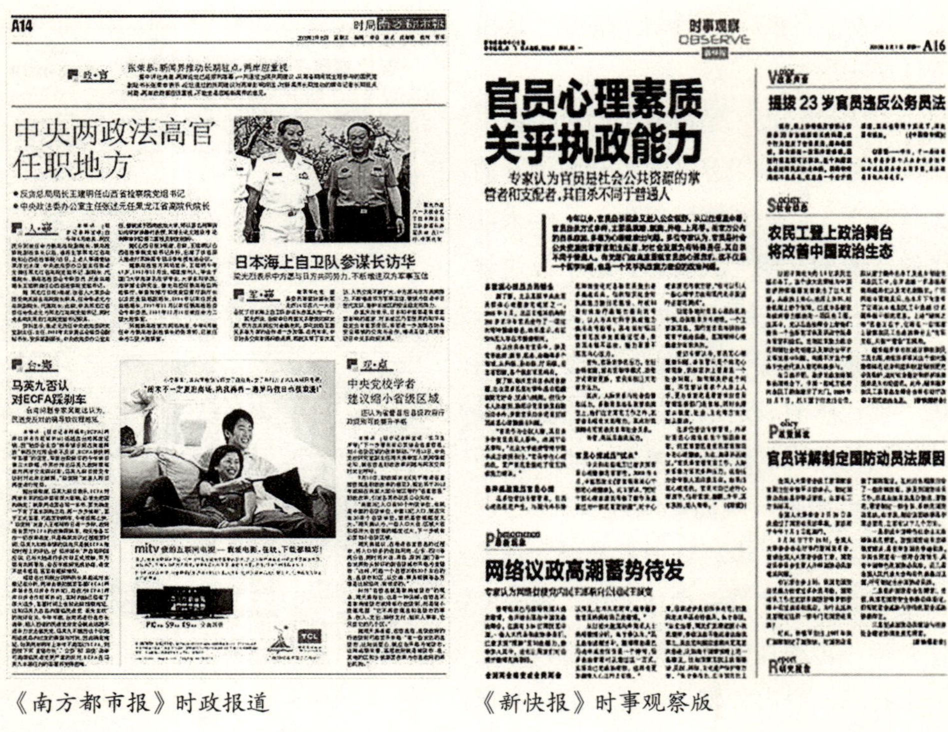
A14 时局 南方都市报

中央两政法高官任职地方

●反贪总局局长王建明任山西省检察院党组书记

●中央政法委办公室主任张述元任黑龙江省高院代院长

日本海上自卫队参谋长访华

梁光烈表示中方愿与日方共同努力，不断增进双方军事互信

马英九否认对ECFA踩刹车

中央党校学者建议缩小省级区域

时事观察 OBSERVE A16

官员心理素质关乎执政能力

专家认为官员是社会公共资源的掌管者和支配者，其自杀不同于普通人

提拔23岁官员违反公务员法

农民工登上政治舞台将改善中国政治生态

官员详解制定国防动员法原因

网络议政高潮蓄势待发

《南方都市报》时政报道　　《新快报》时事观察版

3. 打造在国际上有竞争力和影响力的传媒集团，需要高品质的政治报道作支撑

现在，中央审时度势，提出打造在国际上有竞争力和影响力的传媒集团，我们理应有所作为。纵览国际潮流，很多有影响力的媒体都是以政治报道见长。有的甚至就靠政治观察的名栏目、名记者、名主持而长久地吸引着受众。

在新闻竞争日益激烈的当下，我们亟须进一步坚持“高度决定影响力”理念，充分整合省委机关报的优势资源，理直气壮做大做强政治报道，培育激发机关报核心竞争力，像《纽约时报》、《华盛顿邮报》、《时代》周刊一样，将时政报道做到专业化水平，打造名牌栏目，培养政治观察家型的专业政治名记者。

内容拓新：盘活存量，打开增量

观念更新，落实为对报道内容的全面拓新。

我们将报道内容分为存量和增量。所谓存量，是指我们目前大量在做的主题宣传、工作报道、政务报道等等。它们非常重要，机关报的职能在很大程度上由这些报道来履行。对于这一块，我们必须做好，不容讨价还价。但是，我们不能不顾报纸卖相、不顾读者感受，“不折不扣”、“原封不动”地照搬党和政府的文件，用材料语言代替新闻表达。我们必须善用新闻的手段来做宣传，改造表现形式和表达方式，增强报道的针对性和实效性。

增量，是指除了工作性、宣传性的报道之外，经营高品质的、具有现代政治理念的报道，这是当前国内媒体的短板，对有些媒体而言，甚至还是空白。必须迅速补长这一短板。以高品质的政治报道来优化党报媒体的内容资源，这既是增强党报市场竞争力的现实策略，也是提高党报舆论引导能力的不二选择。

1. 盘活存量：用新闻的手段做宣传

如何改变传统宣传报道的僵硬面孔？南方日报经过探索，要求广大采编人员要“用新闻手段做宣传”，就是做宣传也要从新闻规律出发，用新闻鲜活的手段来包装宣传任务。

这就要处理好宣传任务与新闻规律的关系、引导群众与服务读者的关系，使党报时政报道的权威性、严肃性、真实性与贴近性、生动性、可读性相统一。要积极有为，深入钻研，想出办法，改变报相。

从报道手法来说，我们小结了一些做法：强化信息意识，在主流新闻里提供更多的信息；注意概念包装，提炼好主题；组合报道，立体化展现新闻事件的价值和意义；变单向灌输为读者互动，找到读者的关注点；加强新闻策划，寻找新闻的聚焦点；突出服务性，努力“三贴近”；等等。

从报道类型来说，传统的宣传报道主要可分为三类：一是工作报道，二是政策宣传，三是会议新闻。我们认真研究，分类改造。

工作报道，主要是各部门各单位一个阶段的工作部署和总结，往往流于罗列数据、评功摆好、空泛枯燥。我们要善抓角度，强化包装，改变僵化死板的品相。

2008年《南方日报》的一则公安报道《“马天民”进村 “桃花街”变样》，就是一个好例子。报道从50年前电影《今天我休息》说起，民警马天民放弃休息来为民服务的感人形象一直定格于人民群众心中。记者将社区和农村警务室的民警，同马天民对比。通过报道“现代马天民”，很自然报道了公安厅主推的这一工作。于是，这一堆数字也不再枯燥了：全省共建有社区警务室4600多个，农村警务室3300多个；社区民警8700多人，下派驻村民警4800多人。

“马天民”进村 “桃花街”变样

省公安厅表彰十佳社区(驻村)民警

民警“马天民”相关报道

政策宣传，就是报道党和政府及其重要部门的重大决策、重要部署、重点工作。我们对其重点、难点进行权威深度解读，对其酝酿发出的过程以及执行进程、结果进行全程跟踪。这种解释性报道，也是对工作报道的改进和加强。

A02 特别报道

万五珠玑，描画广东领跑新路径

——本报独家披露党代会报告起草经过(1)

党代会报告起草经过相关报道

2007年广东省第十次党代会召开，我们通过采访有关领导，用两整版独家披露党代会报告起草经过，两篇文章《万五珠玑，描画广东领跑新路径》，《一字亿金，谱写南粤和谐新篇章》近两万字，有幕后揭秘，有民生热点，受到广泛关注和好评。很多单位和地方就使用我们的报道作为党代会精神的学习材料。

会议新闻，目前基本演变成“××会议昨天在××举行，××领导出席并讲话。××强调……××指出……××要求……”的几段论模式，读者望而生厌。但这其实也是一个新闻富矿，要求记者有慧眼“披沙拣金”，从长篇材料里找民生热点，从冗长讲话中抓官员的现场发挥。我们要善于抓取鲜活有趣、人性化的细节，来优化重组这类报道的“可读基因”。

比如，《广州日报》2009年1月在广东省委十届四次全会上，突破传统会议新闻套路，报道省委书记汪洋借《非诚勿扰》谈环保。汪洋说：“前几天过节，我看了电影《非诚勿扰》，看到人家北海道山清水秀的样子，我感到压力很大。按说我们广东真要去找，应该也能找出这样漂亮的地方，但问题是我们的这种地方通常是工业不发达，经济很落后，而人家达到这样发达的工业化程度，环境还能保持这样，这让我很羡慕，很嫉妒，也感到压力很大。其实老祖宗留给我们的这个环境本来也是很漂亮的，什么时候我们才能还老百姓、还祖宗青山绿水呢？”

Guangzhou Daily

廣州日報

温家宝主持国务院常务会议

大学生到城乡基层

明确任务求共识 转变作风抓落实

面前的任务只有一个字，干！

广东省委十届四次全会闭幕 审议通过了全会决议 汪洋作重要讲话

[汪洋妙语]

谈环保 看了《非诚勿扰》我感到压力很大

谈新闻 没新闻性，在头版做一个版都没人看

握着一大把好箭 不射就毫无意义

汪洋说《非诚勿扰》

这些报道给予我们启迪，要善于抓会议新闻的现场“活鱼”，特别是要敢于打破领导报道的条条框框，将其脱稿发挥的精彩言论，以摘录或特写方式显著报道，增加人情味和可读性。

这方面，外国媒体也有大量精彩的报道案例。比如日本《朝日新闻》2009年4月3日报道中国在G20的地位提高时，抓住了会议一个细节：

“G20金融峰会新闻中心墙上挂着3面钟，显示的是伦敦、华盛顿和北京的时间。G20今后也许会以G8和中国为核心，进一步增强影响力。”

应该说这名记者是很细心的，也很聪明。用“北京时间”这一无声的细节，胜过千言万语地表现出中国地位上升的事实。

2. 打开增量：经营高品质政治报道

提高党报新闻产品的核心竞争力，仅靠盘活存量是不够的。还要有新的高品质的政治报道作武器。这也是进入政治报道蓝海的魅力。

近几年，《南方日报》着力经营“大时政”，就是打开政治报道增量的一个尝试。“大时政”，就是跳出一域一地的限制，强调“全国大事，广东元素；广东新闻，全国视野”，以更多的元素来丰富和发展报道容量，以更立体更可读的内容产品彰显《南方日报》的高端定位，牢牢吸引住核心读者群。

这不失为经营高品质政治报道的一个现实方向。从方法论的角度看，如果整体突破难以实现，可以打造一些试点，通过品牌带动，各个击破。这也就是“增量改革”的核心。

于是，《南方日报》从2009年1月23日始推出一个重点栏目“时政南方眼”，并在10月份第七次改版中将其固定化，每周一到周五基本保持一个版规模。

这是一个专门经营高品质政治报道的栏目。在《致读者》中，我们明确提出：力图通过改进我们的题材选择与新闻表达，把单向的宣传灌输，变成双向的互动碰撞，以新闻的快捷与生动，带给您严肃理性的政治。

A04

时政南方眼

我省出台多个文件规范干部初始提名、民主推荐、个人事项报告等，为防止“裸官”外逃——

当省管干部先报告家属在国外情况

党政一把手须全委会提名

发短信拉票取消推荐资格

考察对象“上会”前先公示

省管干部离婚要报告

不满意率超过30%可能丢官

广东对症下药 政府不再配助理

吉林省政府“削减”6名副秘书长

“副秘书长减负”报道

所谓“时政南方眼”，是指用“南方”的眼光来观察省内外时政事件和现象，通过“望闻问切”，以独到精辟的分析性报道，帮助读者在“悦读”中实现“深读”。体现在文本上，就要积极创新，努力改变传统政务报道的枯燥僵化面貌，“去工作化”、“去宣传化”，善讲故事、讲好故事、讲出故事背后的东西。

“时政南方眼”的重点选题有两类，一类是全国性选题，要及时做好落地，做到“全国话题、广东元素”。推出以来，好稿不断，品牌效应越来越强。“副秘书长减负”、“公检法三长大轮训”等报道，纷纷被兄弟报纸、网络转载。凤凰卫视还多次在读报中读到我们的稿件。

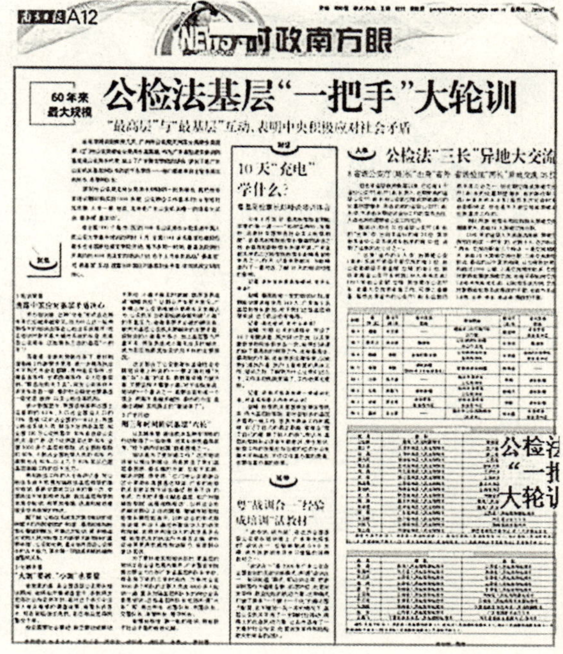
A12

时政南方眼

60年来最大规模

公检法基层“一把手”大轮训

“最高层”与“最基层”互动，表明中央积极应对社会矛盾

10天“充电”学什么？

公检法“三长”异地大交流

粤“战训合一”经验成培训“活教材”

“公检法三长大轮训”报道

深读政治，改造着时政记者的采编思维，也就是从单篇的一事一报式向积累的观察式思考转变。以“公检法三长大轮训”为例。从2009年3月开始，不断有公检法的基层领导上京培训的消息见诸报端和网络，但它们都是分散的，到底是怎么回事，没有一个准确回答。记者凭着新闻敏感，分头采访公检法部门，渐渐水落石出，我们有了一个宏观把握，于是概括出新中国60年来最大规模的“公检法基层‘一把手’大轮训”正在进行。与此同时，又采访参加轮训的学员，并对公检法三长异地大交流等情况作一梳理，形成了一个很有看头的独家报道。

但“时政南方眼”的意义，远不止于单篇稿件产生多大反响，而是它在传统政治报道之外，尝试了一种新的可能，为党报政治报道的转型升级探路。

除了“时政南方眼”，2008年《南方日报》推出的另一个重点新闻栏目“外眼探粤”也广受好评。

对于外事报道，我们传统的做法，就是报道某某领导会见了某某客人，都是程序式报道，很少想到用政治资源进行“二次销售”。2009年起，在报社主要领导的指导支持下，南方日报与省外办联手，合作推出“外眼探粤”专栏，对外国政要及海内外知名人士进行高端访谈，适时推出针对广东现实而策划的看世界的相关深度话题。我们的理念是，用“世界眼光”谋划广东未来。

“外眼探粤”首篇专访吴作栋，影响很大。这是在广东产业转型升级备受

外眼探粤

危机下，产业升级加快还是放缓？

要闻 A09

希望萨科齐访华越快越好

让法国年轻一代了解中国

非常了解中国西藏问题的立场

法国必须尊重中国领土完整

中法都反对贸易保护

“外眼探粤”专访吴作栋　　　　报道《希望萨科齐访华越快越好》

压力之际，请他现身说法，以新加坡经验，力撑广东转型。报道说：“广东必须作一个决定：在金融危机中，产业结构的调整要加快还是放缓。从新加坡的经验来看，我们会以更快的速度进行调整。”后来，汪洋书记到中山大学给学生作形势报告时，还专门引用了报道中吴作栋的这段话，佐证广东推进产业升级的正确性与必要性。

对政治报道的深度经营，已经成为我们的重要业务增长点，贯穿我们的采编实践始终。2009年，中法关系因为萨科齐总统的原因突然变得紧张。这时，萨科齐派出特使、前总理拉法兰访华，试图修好。所以，拉法兰访华之旅，具有很大的解读空间。经过努力，最终我们对他进行了专访。这样，我们的报道《希望萨科齐访华越快越好》被热捧也就在意料之中了。

手段创新：改造表达与表现形式

就政治报道而言，当前迫切需要改变归类分散、不成建制的情况。这就要进行手段创新。我们对手段创新作了一些尝试，大概有：双重主体性，赋予生命力；以受众意识指导题材选择；破八股，报道手法多样化；探索严肃政治报道娱乐化……

1. 双重主体性，赋予生命力

所谓的“双重主体性”，是指报道对象的主体意识、报道主体的参与意识。

报道对象的主体意识，就是能在报道中看到对象的喜怒哀乐、音容笑貌，增强报道生命力和亲和力；报道主体的参与意识，就是在写作过程中，记者的意识、感情要融入其中，有判断、有观察、有生命之流。这两种意识要水乳交融。

比如，2008年全国“两会”期间，《南方日报》头版刊登的“肖扬仰天长笑”巨幅照片引起全国关注。长笑，是一种释然、一种解脱，还是一种宽慰？那是最高法院院长肖扬卸任前“回娘家”——到广东团参与讨论时记者抓拍到的，非常生动，后经编辑部讨论拍板，以巨大篇幅刊出。新到任的省委书记汪洋说，《南方日报》敢登这样的照片，敢这样突出处理，是思想解放的表现。

南方日報

美航天飞机送机器人上天

天津二中院已受理陈良宇案

香港9学校暴发流感

全英赛淡败国羽告急

医院自配药治病症老翁中毒身亡

不断提高军队应对安全威胁能力

沪京粤蝉联前三

15% 死刑案件未被核准

表

老人身后镁光灯依然闪烁

南方报业起到航母作用

沪指跌154点创本轮调整新低

“不冻线”韶赣高速全面开工

“肖扬仰天长笑”照片

我们还尝试对高官进行个人化报道。2008年全国“两会”上，罗富和成为全国政协副主席。这是目前广东走出的又一个中央高官，我们的政治报道当然不能缺席。我们发挥资源优势，精心采写报道《学者型官员的5个人生拐点》，揭秘罗富和西关出身、海南下乡、学而优则仕的人生轨迹。报道一出，赞赏不断。

同样是2008年全国“两会”，我们还以整版规模做了吴仪退休的报道。选取“铁娘子”一生的若干柔情片断，再现她精彩一生，也送上人们的至高奖

A06 2008全国两会·人物风采

罗富和：学者型官员的5个人生拐点

罗副主席向本报报过料

“谁是最可爱的人？加上他们！”

对罗富和的个人报道

A03 2008全国两会·焦点关注

“铁娘子”吴仪今日隐退

仕途五章：重温那些感人的经典瞬间

“房价有50%下浮空间！”

村委会改名居委会 村干部纳入公务员

对吴仪的个人报道

赏。吴仪、罗富和的报道，是一次重大突破。这要是放在以前，不可想象。

2. 以受众意识指导题材选择

以受众意识指导题材选择，就是确定报道选题时，心中装着读者。他们的关注度，是选择的重要标尺。

要注意结合目标读者的定位。比如，《南方日报》的目标读者是公务员、精英人士，他们关心什么政治话题。比如：人事升迁、政事变动、政治改革等。

这里有一个报道尺度的问题。只能在有序政治参与的大前提下拓展报道题材。比如，人事升迁，以前是禁区，现在却大大改变了。

比如，2009年“时政南方眼”第一期，聚焦正省级官员的年轻化现象：截至2008年11月，全国31个省、市、区中，在任的50周岁以下的正副省长（市长、主席）共有66人，占总数268人的24.6%，并对几个特点进行梳理。全国数千媒体转载。

在“时政南方眼”之外，我们同样以此手法经营政治报道。影响最大的就是，2008年“云浮市委原书记郑利平转型”的爆炸性报道。这位海归博士放弃市委书记要职，改任亚行中西亚局首席专家，消息震动广东乃至全国官场。《南方日报》较早得到线索，立刻发挥自身优势，努力采访到郑利平本人。随后推出整版报道，深入剖析官员的转型出路话题。这篇独家报道，被《南方都市报》罕有地连续两天转载，《人民日报》等中央媒体纷纷跟进。这组报道立体、深入，被称为政治报道的范本。

3. 破八股，报道手法多样化

传统报道手法，多是一事一报，浅尝辄止。而我们现在强调多种报道手法综合运用，多种报道角度交错印证。强调背景材料运用整合，强化视域眼光的发散扫射。如此，报道立体，方有纵深。

A04 深度

原云浮市委书记郑利平转型
新任亚行中西亚局首席专家

官员出路多元 符合国际潮流

通往世界的中国官员

“郑利平转型”相关报道

这方面，西方的“解释性报道”值得借鉴。解释性报道，又称分析性报道，是运用背景材料来分析一个新闻事件发生的原因、意义、影响或预示发展趋势的一种新闻报道。

在社会转型期，解释性报道是帮助读者认识复杂世界的有力工具。在提供新闻事实的同时，特别善于利用背景材料分析解释新闻事实的发生原因、影响范围、发展趋势以及深层意义。

南方日报

努力建设公正高效权威的司法制度

省委十届二次全会强调广东要努力争当实践科学发展观的排头兵
以新一轮思想大解放推动新一轮大发展

广东亟需再来一次思想大解放

汪洋激情论解放思想

广东民生工程明年再投247亿
黄华华会上透露：明春起全省城乡实现免费义务教育

《汪洋激情论解放思想》报道

我们特别尝试在利用背景材料上有所突破。2007年12月，新任广东省委书记汪洋首次亮相，是在省委十届二次全会上。怎么报道这次亮相，考验党报的政治报道水平。《南方日报》推出了《汪洋激情论解放思想》的特写。我们突破传统报道思路，特别重视背景材料和细节的运用，结果成为被引用的经典篇目。

这篇不到千字的小文，被各界引用难以计数：

“汪洋在近两个小时激情洋溢的讲话中，至少有22次讲到‘解放思想’。”

“16年前，后来被邓小平称为‘娃娃市长’的汪洋，在铜陵市长任上发表著名文章《醒来，铜陵！》，轰轰烈烈拉开了铜陵大地上‘解放思想’大讨论的序幕。16年后，52岁的汪洋要在广东再掀‘解放思想’的大潮。”

“汪洋说，小平说得真好，那时就强调赶‘四小龙’，不仅是要在经济总量上超过，而且要在经济社会各个方面都超过。”

4. 探索严肃政治报道娱乐化

严肃政治报道娱乐化，看起来有些“恐怖”，似乎“离经叛道”。事实上，这是“软化”政治硬新闻的一种可能选择。

近两年，我们主要是在“两会”报道中进行尝试，颇受欢迎。一个最成功的案例就是“两会炮手”。

每年“两会”，都会有一些代表委员言辞犀利，针砭时弊。2008年是换届之年，《南方日报》在全国“两会”前夕就抛出“两会已无吴敬琏，谁来接棒当炮手”的议题，列出一些候选人让网友投票预测，最后颁出“五大炮手榜”，包括炮轰《劳动合同法》的女首富张茵、炮轰“发改委儿子孙子最多”的卸任审计长李金华、炮轰医改“老是狼来了”的钟南山、炮轰“铁道部春运表现不及格”的葛剑雄、炮轰“钉子户抬高房价”的

A04

2008全国两会·网尽两会

两会五大“炮手”谜底揭开

孔祥鸿：最佳“第六人”

两会“五大炮手榜”报道

穆麒茹。

2009年，我们继续主推“炮手”。“两会炮手”随即被媒体同行广泛推广。自此，“两会炮手”已超越媒体的议题设置，而成为百姓“看热闹”的一种期待，也成为考察中国政治生态的一个重要窗口。

A10

2009全国两会·网尽两会

谁是今年全国“两会炮手”？

奖状

有些“炮手”今年“哑火”了

“两会大炮”是一种能量

“知识是最好的疫苗”

2009年“炮手”回顾

我们也关注到，关于炮手话题，开始有了一些质疑。有论者担心媒体对大炮委员的“片面追求和刻意引诱”会变成“一种很浅薄的趣味”，只关心炮手的个人秀，而忽视了“两会”的核心议题，担心“两会”变成“一场全民观赏表演的政治春晚”①。

这种争议和质疑，说明思考在深入，是一件好事。这正是关于新闻报道或政治报道“娱乐化”的争议。

我们支持这样一种观点：“两会”存在两个“舆论场”，代表委员参政议政的“内场”和大众舆论的“外场”，在网络介入后，后者尤显壮大。在会间，“内场”和“外场”须寻求共振和渗透。让那些报纸读者的声音、BBS上的声音、短信的声音“输入”“两会”的议题和决策，可以进一步提高社会主义民主政治的效率。

我们为什么期待“两会大炮”？因为他们是场内和场外之间的摆渡者。每一个代表委员的发炮，无论议题如何，其话语的高热力都宛如一次能量的集中爆发，从而打开场内外的通道。由此，汹涌的大众舆论关注和参政议政热情得以共舞，我们相信，这样能产生更多的政治智慧。

①曹林：《参政议政不在乎当“炮手”》，《中国青年报》，2009年3月7日。

娱乐化的糖衣，其实包裹着严肃的议题。比如，2009年全国“两会”期间，我们抓住“刘诗昆劝退刘翔”新闻，全国媒体纷纷跟进，硬是将刘翔“逼”回来开会。背后隐藏着一个非常深刻的主题——代表委员如何履职？我们的人民代表大会与政治协商制度该怎么走？如何更好发挥代表委员的作用？

结语

2000多年前，亚里士多德满怀激情地说：政治学是最高的科学。

对每一位以政治报道为业的记者来讲，这当是职业热情的最终归依。

2000多年后，当我们进入一片宽阔无垠的政治蓝海，且以韦伯的演讲《以政治为业》作结：

“政治是件用力而缓慢穿透硬木板的工作，它同时需要激情和眼光。

“即便是那些既非领袖又非英雄的人，也必须使自己有一个坚韧的心……

“一个人得确信，即使这个世界在他看来愚陋不堪，他仍能够说：等着瞧吧。只有做到了这一步，才能说他听到了政治的召唤。”

A08 2009全国两会

“刘翔跑不了可以退赛 不开会也该退出政协”

刘诗昆“劝退”刘翔，引发网友热议明星委员缺席现象

金融危机，都是男人惹的祸？

今年预计发射卫星15—16颗

刘翔参加“两会”相关报道1

A07 2009全国两会

刘翔委员昨日开会啦！

中国大飞机2014年首飞

危机过后，农民工将逐步返城

“水景豪宅” 三月特惠献礼

020-3476 0288

刘翔参加“两会”相关报道2

第三讲
为建设公民社会而表达

政府是要接受批评和监督的，作为有独立人格的知识分子，我们的主要职责之一就是监督政府、批评政府，所谓“第四种权力”也是这个概念。

作为一个写作者需要有广阔的知识，扎实的专业功底。这点很重要，但在我们当下的社会里面，更重要的是良知。

主讲嘉宾： 南方周末高级编辑　鄢烈山

时　　间： 2009年4月23日

主 持 人： 暨南大学新闻与传播学院新闻系副主任　张晋升

讲座发言

主持人 我们暨大南方准记者训练营的讲座马上就要开始了，今天我们很高兴请到资深评论家鄢烈山老师。鄢老师，很多同学都看过他的评论。鄢烈山，南方周末高级编辑，杂文家，时评家。1986年入新闻界，迄今已出版《冷门话题》、《中国的个案》、《鄢烈山时事评论》、《早春的感动》等个人作品集18种，主编有《中国杂文年选》等文集多种。

1996年至2001年4月用本名或笔名为《南方周末》撰写时评专栏文章，得风气之先，在读者中受到广泛好评；被《南方人物周刊》评为“影响中国的公共知识分子50人”之一。杂文选集《一个人的经典》获全国第三届鲁迅文学奖。

今天很高兴邀请到鄢老师，他演讲的题目是“为建设公民社会而表达”。（掌声）

鄢烈山 我讲“为建设公民社会而表达”，这里所说的“表达”即广义的“言论自由”里的“言论”，这个概念的外延比“写作”要宽泛得多。“表达”包括很多种方式，游行示威请愿都是公民“表达”的方式，民工讨薪的所谓“跳楼秀”其实也是一种诉求的表达方式。我写杂文，写时评，这种写作与发表只是“表达”的一种。

今天我的演讲分为三部分，围绕三个关键词来讲，即公民、公民社会、公民写作。

第一部分就讲自我定位，公民的概念，什么叫公民；第二部分就讲奋斗目标，建设公民社会；再一个就是公民写作，在这个写作中我们所应该体现的素养，我们应具有的底蕴、风格这些方面的东西。我讲多少算多少，可能话说起来就比较多，比较散。因为我是一个写杂文的，用中国人民大学马少华老师的话说，写杂文的常用联想类比，而不像写纯正的评论只用逻辑，层层递进地分析，早在2001年、2002年的时候，几个青年文友要出版一套杂文丛书，让我写序，我就写了一篇《公民写作：杂文新概念》做序言，后来发表在报刊上，而丛书最终没出成。我谈的这个“新概念”受到一些人激烈的批评，说这是扼杀杂文。但现在人们用“公民写作”这个概念来表达是相当普遍的。

一、自我定位：公民

那么，“公民”是什么呢？我认为要从三个角度来讲：第一个，这个定位是一个主体性自我定位，是讲公民应有的主体意识；第二个是权利意识；第三个是公益意识。做一个好的公民要有这三种意识。

什么是主体意识呢？就是有独立的人格，独立的思考，这才是一个公民，这点非常重要。作为一个写作者、新闻记者，甚至任何一个行业的人，如果没有独立的人格，独立思考的品质，你就不是一个现代公民。那是什么呢？那就是相对应的：奴才意识，顺民意识，还有草民意识，刁民意识。总之他不是一个公民，没有公民意识。这个“公民”是建立在权利平等的基础上的。我刚刚看过一本研究马克思主义的书，这本书上引了马克思的话，是关于马克思的人本主义的：“对不希望把自己当作愚民看待的无产阶级说来，勇敢、自尊、自豪感和独立感比面包还重要。”①这应该是正宗的马克思主义观念，是我们一定要坚持的东西。

第二，公民应该要有很强的权利意识，即认识到自己的公民权利。那么我们把它说细一点，把它对应起来讲，和这个权利意识相对应的是义务本位。在我们中国这几千年的封建专制社会里，它强调的是国民的义务，没有权利。我一年缴税缴了2万、3万，可是我的权利是什么呢？我不知道这钱用到哪里去了，他拿去干什么都可以不告诉我。我觉得这样我就不是一个合格的公民，而是一个只会交粮纳税的臣民。

第三，公民应该有很强的权利意识，而公益意识也很重要。马克思在《国际工人协会共同章程》（《马克思恩格斯选集》第4卷）里说：“没有无义务的权利，也没有无权利的义务。”一个人有责任不仅为自己本人，而且为每一

①《马克思恩格斯全集》（第4卷），人民出版社，1961年版，第218页。

个履行自己义务的人要求人权和公民权。同时，权利与义务应该是对称的，所以，我们对这个社会要有责任感，有奉献精神，有公益意识，或者说公共意识。这点我们也是要强调的。我们知道，奥巴马总统当年大学本科毕业后干什么去了呢？他是去搞社区服务的，他社区服务的年薪是1.3万美元，这在美国刚够吃够住；他做了三年社区服务后，又去读了哈佛大学的法学院，毕业后又去了公民服务中心。美国人从小就有很强的公益意识，我们年年在讲“学雷锋”，有些人是唱高调，但人家是扎扎实实的。

上述三种意识是相互关联的。与“公民”意识相反的是国家本位、官本位（吴思叫“官家主义”）、义务本位与极端个人主义等等。“国家本位”，它是对个人权利的一种忽视，甚至扼杀。中国的政治与文化传统强调国家利益、集体利益至上，而不是强调个人权利。我们现在的很多强拆强迁，都是以“国家利益”、“集体利益”的名义来践踏人权、践踏公民的个人权益。现在有很多人喜欢引用的一句话，据说是美国总统肯尼迪所说的：“不要问国家为你做了什么，而要问你为国家做了什么”，这个很像我们当年的那种宣传。其实这不是西方国家的主流价值观，它的主流价值观建立在个人权利的基础之上，是“个人主义”，是维护个人权利。因为国家是由个人组成的，是为它的国民谋利益的。

而对我们这些写作者来讲，我们的权利是什么？我们最重要的权利应该是监督政府，批评政府。

当年毛泽东在延安和黄炎培“窑洞对”时就讲了人民监督政府的重要意义。这几年温家宝总理一再重复这个观点。当年，朱镕基做总理时给央视《焦点访谈》节目组题词“舆论监督、群众喉舌、政府镜鉴、改革尖兵”，也包含监督政府的意思。我最近“方便”时重读了一下《论语》。《论语》绝对不是于丹讲的那一套什么从容呀、淡定呀，她宣讲的是她自己想推销的心灵鸡汤，是为了宣传，配合央视讲和谐社会。真实的孔子对当时社会有着强烈的不满，要改造社会，是一个入世精神很强的孔子。读读《论语》可知，孔子对鲁国非常失望，所以他要周游列国，找能用他的地方；到处找找不到，他说他要“乘桴浮于海”，到海外去。他看什么都不顺眼，对于他的学生们他也很不满。他说，颜回死了就再也没有一个“好学”的了。对这个世界的人性他也很不满，“吾未见好德如好色者”。他对这个世界，对人性，对他的国家有一种强烈的不满，他要改造它们。他哪是什么从容呀、淡定呀？于丹只是抓住孔子一两句话立论。曾点说他的愿望是："暮春时节，我和五六名成年人，六七个青少年，到沂河里洗洗澡，在舞雩台上吹吹风，一路唱着歌儿回来。"孔子喟然长叹道："我赞成曾点的想法！"这只是一种向往，我也很向往。对于孔子，那是功成名就后的事，因为知道实现不了他才长叹一声。有大夫叛乱他都愿意去帮忙，弟子劝阻说他不能这么干，他说自己不愿做干匏子挂在墙上给人看，他随时准备入世。大家知道他抨击苛政猛于虎。所以说，孔子是批判精神很强的，对社会强烈不满，要改造社会。我们来看《论语》第十一篇《先进》里的一段话："子曰：回也，非助我者也，于吾言无所不说。"意思是：这个颜回对我什么帮助也没有，他对我的话什么都赞同。孔子曾说他的学生中最好的是颜回，好在什么地方呢？好学；安贫乐道。好学，这是最重要的。还有两条也是很难做到的：一、不迁怒于人，错了就错了；二、"不贰过"，即同样的错误不犯两次。这都很难做到，是很高的境界。但是他对老师没有批评，有不同意见不说，或者提不出质疑，没有独立思考，所以孔子不满地说："非助我者也，于吾言无所不说"。显然，那些一天到晚唱赞歌的，说您很英明很伟大的，按照孔子的标准，是对自己一点帮助也没有的无用之辈。

那么，我们怎么帮助政府呢？作为一个公民，作为一个写作者，就是要批评、监督政府。《论语》第十三篇里，定公问：一言而丧邦，有这种事吗？孔子回答说：如果君主行的是善政而没有人违抗，那自然是好事；如果行的不是善政而没有人敢抗命，"不几乎一言而丧邦乎？"可见，在孔子看来，对统治者特别是最高统治者，就应该批评他、监督他，这样才是真心地帮助他，真正地爱这个国家。

说到这里，我想到一件事：上海的两个女生，华东政法大学的，听完杨师群教授上课，她们含着泪对他说，你怎么能这样批评我们的政府呢？怎么能这样批评我们的传统文化呢？据说，还把杨老师告到了公安局。她们错了，建立政府不是用来让人民服从的，而是为人民服务的，政府不是被爱戴歌颂的偶像，首先是我们批评监督的对象。作为一个有独立人格的知识分子，我们的重要职责就是监督政府、批评政府。对政府怎么看，我觉得有必要多说几句。"政府"这个概念，它本身和国家、政权、政党是不同的，和我们所说的民族更不同，"政府"是可以随时换人的。在日本，自民党一党执政几十年，它的政府两三年甚至一年就换，换得很快。很多人"反政府"，是对你这个具体的政府行政班子不满，甚至不是对自民党不满。而且政府还有中央、地方的区别，这些年媒体揭露了许多地方政府的腐败，一抓一窝贪官污吏，买官卖官使有的县的领导班子都烂掉了，这样的“政府”为什么不该反？政府不等于国家，因为国家机器除了行政的政府部门之外还有军队等别的机关，所以“反政府”不等于反国家。而当年我们反国民党政权，推翻这个政权不等于反我们这个中华民族。为什么不可以反对（批评）政府？这根本不是一个罪名。

我们知道，《人权与公民权宣言》（简称《人权宣言》）是法国大革命的产物。其中第二条讲，“这些权利就是自由、财产、安全和反抗压迫”。美国《独立宣言》讲得更加明确，它宣称“政府的正当权力，则系得自被统治者的同意。如果遇有任何一种形式的政府变成损害这些目的的（承上文，指生命权、自由权和追求幸福的权利等天赋人权——鄢），那么，人民就有权利来改变它或废除它，以建立新的政府”。《人权宣言》、《独立宣言》都强调了基本人权和公民权。是不是外国有的，我们就该有呢？那也不一定。我们中国古代也有相似的思想，且自古以来就是中国的政治文化传统。中国的文化传统很多，很复杂，诸子百家，单是儒家就非常明确地反对暴政。大家熟悉的孟子，他讲了“君视臣如土芥，则臣视君如仇寇”。你对我那么坏，我凭什么要死忠于你？《尚书》里也有“皇天无亲，惟德是辅”之类的话。你有德，上天才会保佑你辅助你；你是无德昏君暴君呢，天命就不在你一边了，你的政权气数就要尽了，要被替天行道者推翻了。大画家徐悲鸿当年画了一幅《徯我后》，用典取自《尚书·仲虺之诰》：“徯予后，后来其苏。”其故事是描写夏桀暴虐，商汤带兵前去讨伐，人民殷切地期待商汤来解放自己，希望赶快推翻暴君。基本人权、公民权高于君权，人民的利益是至上的。这个国家这个政权是暴君统治，就应该被推翻。

讲权利意识，我觉得美国的《独立宣言》表述得最好。它讲基本人权有很强的逻辑性，它讲的是“生命权、自由权、追求幸福的权利”，层层递进。如果没有生命权，一切都谈不上，所以生命权是基础，是第一位的。（当年英国大宪章基本上只有两条：一条是生命权，国王没有权力随意逮捕人；另一条是财产权，未经国会批准国王不能征税。）第二是自由权，公安局动不动就能把你关起来，你连人身自由都没有保障，还谈什么财产自由和其他自由？所有一切难以尽数列举的自由，都可以概括为追求幸福的权利。所以，这个《独立宣言》逻辑性非常强。

法国大革命的旗帜“自由、平等、博爱”，与我上面讲的公民意识的三点是基本上一致的，只是顺序不一样：主体意识是什么，关键是平等意识；权利意识，对应的是自由（权）；公益意识对应的是博爱，有爱心，“泛爱众”，奉献社会。这里着重说一下平等与公民的主体性的关系。社会的进步怎么评估？可以人与人之间的依附关系递减来表达。原先我们讲的五个社会发展阶段：原始社会就不说了，奴隶社会是奴隶完全没有人身自由，一切由奴隶主来支配；封建社会，农民有了一定的人身自由，但依附于土地，和农奴无多大差别；资本主义社会，工人可自由流动，选择雇主，但财产少的人不能自主创业，只能受资本家剥削；社会主义社会，理论上是劳动者平等，“人民群众”当家作主了；总之，人对人的依附性在递减。民主制怎么发展起来呢？“公民”这个词，在古希腊时指极小部分男人，城邦还有很多奴隶，他们根本就没有公民权、表达权、投票权，那都是男人的权利，是自由人的权利。然后到了古罗马，公民有选举权，有选举百夫长、千夫长、执政官、护民官的权利；还有分赃权，那些有公民权的人，就把罗马帝国在外面掠夺的土地、奴隶、财产分赃。现代社会，公民的选举制度里的平等权，经历了一个发展过程：先是从少数男人身上，扩大到大部分成年男人，然后是全部的成年男人，然后，到上一个世纪，一些国家的妇女才拥有这个权利。受教育程度的限制、财富多少的限制，都逐渐取消了。所以，这个平等权利的实现，到现代社会也不过就是几十年的事。像美国这样的民主社会，不论男女，不论财产多少，不论地位高低，人人都有投票的平等权利。我们中国现在还不是，我们的农民还没有与市民平等的选举权。“国家人权行动计划”中已承诺，农民（农村户口的公民）和市民的选举权要平等，即在人大里按同等的人口比例分配所选举的代表名额，至于人大代表如何真正代表选民的意志，那是另一个问题。

关于“公民”做个小结。我在《公民写作：杂文新概念》这篇文章中写道：“自我定位为‘公民’，清醒地意识到自己是作为共和国的一个公民在写作，就必须有自觉的权利意识、平等意识和社会责任感。宪法赋予‘我’思想自由、言论自由；表达个人见解、对国家和社会事务的管理发言，‘我手写我心’，本是‘我’应有的权利和义务。……我不比谁高尚，没有宣道传教者的优越感，并不想居高临下地教诲任何人；也不比谁高明，既不想做‘王者师’，也不想当启蒙塾师。我只是一个公民，是我所是，非我所非。……我不比谁卑贱，一不稀罕待诏金马门代‘圣上’拟旨的恩宠，二不想要‘文死谏’留名青史的虚荣，更不是出入廊庙供主子解闷的优伶或奉旨骂人的阉奴。我只是一个现代社会的公民，思我所见，言我所想。……我不是当权派，也不是反对派，没有‘彼可取而代之’的志趣；不愿跟着别人的指挥棒做‘合唱’队员，也不想存心搅局与谁过不去。我只是一个公民，自认为依法享有个人权利的自由人，眼里容不得沙子，心里憋不住疑问……”这也是我对公民权利的定位。

这里我想强调的一点就是，关于个人权利，我们一定要牢牢树立这样一个观念：它是建设现代国家的基础。19世纪法国有一个学者叫贡斯当，他讲过“古代人的自由和现代人的自由”。古代人的自由观，是讲共同体的利益而不重视个人自由；而现代人的自由观，它重视每一个体的个人利益。贡斯当说：“我再重复一遍，个人自由是真正的现代自由。”西方国家的价值观就是建立在“个人主义”基础之上的。如果以个人主义的价值观来与“以人为本”、“科学发展观”、“建设和谐社会”挂钩，这样来说的话有些牵强附会，但有一个基本点是相同的，即尊重每一个人。强调“以人为本”就要尊重每一个人的权利，而不是动辄要求为了群体牺牲个人，在这一点上是相通的。其实马克思早就说过，共产主义社会是自由人的联合体；《共产党宣言》讲到了每个人的自由发展是一切人即全社会自由发展的前提。这应该是正宗的马克思主义观念，个人自由和社会自由两者统一的观念，是我们一定要坚持的东西。

二、奋斗目标：公民社会

现在我讲第二个部分，就是我们的奋斗目标——公民社会。

什么叫公民社会（civil society）？英语词典上解释civil，意义有“全民的，市民的，公民的，国民的，民间的，民事的，根据民法的，有礼貌的”等等。“公民社会”作为政治学概念，指实行民主宪政，政府权力与责任对应，公民权利有保障的比较理想的社会；与其相反的是，前现代社会、警察国家、官本位的等级制社会等等。作为历史学、社会学概念，“公民社会”又称“市民社会”。“公民社会”又可称公权力（政府）与资本（市场）之外的“第三方”、“第三势力”，它活动在公权与私权、政府与个人之间，活动在企业主与劳动者个人、为有支付能力者服务的市场势力与消费者包括无能力的零消费者之间。它也是社会实现自我管理的自治组织，它不是征服性或管制性的组织。中共中央党校发表过《攻坚：十七大后中国政治体制改革研究报告》，呼吁深化民主改革，遏制腐败，放松新闻审查，并使全国人大更具代表性，其政改建议有一条即建立一个现代公民社会，使政治制度同高度发展的经济相适应。其实早在晚清时期，康有为（署名“明夷”）就写过《公民自治篇》，发表在《新民丛报》上。

美国人为什么有那么强大的凝聚力？美国政府对它的士兵许诺，你在海外作战、在国内作战死了，我们一定要找到你的遗体，一时找不到你的遗体也要寻找你的遗骸。在越南，在朝鲜，这么多年过去了，他们还在和那里的政权谈判。当然，在中国他们也找，一定要找到将士的遗骨，哪怕是一把骨头他们也要带回去，也要做鉴定，弄清楚是谁。而我们差不多就是一笔糊涂账。像电影《集结号》表现的内战，解放以前，国民党、共产党的士兵谁死了是真的搞不清楚。今天是个国民党军队的士兵，明天被俘就成了“解放战士”，家里人都不知道他是国民党还是共产党。意识形态的纷争，使内战死亡者没有人调查，反正死的都是老百姓，死了就死了。但是到了新中国成立以后，从朝鲜战争开始，抗美援朝开始，到与印度、与越南打仗，死的这些人，其实应该是很好查的，我们的政府有民政系统，哪些人是军属是烈属，都是很好统计的，但现在还是国家机密。也不会像美国越战墙那样，把每一个阵亡者的名字都刻上去。我在韩国参观战争纪念馆，现代历次战争，包括我们说的“朝鲜战争”，他们都有个阵亡者名录摆在那里，哪个人，什么地方的人，哪一个连队的，都摆在那里，可以查看。这是韩国的，非常清楚。而我们的，现在不要说什么抗战时期的赴缅作战远征军了，就连对越自卫反击战，究竟死了多少人，都是谁，我们也不清楚，死了就死了。

所以我们需要有一个公民社会，来督促政府做这些事。政府没有做的事我们要做。还有很多事情并不是说政府不想做，而是它想做也做不了。那么就应该由公民团体来做，这就是公民组织。公民组织在中国是非常匮乏的。公民社会的建设，其实是在20世纪80年代末90年代以前，我们早就提出了目标，叫做“小政府，大社会”。社会的自组织能力是很强的。我们既然相信市场经济，就要相信社会的自组织能力。中国自古以来，当然不是个公民社会，但是，它虽是政治集权的王朝，民间却有分权的社会。它有很多民间组织。在县以下，是没有政权的。那靠什么来治理呢？要靠乡绅、宗族。到了近代，就是上个世纪，工商业发达以后，商会的力量是很强大的。如果你了解晚清和民国的历史，会发现军队到一个地方去，不光是军阀的军队，包括日本鬼子也好，八路军也好，他们总是去找商会要钱。无政府状态的地方，社会秩序当然是商会在维持。为什么呢？因为商人是最需要稳定的，他们要做生意，要保利益。如果军队今天你打过来，明天我打过去，这个地方要保持一定的社会秩序，要保持稳定，就要靠民间组织，在当时主要是商会。但是到了新中国成立以后，所有的这些都被铲除掉了。毛主席说要反对"四权"，除了封建政权以外，还有神权、夫权、族权。这个夫权反掉了，男女平等好。政权是被取代了，政权还是有。宗族呢，大概只有岭南保存得还好，福建的我不知道。那些宗族祠堂啊，在我们湖北，我们家那一带，是全部毁掉了。据说岭南地区有风俗传统，到了清明节，你一定要回乡来祭祖，不管你在外地发了多少财，生意做得多么大，也不管你在外做多大的官，你都要回乡祭祖，如果你回不来你要请假。宗族的势力，当然有负面的作用，像械斗，但是它有内部的自治。宗族势力，我不是说要对它完全肯定，而是肯定它好的一面。像潮汕人，他们到海外去发展，就是靠那种血缘关系啊、乡邻关系啊，你帮助我，我帮助你。他们绝对不是靠政府搞劳务输出，他们靠的是乡缘血缘民间关系，靠民间组织。民间组织的活力是非常强大的。

民间社会的宗教组织和宗教势力呢？我们当年也是做得很过分，特别是"文革"的时候，所有的和尚道士被迫还俗。……我的主题不是谈宗教问题，这个话题扯起来就有许多可以谈，扯远了。我是要讲公民社会的自治，宗教的作用也是有正面有负面，需要引导的，要有自我管理的。主要的，应当承认宗教有利于社会自治和社会和谐。

我们现在讲非政府组织，这是现在做得比较差的。后果是什么呢？汶川大地震以后，人们的爱国热情和人道主义精神得到了充分的体现，捐款也很多，但是最后，落到实处就很困难。有些人是空头许诺，没有捐；有些捐的物资，包括饮料啊什么的都过期了。没有民间组织，单纯靠政府分配。地方政府有它的难处，宁可不分，也不能引起群众之间的争斗。贫困的村民们为了分一点东西，发生的矛盾可能非常尖锐。当然贪污腐败的事，在这个环境之下也是在所难免的。像北川县买高级越野车受到质疑的那种事，也是会有的。因为没有一个民间组织来协助政府，什么都要政府来做，政府不可能管那么多那么细。

现在有些政府机关、政府部门，该管的不管，不该管的偏要管，所谓没有好处不办事，有好处就乱插手。做得最过分的，大概就是前一段时间媒体报道的浙江义乌市的那个施粥事件。纳税人养政府干什么？那个食品卫生监督局干什么的，民政局干什么的？有那么多人挨饿，你政府官员不管，不去救济也罢，你偏要说民间施的那个粥不卫生，那些碗筷不卫生，取缔！你不让那些贫民去领粥，难道要那些人饿死吗？你说施粥者没有提供干净碗筷，你说卫生条件不合格，你去帮助他啊，你给他提供一些塑料碗筷，廉价的东西，或者别的什么都可以啊；你帮他消毒啊。我们许多地方政府，包括矿难出现之后都是这样，它宁可把你封掉，也不承担责任。这个施粥，如果有一天，有一场病，病倒了几百个人，我要被问责了；但是把它关掉，我“依法”把它封掉了，我没有责任，我一点责任都没有，我就是执行法规，你卫生条件就是不合格。这样的政府部门它不是扶助民间组织，因为它不想为人民服务，它只对自己“负责”。

关于民间组织，说起来就话长了。我们这个社会民间组织不发达，首先是工会、农会。这个工会，我们都很清楚了，它的官员是有行政级别的，共青团组织的官员也是有行政级别即官阶的。所以说，这些所谓群众组织、民间团体，还不是真正的群众组织，不是真正的民间组织，不是民间自治和维权的组织。

但像资本主义的美国，工会的力量又太强大了。通用汽车公司工会，硬是不肯降薪，碰到经济危机它也不肯降薪，他们工人的收入比一个大学教授多，这也太过分了吧。我们的工会无力量，谈不上与资方博弈，这是谁都知道的，工人连讨薪也不可能指望工会出面，要搞什么“跳楼秀”、“跳桥秀”。我们的农会就更不要说了，根本没有，农民只有专业合作社和经济合作组织。农民这个维权系统是非常不发达，大家可能从电视里看到了，韩国农民很厉害的，反对全球化，到香港搞游行示威，搞得那么热烈，和香港警察对着干。他们的农会势力是很强大的。像美国这些国家，说全球化，搞公平贸易，事实上它是很不公平的，对本国的农业有大量的补贴。我们这个发展中国家，以前农业不仅没有补贴，还用什么“三提五统”政策从农民那里抽血，以致农民抗税抗粮，闹得太激烈了，后来才把农业税取消了，一年也才300多亿元。我们的官员少吃一点，吃的档次稍微降半级，免农民的税就绰绰有余了。所以，现在呢，取消了农业税，而且政府还补贴农民种田，或补贴退耕还林还草。这总是应该表扬政府的。但是农民的很多权利还是没有的，我们农民现在仍不是享有完整国民权利的公民，户籍制度使他们及其子女沦为“二等公民”。我们国家的经济之所以能有今天的发展和财富积累，一个重要的因素就是有这些“二等公民”垫底，提供廉价的劳动力，有了国际竞争中的所谓“比较优势”。南北战争之前的美国，南方一个庄园主拥有财富多少是看他有多少奴隶。我们现在的财富积累这么快，一个重要因素是因为我们有数亿的“农民工”。有这些人来给我们垫底，我们城里人才能享受很廉价的服务，有那么多洗头洗脚按摩行业等。而在发达国家人工贵，服务贵，这些行业远不如中国发达。如果按照联合国的标准，我们至少有2.4亿贫困人口，为什么东莞、中山有那么多血汗工厂呢？因为打工者别无选择。他们不比我们傻，回家更没有出路，他们的孩子要读书，家人要看病，尽管在流水线上很枯燥，离乡背井，夫妻分居，他们也要忍受下去……

讲到建设公民社会，发展民间组织，我记得北京市委书记、奥组委主任刘淇，他讲过，我们要让民间组织、合法的民间社团发展起来。实际上，一些开明的官员，他们也知道，应该发展民间组织。我发表过一篇文章，叫做《民间社会的点、线、面》，是在台湾的观感。我是2008年到台湾去的。这里的“点”是指志愿者，他们叫志工。广东省广州市也在发展这个，你可以到网上去报名。志愿者是公民社会的“点”，社会自治、民间自治的“点”。要有很多志愿者去做公益事业。“线”呢，指的是非政府组织（NGO）。若不叫非政府组织，也可叫“非营利组织”什么的。总之有很多民间组织在台湾发展得非常好，做了很多事。万一出现了地震，是民间组织首先做出反应。所谓“面”呢，就是社区自治。他们有很多社区学校，这个社区学校，就像我们的成人学校，你无论是退休、半退休，都可以去学习，又有点像我们的职业学校，可以学习某种技艺。它又有很强的社会组织功能，就是把社区自治这块带动起来，把非政府组织带动起来。志愿者组织，志愿者精神，要有这些东西。有了这些东西，我们的公民社会就慢慢发育起来，成熟起来。这样就不需要什么事情都靠政府，什么权力都归于政府，抱怨也都指向政府。因为你什么都管嘛，你有权你就有责啊，对不对？很多矛盾全都集中到政府去了。民间社会呢，很多都是不需要政府管的；我们中国其实也有自治传统。当然古代社会的自治和现代社会的自治是不一样的。现代的自治，就有一整套的规范。这个是可以借鉴的。李连杰的“壹基金”做得多么好，他也是借鉴了国外的管理模式。

说了这么多关于公民社会的，跟我们的表达、跟我们的写作又有什么关系呢？回到我们讲的公民表达、公民写作。

说公民写作的奋斗目标，是为了建立一个公民社会，首先自己要有明确的公民意识，同时在全社会宣扬、交流这种公民意识，培育公民意识、公民精神、公民文化，为实现结社自由和言论自由而努力，为建设公民社会创造观念和组织上的条件，所谓靠一群奴隶和奴才是建不成现代化社会的。明确公民权利、公民社会的概念、观念，也是为了实现自我管理、社会自治，它们是合作性的，而不是阶级斗争性的，不是颠覆性的、对抗性的。同时，公民写作也好，建设公民社会也好，当然也是为了社会力量的均衡，即制约政府拥有的公权力，制约资本、市场奴役和异化人的权力，实现社会的动态和谐。明确了这些概念、基本理念，我们就有了正确的政治立场和社会态度。作为一个公民，一个写作者，一个新闻记者，如果这些东西没搞清楚，甚至认为批评政府就是罪过，你的表达和写作就找不到方向，找不到着力点，既不能参与公民自治，也不能参与公共话题，与政府良性互动，影响公共政策，促进社会进步。

三、公民写作的素养和风格

进行公民写作，应该具有哪些素养？我觉得这些素养，首要的应当是有理性。哈贝马斯，德国的一个学者，他说："在一个现代的公民社会中，应该存在一个强大的公共领域，在强大的公共领域里面，媒体起着沟通整个社会的作用，公民通过媒体发表意见，审视公共事务，审视政府的行为。但是这种审视又有个前提，应该是批判性的，同时应该是理性的。"我们南方周末老主编左方说，《南方周末》是一个精英和大众的桥梁。我上面的讲话一再特别强调批判性，我们有权利和责任批评政府、监督政府，但是这种批评和监督应该是理性的。政府它也是由具体的人来组织的，由官员，由个人组织的。我们对官员和个人应当有比较清醒的认识，我们是对事不对人。我们批判的是某一件事情，这个公共政策它不合理，或者说这届政府应该问责，应该下台（这是最极端的了）。但是，我们不是针对某一个官员。

我有一个想法，就是说：我们每一个人都应该平等地看待别人，这是理性的基础，我们既不需要仰视任何人，包括各级领导人，也不要轻视任何人，包括一个农民或者是一个打工者。大家都是平等的，如果你真正有平等意识、民主意识，那你的写作就应该是理性的。这种理性和平等意识是基于对人性的认识，意识到每个人包括自己心中都有幽暗的一面，是建立在自我审视基础上的。正如《圣经》上说，这世界上没有一个"义人"，每个人都面临考验，都可能受诱惑，有贪婪、自私的一面，只是想要的东西不一样，有的人要千古名声，有的人要眼前财富。每个人都有贪婪的一面。所以你要正视自己。你可能发现克格勃（国安）里面也有好人，军队里更有好人，政府里的官员也有很多好人，那要看制度。那个外国人他在美国、日本或法国可能很守法，但是到了中国，很快他可能就变了；外国公司在中国也会搞行贿受贿这一套，因为制度环境不同。那么对农民呢，对那些没有文化的人，你要想，在美国为什么一个文盲老太太和一个哈佛大学的教授都只有一票之权？因为当一个人关心他的切身利益时，作为一个正常人，都是理性的。我们搞市场经济，是建立在一个理性“经济人”的假设基础之上的。我们《南方周末》讲普世价值不是被司马南等人在批判吗？这个普世价值，也就是说，只要你是个人（精神病人除外），一个正常人，在一个正常的条件下，都要求平等、自由，这是人的本能、天性。难道你希望别人欺负你吗？希望别人抢你、杀你、关你？这不可能。你希望得到平等、自由。有些人，他们在封建社会受了一种教育，说我很穷是我的命，就这样认命了。现在不可能有这样认命的人，现在你请个保姆，她都绝对会要求跟你平等，不会觉得自己的命就是该一辈子服侍别人的；只是受当下的环境和条件的限制，不得不做这份工，等我有了钱我家也请保姆。平等、自由、公平的要求，是人的本性。反过来说，每个人的心中都有一个魔鬼，都有专制的倾向。所以你看电视剧《金婚》，50年来，“蒋雯丽”和“张国立”都在争夺家庭主导权。夫妻之间每个人都想自己说了算。领袖也是这个样子，他可能是“始为天下忧，终为天下羞”，开始他确实是有理想有抱负，要为国为民，结果到最后他有可能成了独夫民贼，因为他要攥住手中的权力，不惜任何代价。

我们有了这么一种对人性的认知和反省意识，就不会有很强的精英意识，觉得自己有什么了不起，你也不会根据一个人的身份来画线。我们知道在当代作家里面，现在最有名的、写得最好的作家许多是军人出身的，如王朔、阎连科、刘震云等，学者中有王彬彬、展江教授，他们这些人都是从军队出来的。你以为军队是最封闭的，洗脑是最严格的，但是这些人就很具有批判精神。可能这些人见识得多，可能物极必反，我说不清，反正我觉得这些人思想是相当开放的。如我们南方周末的原常务副主编钱钢，他也是军队出来的。所以你不要用什么线来划分人。波兰作家米奇尼克说过一句话，在北京电影学院崔卫平教授编译的他的一本书《通往公民社会》里（米奇尼克当年是帮助瓦文萨搞工人运动的，波兰民主化以后他不做官，只办他的报纸，他是一名纯粹的知识分子，不依附任何一种权势），他说，根据历史经验，警惕把共产主义妖魔化的同时，也要警惕把自己天使化。现在有些人就觉得自己有多么了不起，这种人我是不信的。

我写过明代思想家李贽的传记。李贽从姚安知府辞官以后，就到湖北黄安好友耿定理家里去住，他没有回福建老家。他们当年定交的时候在南京，定交的话是："'自以为是，不可与入尧舜之道'，试看自信与自是有何分别？"耿定理突发一问。"自以为是，故不可与入尧舜之道；不自以为是，亦不可与入尧舜之道。"李贽应声而答。两个人会心大笑，由此定下终身莫逆之交。那番对话是什么意思？就是一个人要自以为是又不要自以为是，如果你不自以为是，你不自信，你都跟着别人走，人家说什么你就信什么，这样的人没有独立人格，没有独立思考，不可能探索真知，不可能进入"尧舜之道"；反过来，不自以为是也很重要，你对人家要有批判精神、怀疑精神，对自己也要有批判精神、怀疑精神。自信与自疑相辅相成，同样不可或缺。

胡适晚年特别强调的一句话就是："容忍比自由还更重要。"作为公民精神你要宽容。这是公民文化、公民精神最重要的部分。用孔子的话来说，要"毋意，毋固，毋必，毋我"；作为一个写作者，我认为要有理性、有自省意识、有宽容精神，还要有坚忍不拔的精神，对这点今天不能展开讲了。下面着重说一下，怎么评价我们置身的当下社会，怎么评价自己。这两点对我们的写作心态很重要。

怎样看待我们的社会？我曾经说我们应当是一个理想的现实主义者、一个现实的理想主义者。这个现实就是，我有满腔的愤怒和不满，但这只是用我的一种理想标准来看。我们要正确认识这个社会，它在进步。就像一个小孩，你隔了两年看到他，哦，长这么高了！就像一棵树，过了几年看才觉得它长了这么多。我们回过头看30年历程，中国确实是发展非常快。20世纪80年代中，1986年还在批判人道主义。那时候周扬、王若水他们讲人道主义，还在挨胡乔木的批。人权更加是个禁忌，而到今天，我们已把"尊重和保障人权"写进宪法，把它列入"国家行动计划"，甚至做出一个两年的计划来，而且是行动计划，不是一个蓝图，这就是一个很大的进步。你说，它这是哄你的，哄你玩的，你还当真？那是宣传给美国人、德国人、法国人听的。如果你老这样想，那就完了。因为我们中国也有一个传统，孔夫子说的"名不正则言不顺"。我们作为一个公民，一个写作者，可以循名责实、日积月累，要有这么一个有韧性的奋斗精神。所谓“循名责实”，就是宪法上、计划上这么写了，就要你政府兑现，哪怕你是哄我的，也可以弄假成真，慢慢地、一步一步地，社会就往前走了。公民权利是大家争取来的。你看林达的“远距离看美国”那一套书，美国的言论自由在今天的水平，我们可能要多少年以后才能达到，但是人家也不是一蹴而就的，而是一步一步奋斗来的。包括奥巴马现在当总统，离讲“我有一个梦想”的马丁·路德·金领导的黑人人权运动，从20世纪60年代到现在不也就40年吗？当然，在这之前，可以从南北战争算起，黑人平权运动历时一百五十多年，所以人家也是一步一步地走来的。

作为一个写作者，需要有广阔的知识，扎实的专业功底。这点我不够，因为我最好读书的10年（15—25岁），国家陷入了“文化大革命”，没书可读。“文革”后我们读大学时，教材非常陈旧，而且我又上的是中文系，后来才在工作中把法律、经济方面的书看了一点点。我现在很羡慕那些英语好、有专业知识的人。知识很重要。李白、杜甫、苏东坡，他们的智商肯定不比我们低，但是他们却不能想象一个没有皇帝的社会。包括明代的异端思想家李贽，他根本就不可能想象没有皇帝的社会。他虽然很叛逆，但是连科举制度都没办法否定。这说明知识很重要，视野更重要。在现代社会，一般的人看看电视，他都知道没有皇帝是可以的。他也知道那些韩国人、中国台湾人在怎么生活。

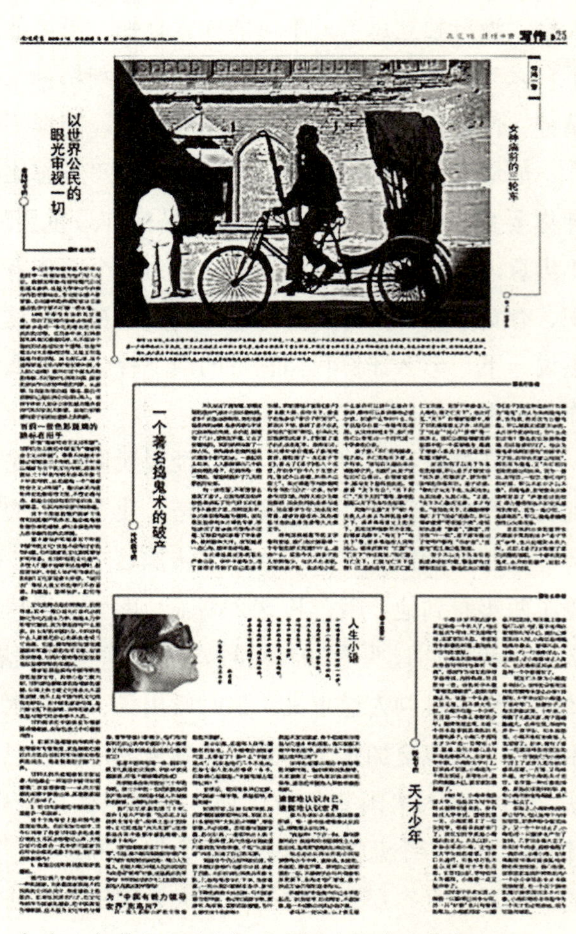
写作

以世界公民的眼光审视一切

一个著名捣鬼术的破产

人生小语

天才少年

袁伟时在《南方周末》的专栏痛批某些学者

关键问题是要坚守良知，抵御诱惑。我们这个时代、这个社会，诱惑是非常强烈的，名利的诱惑力很强。我们现在有许多“海归”，他们的专业知识并不少，也在国外见过世面，但是他们有些人的观点我实难苟同。像我们上期《南方周末》上袁伟时老师批评的那个学者，像北大的潘某等人，都有留学经历，这些所谓“新左”的观点我实在不敢恭维。像媒体最近批评的北大法学院的孙东东教授，他怎么不知道那些基本的法理啊，说什么“上访专业户”99%以上是精神病人，即赞成把绝大多数上访者送到精神病院去。这种人没有良知。所以说，我们不仅要读书、有专业知识，还要坚守良知。

还有，就是要有一个好的文风。文风是自然而然来的，有了理性，有了宽容、包容性，那么文风就不会很极端。我意识到了这一点，但是改掉很难。有一种说法，我们这一代是吃狼奶长大的。什么叫狼奶呢？就是斗争哲学。公民讲宽容、讲理性，相反就是讲斗争哲学。后来有人说，“80后”、“90后”是吃毒奶长大的一代。说我们吃“狼奶”，你们吃“毒奶”，反正都是要对自己受的教育抱有警惕感，不要那么自负，表现在文风上，就是不要动不动就骂人，进行人身攻击。

胡适说，做学问要从无疑到有疑，即做学问要怀疑一切；但是对人，有疑处也要不疑，即虽然你怀疑他可能有这个那个问题，但是你应该就事论事地去分析。对待朋友，尽可能少猜疑别人，抱着一种善意。写文章，也要有一种善意，不能把别人当敌人。

关于文风，我推崇《尚书》里面的话：“直而温，宽而栗，刚而无虐，简而无傲。”依朱熹的弟子蔡沈（音沉）的注解，“栗，庄敬也”，“无字，与毋同”。各句的重音、重点在“而”字的前一个字，直、宽、刚、简，即基本的态度应该是：正直、率直、耿直；宽厚、宽容、宽宏；刚正不阿、刚强不屈、刚肠嫉恶；简明扼要、简捷明快、简单果决。须知善恶并非截然分明，性格有正反两面，“凡人直者必不足于温”，“宽者必不足于栗”，“刚者必至于虐”，“简者必至于傲”。平心而论，就是这么回事。因此，为了补弊救偏，我们要注意以温济直，“有理不在声高”；以栗济宽，外圆而内方，不失之于油滑；不要让刚正走向暴虐的极端，动辄喊打喊杀；不要让简洁明快变成妄自尊大，以一句顶别人一万句的真理专卖店主口吻讲话。托克维尔在《论美国的民主》一书里也说过：“权利观念明确的人，可以独立地表现自己的意志而不傲慢，正直地表示服从而不奴颜婢膝。”我们的文风应该是出于一种善意，就事论事分析，在事实上判断是真是伪，提出质疑；在价值判断上，提出你的观点，应该是这样一种写作态度。而不是“上纲上线”，喊打喊杀，那不是一种好的文风。

像韩寒，在“80后”这一代年轻人里面，我很佩服他。他写的东西确实是比我们好多专家学者更清醒。比方说，他对抵制家乐福的一片狂潮提出批评；他很直率地批评中国作协，说纳税人干吗要养这批人呢，我当上作协主席第一秒钟就是把它解散。说得很直率。这种直接尖锐的文风应当是对的，直截了当、无所顾忌。但有时故意地像王朔那样的，或者像李敖那样的，用那种流氓腔、痞子腔，我觉得不是很好。当然他是在网络上，与网民们的喊打喊杀相比，又算不了什么。但是，我总觉得应当是胡适提出的文风，要宽容，要温和，要明白晓畅。

提问环节

学　生　怎么看在现代社会农民往上层社会流动的问题?

鄢烈山　它最根本的障碍在于没有迁徙自由。我们户籍制度的限制很大。农民工之所以要回家，像春运的时候，他并不是说一定和家人团聚，这只是一个方面，他有很多家庭事务要处理，他要交换信息，要去相亲，他没办法，他的根就在这里。所以，就是要尽快取消户籍制度。这个户籍制度确实是一种不人道的制度。

著名导演王小帅到北京，通过中介所搞个假硕士文凭才能得到一个北京市户口，太过分了。都说应把这个户籍制度废除，现在是既得利益集团不想废，这个阻力是非常大的，所以要一步步来做，但是不知道要拖到什么时候。很多农民工外出打工，关键是为了什么?他是为了子女的教育。现在没有农业税了，作为一个农民，我弟弟其实比我还舒服的，我一天工作10个小时，他一年大概就3个月忙，多半时间都在打麻将。只是顾吃顾喝有什么问题啊?种几亩粮食或蔬菜，现在又高产。问题是他生病怎么办?他的小孩要一辈子做农民吗?所以他们是愁这些。

学　生　怎样看待社会主义初级阶段的公平问题?

鄢烈山　恩格斯说，只有彻底消灭阶级时才能达到完全公平。它当然永远只是我们的一个目标，公平是值得我们追求的，符合我们本性的，因为任何一个人都不想受剥削和压迫。公平需要慢慢来实现，公平是多方面的——政治上的公平，经济上的公平，社会上的公平。我们这个国家在20世纪90年代以后，有一帮专家提出建议，要加强中央财政的汲取能力，结果这个“汲”把基层都汲干了。就是村里所有的财富都向乡里集中，乡里又向县里集中，县里向省里集中，省里又向北京集中，层层汲取，非常不公平。地方财政到了乡一级往往是连吃饭都有困难，那县一级的有可能连老师的工资都发不出来，到省一级从医疗资源、教育资源在全国的分配看，也非常不公平。北京户口的学生上北大清华的比例太高了！

学　生　请问公民社会和和谐社会是什么关系？怎样建设公民社会？

鄢烈山　建设公民社会就是为了建设和谐社会。因为这个社会有很多事情，它需要一种民间自治状态。很多事情，矛盾化解在社区里，就不会发展得很尖锐，这对建设和谐社会肯定是有帮助的。至于怎样来建设一个公民社会，应该靠我们每个人的努力。这个世界上的任何一个进步，可以说主要都是民间在推动，而不是官方。

我们的改革开放也是民间推动。个体经济、私有经济都是民间搞起来的。所有的改革——农业、工业——都是从民间开始的，我们不要寄希望于政府的恩赐，但也不要把它当敌人，这是一个互动的关系。现在民间社会有个虚拟的网络世界，BBS、虚拟社区，它们有很强的影响力，甚至也可组织起来搞一些公益活动。

我们要督促政府开放民间组织。我觉得中央政府对这些也有新认识吧，也会逐渐开放吧，但是就要看时机了。既担心这个，又担心那个，民间组织的发展就要受到限制。民间组织、民间社会发展，事实上是有利于政府的，它可以作为一个缓冲地带，在政府和个人之间缓冲。

学　生　鄢老师，你好。之前我在《南风窗》看到这样一段话，“要建一个大国需要有大国民，而所谓大国民必须要肢体强健、思想包容，不光追求物质的进取，更关注于精神的丰满”。我想这个观点也是暗合你提出的建设公民社会的建议的。之前在网上发帖被大家捧得很热的吴保全，我觉得毫无疑问是这样的公民，但是他们最后的遭遇却是很惨烈的。更为讽刺的是，他们发表这些言论的时候，刚好是《国家人权行动计划》出台的时候。

像《国家人权行动计划》对一些想要表达的公民，对像您这样的时评家，您觉得究竟有怎么样的实质意义？

鄢烈山　《南风窗》说的这几句话，当然是对的，但是我不喜欢“大国民”这个词。什么都喜欢大，日本人叫“大日本”，韩国人叫“大韩国”。大家都喜欢说自己大，大不大无所谓啦，重要的是这个国家的国民有没有尊严。国民有没有尊严，并不在于国家的大小，也不在他的国家军事力量多么强。

中国人为什么没有尊严，被人家鄙视？非常简单，说穿了就是穷。为什么是穷呢？一个很简单的例子，签证。韩国、中国香港、中国台湾地区，持它们的护照要到任何国家签证都比我们（大陆人）容易得多。为什么呢？中国（大陆）一签证，像一些福建人，他们就偷渡。有些人穷得很厉害，因此愿意冒死去博一把。他们偷渡到了欧洲、美国，到那里哪怕是打黑工，也比在中国（大陆）当个农民、工人强得多。他可能三两年就把那个偷渡费用给还掉。

有一些很小的国家，比如芬兰、瑞典、瑞士，这些国家都很小，人家公民照样得到尊重。这些国家有没有航空母舰，军事实力有多大根本就不重要。如果我们的农民工，他们宁愿冒死也要逃出去，你叫别人怎么瞧得起你中国人？他为什么不给你签证啊？很简单，担心你赖着不走。如果你有专长，你赖在那里没关系啊，欢迎你去帮它搞科技发明；或者你什么都不会，但是你可以用钱投资，买地买房子都可以，总之不能成为他们的负担。防穷人全世界都是一样，不要说美国人怎么样，大家都很现实，怕你分享他们的蛋糕。中国为什么这么穷，为什么有那么多冒死偷渡的人，叫人家对中国大陆人不放心，把你的护照颠过来倒过去地看，叫你过关的时候特别难，没有什么尊严？他们非常明确地说，为了他们的国家利益。美国打伊拉克，也明说是为了国家利益，怕有像“9·11”事件中那样的恐怖分子来搞掉自己，让自己活不下去。这是非常现实的。

我们要做好自己的事情。做好中国的事情靠我们每一个人。按照自己的能力，当然包括自己的价值观做出选择。我觉得，我不是一个社会活动家，我怕死。我就是写写文章。如果我是一个农民工，我既不会写作，也没有组织能力，那我去“跳桥”，我去威胁与无良老板“同归于尽”，这也是一种表达。你不让他去游行示威，不让他去静坐抗议，那他还有什么别的办法？他就绑着炸弹来威胁你，用跳楼来要挟你。像过去的妇女，她弱势，那有什么办法？封建社会只好“一哭二闹三上吊”，让你受世人的道义的谴责，这也是一种表达，表达一种抗议、抗争。所以每个人应该用自己的方式去做，能做多少就是多少。当然最好是用合法手段去促进政府，有一个良性的互动关系。我认为政府改善人权是靠民间来推动的。其实，这一点我已讲得很清楚了。

学　生　我想问您关于公民自由表达的对象的问题。孔子的表达、他的游说对象是那些当权者和统治者。他希望他们能够采纳他的建议，按照他的思路去建设国家。但是现在，作为公民写作，对象是谁，是政府还是民间？这种表达对民间、对政府能够产生多大的影响？

还有一个问题是，在西方社会，他们会有很多的表达，比如说学者伏尔泰、孟德斯鸠等，他们的思想是成体系、成系统的，影响了一代人。而我们目前在公民社会的建设中，好像我们平时获得的这些公民意识、自由论、平等论都是通过媒体，尤其是在《南方都市报》等一些媒体上获得一些比较零散的、不成系统的思想。这样会不会对我们建设公民社会造成一些影响？

鄢烈山　你的这个问题提得很好。如果你只想让政府采纳你的建议，这是奏折派，或者叫门客。我们现在的政府养了一大批这样的人，党委有，政府也有，他们的机构叫做政策研究室，就是给领导提对策的；还有社科院，包括一些大学，做一些对策项目。这个不是我说的公民表达，它们其实是官方的一些子系统，是参谋班子。就像一个司令部，司令手下还有一个参谋长，军长、师长手下都有一个参谋长，他们是参谋班子。

我们批评政府，我们讲话，是对着全社会，当然也包括官员，但是主要的对象是民众。过去所谓的“唤醒民众”，也叫“启蒙”，有一种高高在上的感觉，是精英的视角。“唤醒”的对象是民众，大家都睡着了，就你是醒的？我觉得公民表达应该是一种平等的表达，希望你们能够听到我的声音，如果大家觉得我说的是对的就支持我。这样就可以对政府构成一种舆论压力。很多事情都是公民的表达对政府构成压力。例如最近河南灵宝的王帅事件、鄂尔多斯市的吴保全事件，都是一种公民表达，这些表达让政府不得不出来表态，说我们这么做是不对的，结果把王帅放了，吴保全案要重审。

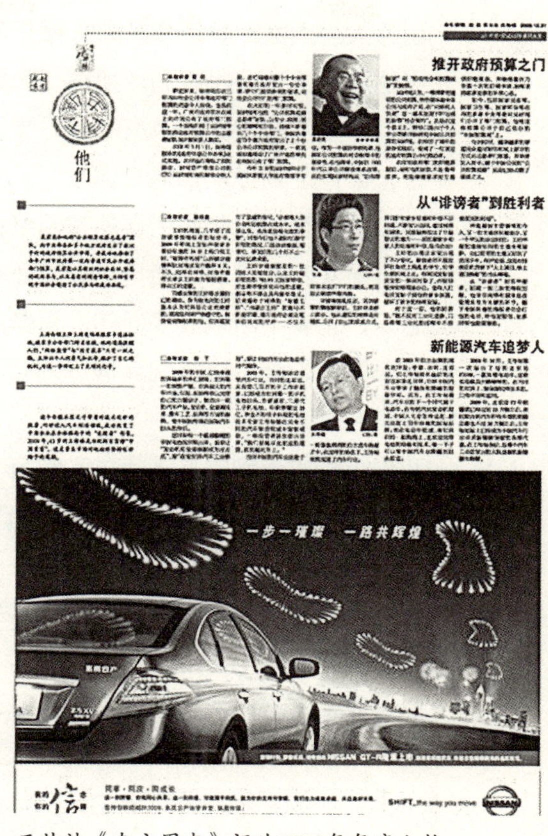
他们

推开政府预算之门

从“诽谤者”到胜利者

新能源汽车追梦人

王帅被《南方周末》评为2009年年度人物

学　生　老师你好。刚才你说你们那个年代的人是喝“狼奶”长大的，而我们20世纪80年代出生的人是喝“毒奶”长大的。我们从小所受的教育，被灌输的是一种顺民意识，而这和我们建设公民社会所要求的公民意识是非常不相符的。根据你的观点，我们应该怎么清除我们思想中早已种下的毒素，然后建立一种独立人格需要的思维呢？

鄢烈山　这个问题要分几个方面来讲。我们这一代，与你们这一代受的教育不完全一样。我们受的是国际主义教育，你们受的是民族主义教育。

西方人讲天赋人权，权利是天赋予我们的。宪法不能赋予我们人权，宪法只是确认公民权利。所谓“天赋人权”，是根据人的自然本性。我们中国的传统文化也有类似思想，《中庸》开宗明义讲“天命之谓性，率性之谓道，修道之谓教”。佛教讲人人都会有佛性，狗也有佛性。你是可以把那些错误的东西给排除掉的，这是一个方面。但是怎么排除呢？通过你不断地反省。还有一条就是信息开放。你要有自省意识，也要不断地汲取新知。有些灌输的教条是非常表面的，只要信息一开放，就可以辨别真假。

我们小时候受到的是国际主义教育。我们要把红旗插遍世界，插到白宫，我们要输出革命。后来冷战结束，“社会主义阵营”也就不存在了，所以才特别强调爱国主义。爱国主义、国家利益这一块是肯定要的，国家利益客观存在，你也确实要爱生你养你的这个国家，这是你的父母之邦，你别无选择。但是，这应该是一种很自然的感情。可是，我们现在受到的很多教育，从幼儿园开始，一直到读大学、读博士，所灌输的那些历史观，都是政治选择性的，甚至是不符合马克思主义的。你说坚持马克思主义，你读了《共产党宣言》没有？《共产党宣言》说：“资产阶级由于开拓了世界市场，使一切国家的生产和消费都成为世界性的了。不管反动派怎样惋惜，资产阶级还是挖掉了工业脚下的民族基础……它的商品的低廉价格，是它用来摧毁一切万里长城、征服野蛮人最顽强的仇外心理的重炮。它迫使一切民族——如果他们不想灭亡的话——采用资产阶级的生产方式……”就是说，你是野蛮人，你抵抗先进生产方式的“万里长城”是应该被摧毁的。它是讲资本主义的商品和贸易，实际上是讲全球化，承认资本主义在历史上起到了非常革命的作用。可是，现在的教科书教给我们的全部都是那种被“侵略”的悲情，那种被伤害与受虐的心态，我们得到的好处呢？历史发展的真相是什么？我们受到的单方面的所谓“爱国主义”教育差不多就是一种反马克思主义的欺骗。

有个安阳的网友最近送了我一本书，书名叫《我们又挨打了》，讲第二次鸦片战争。她回顾了第一次鸦片战争以后的几个条约，如《南京条约》等，它们确实是炮舰政策的产物。列强进攻我们中国，军舰为他们的商船开道，但他们要的是平等通商权利，要求你开放五个口岸经商。原先是只有广州十三行，垄断贸易，一个口岸经商。他们要求你开放“五口”，要求可以在北京长驻大使馆，而我天朝要的只是蛮夷“朝贡”，他们要求大清皇帝和他们的女王是平等的，这在我大清看来岂能容忍？

历史有这么一个发展过程，每一个民族都强盛过，每一个民族都被征服过。俄国牛得不得了，但它被蒙古人统治了240年。而当年横扫亚洲及欧洲的强大蒙古帝国安在？西藏人，现在一步一叩首到布达拉宫朝拜；当年叫吐蕃人，也是很强悍的，打到长安，打到今天新疆的吐鲁番等地。印度人，柬埔寨人，也征服过许多国家。很多民族都厉害过，都征服过其他国家。你说什么亡国奴，其实汉人被亡国多少次了！所谓“五胡乱华”不说，汉人政权被契丹人的大辽打败过，被女真人的金国打败过，被蒙古人灭过，被后金即满族人灭过……谁能够说得清自己的血统？汉人没有几个是纯粹的汉人，都是混血的。

所以说民族主义的煽动，实在是很幼稚、很可笑。现代人的祖先据说都是从东非大峡谷走出来的。20万年以前，大家都是一个“民族”。后来你征我杀，有一个不断进化、进步的过程。人类社会的游戏规则是在不断变化的。“一战”的时候，欧洲国家你打我，我打你。到了“二战”的时候，你炸我，我炸你。你炸我的伦敦，我就炸你的柏林和德累斯顿，不管炸到多少平民。现在的规则是不准炸平民了。这是人类社会在进步，不能再像以前一样狂轰滥炸……你自己多读点书，谁也灌晕不了你。所以我们现在讲公民意识，就应该先讲独立人格、独立思考。

学　生　我想问一个公民写作之外的问题，就是“人民”的问题。因为在外国，不论是一些民主主义国家还是一些社会主义国家，“人民”都是一个经常挂在嘴边的词语。我想问的是，“人民”这个概念应该怎么去理解？是不是应该像布尔什维克刚刚建立的时候打压小部分人的利益？还有在中南海的新华门的墙壁上，写着“为人民服务”。那么这个“人民”又是指哪些呢？

鄢烈山 “人民”，People这个概念本身没有错，不在于怎么翻译怎么说，而是看社会现实。因为事实上存在“人民”、“人们”、“众人”这么一个群体，只是不要假借“人民”的名义。“人民”这个词，“人民公仆”这些词语，西方国家用，我们也用，在“以阶级斗争为纲”的年代，“人民”是与阶级敌人、专政对象相对应的概念，所谓两类性质不同的矛盾，包括敌我矛盾与人民内部矛盾。很多国家用“人民”一词是作为一种标榜。有些最标榜“人民民主”的国家，甚至讲什么“主体思想”，嘴上说得好听，却是一个世袭王朝，把“人民”当作工具。斯大林说，死了一个人是死了一个人，死了100万个人就是一个数字，他口中的“人民”不过是抽象的玩偶。

你说的“人民”这个词，本身并没有什么坏，如果你要区别也可以，因为话语是一个体系，有些词会有一些惯性，会有一些惰性。有些词大家用麻木了，它们的本义不一定是这样的，你为了区别，可以尽量少用这些词。比如，在我们的档案里面，要填政治面貌，要么是中共党员、共青团员，要么是“群众”。为什么要填“群众”？“公民”可不可以呢？我觉得可以，因为我们本来就是公民。什么“群众”不“群众”，很荒唐的。

我在我的一个简历里写，我是“无党无派”；我对人说，我不是共产党员，我是无党派人士。有人告诉我说，你没有资格称“无党派人士”，虽然你没有参加任何一个党派，但是你没有资格，因为“无党派人士”是要统战部批的。统战部批了你是“无党派人士”你才是无党派人士。因为政协委员里面要有“无党派人士”代表，是有指标的，所以你连称“无党派”都不够资格。这个词语的专用、垄断，也太过分了吧。

学　生　我注意到现在很多的媒体都喜欢称你为“公共知识分子”。你也曾经被评为“最有影响的公共知识分子”之一。那你觉得什么样的人才算是“公共知识分子”？

鄢烈山　“公共知识分子”，这只是我身边的同事对我的一个抬举，因为《南方人物周刊》也是南方报业的。他们觉得我当年在《南方周末》写了一个专栏，确实还有一点影响。放在前几年，是比较得风气之先，这样说也不是完全没有道理。前几年是我们《南方周末》的高峰，每期发行量130万份到150万份，影响是很大的。而且那个时候不像现在，到处都是人在开专栏。我那个时候写专栏，也有一定的追求。比如说，1996年批评《中国可以说不》，那时在中国敢批评那本书的人很少。我还写一些文章，比如像《“市长经济”》，比如《道德悬棺》那些评论、专栏文章，在当时确实还是比较尖锐的。他们就给了我这个称号，但是现在我肯定过气了。

那么什么叫做“公共知识分子”呢？我认为，“知识分子”是一个主词、中心词，“公共”是定语，要关心公共事务、参与公共话题。首先你要关心公共事务，而不只是你的专业里面的事儿。做专业知识分子也不是不可以，大家都可以为这个社会做贡献。你说袁隆平，他把这个杂交水稻搞好，就对全中国、全世界的人民做出了贡献。为什么一定要去写时评，写一些杂文呢？为社会做贡献，没有高低贵贱之分。

“公共知识分子”，只是说我有这个兴趣，对不对？我关心公共事务，我要去发言，但是最核心的东西是要有公共精神。“公共精神”是什么呢？就是关注公众利益，坚守良知。他爱追寻真相，他的表达不是为了一己私利，不是为了某一个利益集团去讲话。

为某一个利益集团讲话，例如某个财团研究机构里的人，是聘请的，把这个身份亮出来，说你就是为某个利益集团讲话的，也可以。社会公平靠什么呢？靠博弈。大家都有发言权，最后达成一个妥协。所以呢，他代表某一个利益集团，我觉得也不应该是一个贬义词。打个最简单的比方，律师。如果我是被告方请的，我就应该按照自己的职业道德，应该讲一些有利于被告方的话。如果我是原告方请的，我就尽量为原告方辩解，找出有利于他的法规。这是我的职业道德所在。这样也没有什么问题。就是说，你不要冒牌。你声称为公众讲话，结果呢，你“偷渡”，你走私、贩私，这是假冒伪劣的“公共知识分子”。

你要我说现在有哪些人？中山大学的袁伟时老师，他就可以算作一个公共知识分子。他是共产党员，曾经是全国人大代表。他讲话是出于他的良知，表达他的意见。这种公共知识分子，年轻的、年老的，都有。

第四讲
新闻策划与新闻线索管理

我们常说你是否名记者、是否大牌的记者，这不单是你个人的写作水平、采访水平高下，有没有代表作，是不是大家都非常熟悉的记者，其实在这背后有一个很重要的素质，你要成为一个名记者，你要有新闻线索的发现能力。名记者必须有非常过人或者说出色的新闻线索的发现能力。

主讲嘉宾：南方都市报常务副总编辑　任天阳

时　　间：2009年4月30日

主 持 人：暨南大学新闻与传播学院新闻系副主任　张晋升

讲座发言

主持人 | 大家下午好，今天我们欢迎南方都市报常务副总编辑任天阳老师给我们做南方训练营的演讲。任老师也是《南方都市报》当年创业的元老。我记得在刚刚创办《南方都市报》的时候，我们任老师也是一线记者，他的很多作品在读者中都有非常好的声誉。那么，随着《南方都市报》的发展，现在任总主要是做战略管理这一块，对于《南方都市报》今后的一些发展转型，特别是新媒体的转型这一块，做了很多。他同时也是奥一网的总裁，所以现在这一块，也是《南方都市报》今后发展的一个重点。

今天我们任老师演讲的题目是“新闻策划与新闻线索管理”。这对于我们同学增强采访能力，包括我们将来下一步到训练营增强我们的实践能力，非常有帮助。那么现在我们以热烈掌声欢迎任老师给我们演讲。

（掌声）

任天阳 | 各位老师、同学，大家好。范院长要求我今天做一个交流，这肯定是班门弄斧。因为范院长曾是我们《南方都市报》创始时的分管的报社领导，应该说《南方都市报》的成长，包括我个人的业务的成长，范院长都给予了悉心的指导。所以今天这个交流会实在是班门弄斧，也不敢多讲，也不敢乱讲，我只能把在南方都市报十多年的工作经历还有一些体会和大家做一个交流。有很多可能是出自个人的体会，也没有上升到很系统、很理论化的层面。作为报纸的一线的采编人员，我们可能更多的是实践方面的，所以在理论的提升、理论的梳理方面可能还有所欠缺。如果这个讲课对大家有所帮助，或者对你有所启发，已经很知足。如果是讲得不对，或者不足，请大家多多包涵。

我今天主要是讲新闻策划模式和新闻线索管理，这看起来是两个课题，实际上是一个问题。应该说新闻策划在报纸当中应用非常广，几乎每天都有，现在没有策划的报纸几乎是没有的，就是说是办不下去的，像我们从大到小，从专题性策划到一般性的，每天都有。作为一份综合类的报纸，新闻策划是最常见的一种新闻生产手段。大概在十年前，讲到报纸，讲到新闻竞争，这个问题可能还比较新，因为策划，是一个比较新的报纸的作业方式，现在已经变成各家报纸日常的新闻生产方式了。策划有大有小，一般新闻策划就是连续性报道，版面的呈现方式是集群化或者说是特刊，投入的人员也比较多。那新闻为什么要进行策划？这个大家可能在新闻理论或者说各方面了解得比较多，我们感觉就是，新闻经过精心的组织才能得到开发，不是说经过策划新闻被改变了，或者说是你改变了新闻的真相，不是这样一个概念。而是说，在新闻生产的过程当中，经过策划的新闻，新闻真相才能得到比较充分的发掘。新闻的发生，以及它的过程，还有背景能够被有力地揭示，这个是我们在操作都市报的时候一个基本的感觉。只有占据策划的主动权，报纸在新闻当中才能占据制高点。那这个问题，都市报的成长经历跟广州报纸目前的竞争也能够证明这一点。这是一个问题。

那么第二个呢？新闻线索。新闻线索是新闻生产的源头，我不知道大学里是否有关于新闻线索管理这样一门课程，但是在日常的报纸的操作当中，我认为新闻线索是最重要的，脱离这一点其实是没办法办报纸的。新闻线索的多少实际是一张报纸综合实力的体现。新闻线索的搜集与判断也是一个记者水平高下的重要标志。我们常说你是否名记者、是否大牌的记者，这不单是你个人的写作水平、采访水平的高下，有没有代表作，是不是大家都非常熟悉的记者，你要成为一个名记者，其实在这背后一个很重要的素质，就是你有没有新闻线索的发现能力。不是说所有的线索让其他人、让编辑、让领导告诉你，然后给你安排好采访对象，你自己才把这个新闻采访出来，那这肯定成不了名记者的。名记者必须有非常过人或者说出色的新闻线索的发现能力，所以没有新闻线索的搜集和汇集，就没有新闻的生产，也没有新闻策划，所以新闻线索是一切新闻的开始。下面我想就《南方都市报》的一些案例，对以上两个问题做一个交流。

新闻策划的模式，这是我自己的分类，这个根据工作中的实践大致可以这样分。比如说事件类新闻的策划、非事件类新闻的策划、可预见性新闻策划和随机性的新闻策划。作为一份综合类的日报基本上策划就这四大类。

那么事件类的策划就是说新闻事件，这个大家应该非常熟悉，作为一份综合日报是非常常见的，也是竞争非常激烈的一类报道。比如孙志刚事件，是《南方都市报》的代表作，2003年发表，是一个属于深度的题材。比如汶川大地震，这是一个事件性报道。

南方都市报
岭南十拍
●十民间学者奥一网发帖回应汪
●奥一网"指给汪洋书记的话"专
南方都市報
www.nddaily.com

《岭南十拍》特刊

那么还有一种非事件类新闻的策划，它没有一个非常明显的人物，或者说是情节、过程、时间以及地点，它不是一个事件类，而是一个非事件类的。我举两个例子，比如说像《岭南十拍》，《南方都市报》2008年2月份推出的特刊。主要内容是汪洋主政广东以后，提出新一轮解放思想促进新一轮大发展，2008年刚好是改革开放年，汪洋到了广东以后提出这样一个口号，其实是引发了广东社会各界的广泛关注，对这样一个属于政策性或是说社会思想方面的新闻，《南方都市报》做了一个特刊，利用网络和报纸的互动，向社会各界征集关于广东如何解放思想、如何在改革开放30年之后再续写辉煌的话题，于是我们做了《岭南十拍》。拍也就是拍砖、灌水，主要是指出广东的不足。这个特刊得到了汪洋书记的高度评价。这个是《岭南十拍》的特刊。我们2009年又做了《民间拍案》，《民间拍案》可以看作《岭南十拍》的姐妹

A01 南方都市報
民间
拍案
珠江三角洲地区改革发展规划纲要蓝皮书

《民间拍案》特刊

篇，就是国务院2008年12月份通过《珠江三角洲地区改革发展规划纲要》，这个纲要是上升到国家层面的国家战略，其实对广东未来发展来说是一把“尚方宝剑”也是一个纲领性文件。省委、省政府和社会各界也是广泛关注。《南方都市报》基本上沿用了同样的办法，向社会以及民间意见领袖广泛征集对纲要的意见建议、可操性的民间智慧，然后做了一个特刊。这两个都是利用网络和报纸的互动做成的。《民间拍案》栏目分别举行了网友、民间学者、民间的意见领袖的座谈会、论坛。这些内容经过编辑、整理就成了《民间拍案》。这两个都是跟国家政策或者说是和社会的思想有关系，是《南方都市报》近两年以来重大的策划。这是非事件类的一个策划。

那么第三类就叫做可预见性新闻。在新闻当中其实有一种新闻，大家都知道的，这新闻是要来的，只不过是早来与晚来、大与小的问题，它迟早是要来的。比如说改革开放30年，2008年是改革开放30年，12月18日十一届三中全会召开30周年，这个是改革开放30年。还比如说国庆，2009年是中华人民共和国成立60周年，我们国家宣布要进行大阅兵，这个新闻大家都一定知道，只不过这个新闻还没有发生，阅兵还没有发生，但大家都知道，这一天是肯定要来的。还有全国“两会”——每年3月3日是政协会议，3月5日是全国人大会议，是每年都会发生的，这是可预见性新闻，它的策划都比较从容。比如说新中国成立60周年的阅兵，现在我们的方案已经出来了，报道的相关人员已经组成了，包括阅兵观礼，也希望能够拿到阅兵观礼的票，都在做相关的采访，其实这是半年以后的事。全国“两会”更是如此，非常早就开始筹备。这就是第三类。

第四类就是随机性新闻。就是当天发生，可能当天就了解，但是它也存在策划。比如暴雨天气，前一段时间岗顶那个地方因为暴雨天气导致水浸街，说是花了很多钱，岗顶还是照样水浸街，暴雨天气导致了各种交通拥堵，导致了各种事故。还有就是人事变动，当然这个人事变动的策划跟报道是在政策和宣传纪律允许的范围之内。比如陈绍基这个案子，前几天虽然才报道，但这个是重大的人事变动，假如说是在宣传纪律许可的情况下，这个新闻是值得去策划的，至少他的履历，他过去的工作经历，以及相关熟悉他的人的采访都要有，比如王华元，类似这种重大的人事变动它具有随机性。一般情况下随机性的策划不具有连续性，就是今天发生了这个新闻，当天把它策划完，记者要紧急采访，采访完了明天见报，可能基本上就结束了，一般情况下就是这样一个规律。就是说新闻的策划我觉得大致可以分为这四个模式。那下面就这四个方面，我详细地说一下大致的路径怎么操作。

一、事件新闻策划

事件新闻的策划，因为事件新闻要素集中，冲击力强，所以新闻价值非常高，是目前广州报纸竞争最重要的焦点之一。你可以看一下各家报纸的头条、封面，其实竞争最激烈的就是事件新闻。假如说当天某重大事件新闻你没有，别的报纸有，这个是非常被动的，主管新闻的领导是非常没有面子的，报纸的竞争力在当天就会弱。比如说挟持人质，我等下还要讲到。张氏兄弟前几天挟持一个女人质，说他母亲病重才劫持。这个新闻各家都有，大家竞争也很激烈。另外，我想讲非突发类事件新闻的策划。非突发类新闻指的是新闻不是突然发生的，不是说是像地震发生、飞机失事，或者说警匪枪战，瞬间发生具有突发性、瞬间性，它不是这样的，它是非突发类的。比如孙志刚事件，孙志刚事件其实是对孙志刚这样一个没有携带身份证的人进行收容，收容之后因为收容人员违法对他进行刑讯，导致的非正常死亡事件。这个其实是一个过程，它不是一瞬间发生的。这个事件《南方都市报》接到线索之后，也是在事件发生一个多月之后，而不是事件发生的当天，或者说第二天，或者最近几天就接到了线索，而是一个多月之后才接到线索，然后才进行采访。山西黑砖窑这个事件大家都比较熟悉，这个现象在山西存在十年之久，只不过是因为受害人的举报，媒体的介入，最后它变成一个事件类新闻，但它不是一个突发事件，它不是瞬间就发生了，准确地讲是一个现象。但它是一个事件类的新闻。

事件类新闻策划的要点，我觉得第一个就是题材，它首先要具有重大的意义。孙志刚事件反映了实施了20年之久的国务院收容管理条例的滞后以及司法腐败或者说渎职导致公民的非正常死亡，它其实是这样一个重大的背景。山西黑砖窑是揭示了特殊利益集团对弱势群体利益的严重摧残损害，导致其成为一个广受关注的民生类事件，所以说题材要重大。第二点就是做这个策划必须要有一个扎实的调查，没有这个做基础策划就无法进行。第三点就是当调查推出之后需要有一个纵深推进，不是说你做了一篇报道之后就了结了，它还需要纵深方向的报道。孙志刚事件报道后因为各种原因，《南方都市报》对后续报道并没有做更多，有时候反而刻意地回避做后续报道，当然按正常的新闻操作应该是比较连贯地做后期报道，但是因为一些客观原因，《南方都市报》是刻意回避了，没有再做。但是这个并不代表这一类事件不需要做纵深推进报道，反而是要做，这样才能把整个新闻的真相完整地揭示出来。山西黑砖窑事件也是，这个事件出来以后通过舆论的压力，山西省政府对这个事立即进行了查处。当时的省长于幼军接受凤凰卫视的采访，也接受了《南方周末》的采访，对发生在山西的这个事件深感痛心，并且对有关渎职人员违法人员进行追究。这个就是事件在向纵深方向发展。山西黑砖窑其实是涉及一个地区多个地方都存在的现象，这就是纵深推进。第四个方面是要有结果。这种事件你要策划，其实这两个事件都是属于舆论监督报道性质，按报道性质来讲，都算是批评报道，必须要有结果，没有结果就不能算成功。事实上舆论监督报道，就是给社会给群众的交代，所以说这四个方面我觉得是非突发类事件新闻策划当中需要注意的四个方面。

孙志刚事件跟山西黑砖窑事件还有一个特点就是：新闻是由静态往动态转化的。事件发生的第一时间其实新闻记者并不知道，变成一个静态的东西。然而因为媒体的介入，新闻又变成动态的东西。所以舆论或者媒体或者记者自己一定要有感觉，新闻是会从静态到动态转化的。孙志刚事件也是这样，我们报道时孙志刚已经去世了。这个事件如果媒体不揭露，很可能是不了了之。媒体揭露后变成一个动态新闻，对有关涉案人员的查处，对整个收容制度的清理，都已

山西黑砖窑

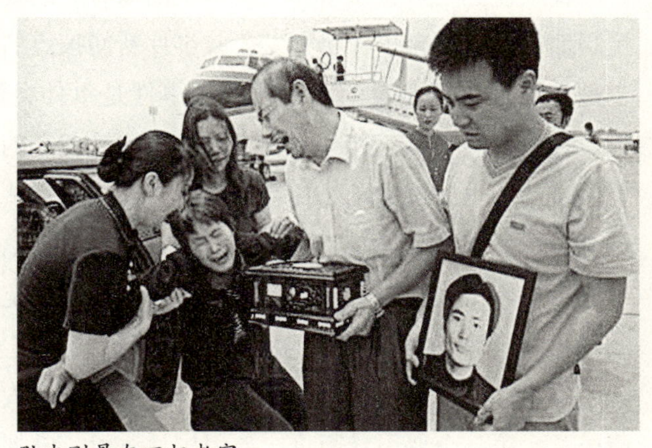

孙志刚骨灰回归老家

经开始了，这个新闻延续下去了，从静态变为动态了。以至于很短时间之内，国务院就召开常务会议废止了收容条例。山西黑砖窑也是，这个问题已经存在了十年之久，媒体报道以后把它变成一个动态的东西，所以也加快了有关部门对这类现象的查处。它是有由静态向动态转化这样一个特点。

二、突发新闻策划

第二个方面我想讲突发新闻的策划，突发新闻它发生的时间具有瞬间性、骤然性和信息的巨大的不对称性。公众对突发新闻又需要了解，所以这类新闻对媒体的挑战性很大，考验记者的快速反应能力，也考验对真相准确迅速还原的能力，对事件全局的驾驭能力，对新闻深度的挖掘能力。所以应该说广州报纸竞争最激烈的就是突发新闻。刚才讲到的汶川地震、挟持女人质这两类都是突发类新闻。突发类新闻的策划要点，第一时间要到达现场。所以新闻策划不是为策划而策划，有时候是来不及，和可预见性新闻完全不一样。新闻发生了不可能再按部就班召集一批人在这里策划。是马上要投入采访，第一时间必须介入，跑突发事件的记者必须第一时间到现场，然后根据现场反馈，再进行现场的重大的策划。接下来要判断事态发展的方向，可能往哪个方向去。人质有没有得到解救？人质解救出来事件就完了吗？第三个是事件是不是具有多维度采访的可能性？用不用再往其他方向采访？第四个是事件的纵深方向，有没有再提升的价值？是不是第二天报道就没事了？这四个方面都可以作为突发事件新闻是否值得策划或者怎么策划需要关注的标准。

我顺便把这些突发事件的类型跟国家有关的要求讲一下。国务院在2008年汶川地震之后出台了一个突发公共事件新闻报道的应急办法，我摘录了些，这个是地震发生后制定的。突发公共事件是事件突然发生，造成严重的社会危害，包括自然灾害、公共卫生事件，比如说现在的甲型H1N1流感就是属于公共卫生事件，也属于突发的社会安全事件。按照这些程度跟影响范围，包括自然灾害、事故灾难，公共卫生事件分为四个级别，“特别重大、重大、较大和一般”这四个级别。这也是文件内容，国务院规定要求正确导向，维护稳定，满足人民群众的知情权，让人民群众了解公共突发事件的真相并处置。这个就明确了，很明确。这个和原来不一样。要满足人民群众的知情权，要通达社情民意。第三个要引导舆论，要用好话语权，掌握好主动权。非常明确，授权的新闻单位第一时间进入现场采访，第一时间发布消息。用全面准确的报道，报道突发公共事件，把社会舆论引导到健康理性的轨道。这个也是吸取了西藏的“3·14”事件跟汶川地震的经验，这是两个截然相反的突发公共事件的处理办法。“3·14”事件，中央电视台大概是在几天后才首次做了20分钟的专题，当时国家的通讯社——新华社——当天晚上发了一条消息，不到200字。这个时候像CNN、像美联社、像日本的NHK，很多国际上的电视台、通讯社对西藏骚乱的报道铺天盖地，网络上也已经很多了。中国的国家媒体却处于一个沉默状态。后来对汶川地震的报道就完全变了，其实两个月，这两个事件，一个3月14日，一个5月12日。中央对重大突发公共事件报道的原则发生了根本性的逆转。这是一个变化。第四个就是坚持公开透明，开放发有序，设立服务机构，成立应急新闻中心，还有一个是现场准入。刚刚讲到的上面这个文件是允许《人民日报》、新华社第一时间进入现场，但是进步之处我觉得关键是它允许采访了。

突发事件还包括其他的，比如水旱、台风、冰雹、森林火灾等自然灾害，还比如2008年春节的冰雪灾害，类似于这些。还有一些事故类的，比如九江大桥垮塌、胶济铁路火车相撞。还有一种是公共卫生事件，这类事件就很多了，几乎是每年都有一两单，2008年是三鹿毒奶粉事件，2009年是甲型H1N1流感。还有手足口病，2003年的SARS，这已经成为中国非常重要的突发公共事件中的一类，公共卫生事件。还有一类属于社会安全事件，比如恐怖袭击、警匪枪战、挟持人质，像广州的，还有煤气泄漏、毒气泄漏，这个也是属于影响社会安全的重大的突发事件。

2009年5月12日 周二
南方都市報
汶川大地震周年祭
走出悲伤 铭记坚强
■ 纪念活动下午在映秀镇举行，央视等现场直播
■ 今晚9时，让我们熄灯1分钟，燃烛点亮爱
A04-07·重点
凝视陈家坝
一个重灾乡镇的震后全记录
珍爱影像录

汶川大地震一周年特刊

三、突发事件新闻策划步骤

重大突发事件的报道有这样几个

步骤，像我们报社一般都专门设置了突发记者组，一旦接报了，迅速根据事件的大小，要启动应急机制。它有三个步骤。

汶川大地震中解救遇难者

第一个是还原新闻真相，突发新闻第一步采访就是到了现场要采访目击者、当事人。像汶川地震，南方都市报差不多投入100个人，它是5月12日下午2时28分发生的，我们大概6分钟之后已经接到了这个消息，第一批记者出发时是坐的当时从广州到成都的第一班飞机，我们有6个记者坐上了这个飞机。再后面就不行了，飞机不能在成都降落，只能到桂林转机，然后到重庆，这个飞机已经不能到。我们有6个记者坐上了到成都的飞机，就是马上出发。到了晚上8点钟，南方都市报从广州、深圳开了6辆车直接到四川，开了14个小时，我们在那里大概报道一个月，接近100个记者在那里采访。像这样重大的突发事件的采访，第一时间到了现场的记者做什么，他需要找目击者，需要从不同侧面来反映真相，这是和打仗时一样的，我们当天迅速成立了关于汶川地震的指挥部，这个是由报社的负责人包括记者、编辑组成的一个大型的团队。开通了24小时海事卫星电话，各种通信手段，包括网上的播报系统，报纸的采编系列应急系统。应该说是在救灾这个层面是最高的应急机制，在报社也是，启动了一个最高级别的应急机制。我们也有一个最高的应急机制，根据发生的新闻大小，什么时候要动员什么样的力量，要投入多大的人力，汶川地震应该是《南方都市报》成立十多年以来最大的一次突发事件报道。我们总共投入了差不多60万元现金，100个人；版面我没有统计，那就更多了，几乎每天都是二三十个版面规模，最近就要一周年了，我们最近也在做一周年的报道，5月12日我们也会再推出一个特刊。

突发事件采访第二个步骤，要报道最新的进展，以动态报道为主线。因为重大的突发新闻是属于行进性的新闻，新闻在发生，比如地震本身就在发生，不是事件发生以后新闻就到此为止了。另一方面就是事故的救援，处置在进行，对事故的救援报道与真相的还原要同步进行。比如地震刚开始，国家地震局公布的是7.8级，死伤的人数从开始的几百人到后来几千人，到后来上万，到后来接近9万人，是不断地在发展。尤其是这种重大的，像“9·11”这样的事件，越重大的信息越不对称，大家都不知道发生了什么，也不知道是谁干的，因为通信已经中断，地震也是，我们当时电话打不通，所以我们租用了海事卫星电话，所以报社在重大突发新闻的拼抢中也体现了报社的财力支持，没有钱这件事是干不成的。像日本，像美国，重大事件发生的时候它一般都租用直升机，像警匪枪战，警匪在高速公路上的追逐，美国CNN的直升机马上就起飞了，直接进入直播状态。所以将来中国我觉得有可能对报社的采访设备投入也会达到这种程度，像现在我们还是非常初级，做不到这些。像汶川地震，国家总理担任总指挥，下辖十个小组，还有军区的指挥部，还有四川省的指挥部。温总理在三个小时之后赴灾区，稳定全国人民的情绪，表示中央政府最高领导决策层在投入抗震救灾，其实是传达了这样一个信息，并不是在飞机上能解决多少问题，这个也是危机处理在媒体发挥重要作用的一个手段。我的印象当中，近十年以来，这是最高决策层对于重大突发事件首次采用了这样一个手段，在途中利用媒体传达这样一个信息，鼓舞全国人民的斗志，这个是媒体在重大突发事件当中发挥的作用，其实更多的是表达信心。

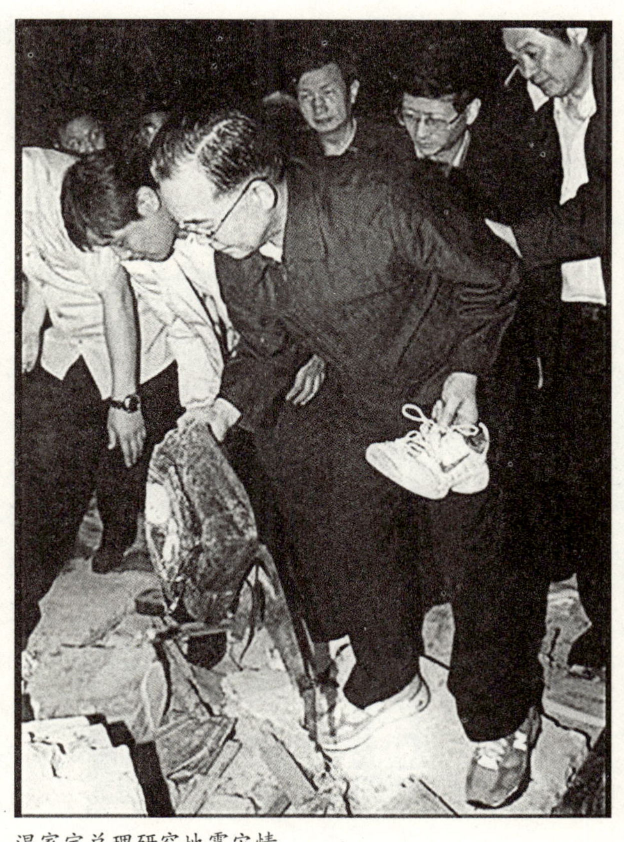

温家宝总理研究地震灾情

第三个方面是要挖掘深度的新闻，动态的报道要向纵深方向发展。比如汶川地震，校舍的质量、心理的救助；比如九江大桥的坍塌，到底是桥的质量

2009年4月22日
周三

南方都市報

刊号CN44-0175

办·中·国·最·好·的·报·纸

温家宝十个月三下广东

19日至21日走访广州深圳等地企业并视察广交会，强调狠抓创新

刀下救人质

两兄弟自称为母筹钱治病挟持一名女子，被广州警方制服

张氏兄弟挟持人质事件的报道

问题还是船撞坏的，重大突发事件不是说事件报道以后就完了，引发事件的原因要深度挖掘。比如挟持人质的张氏兄弟，其中一个人是挟持人质，另外一个人举着牌子说“母亲病重筹钱”，那到底是不是为了他母亲呢？《南方都市报》的记者当天就去了重庆，事件是上午发生的，我们晚上乘最后一班飞机去了重庆，就是要了解到底他的作案动机是不是他母亲病重需要筹钱治病。后来我们了解到确实是，所以这个新闻的性质已经发生重大的变化了，他作为犯罪嫌疑人的身份不可能更改，但他的犯罪动机不同于以往的挟持人质，所以对重大事件的策划处理就会有新的空间，所以要第一时间了解这些东西。（演示）这个是我们到重庆以后在张氏兄弟母亲家里拍的这张照片，确实是非常的贫穷，确实需要钱，《南方都市报》立即把这个事件披露之后，慈善机构，还有社会各界人士纷纷捐款，我们当场把慈善机构两万元的捐款捐给了他母亲，他母亲拿到这笔钱以后马上得到了有效的治疗。这个新闻因为媒体的策划与介入在发生变化，但我们没有更改新闻，也没有歪曲或者扭曲新闻，新闻自有它自身的发展逻辑，这个也是新闻策划很重要的一个因素。这是突发类的。

四、可预见性新闻策划

那么第二大类就是可预见性新闻的采访。可预见性新闻是在新闻发生前就知道新闻一定要发生，可以说是等来的新闻，比如改革开放30周年以及国庆阅兵这两个。有几类新闻是属于可预见性的。一个是重大政策的出台，像《珠江三角洲地区改革发展规划纲要》，它已经出台了，像2008年广州新一轮的思想解放，《南方都市报》推出的《岭南十拍》、《民间拍案》。这两个特刊都是知道这些新闻已经发生，将要发生所以制作的，是对一些政策进行解读，采访政策的制定者、相关的学者还有业内的反应以及评论，这是一类。这个是《岭南十拍》，这主要是对广东的不足、广东发展存在的一些问题做了一个特刊，进行了一个特刊解读。这个是2009年3月底做的《民间拍案》，就《珠江三角洲地区改革发展规划纲要》来征集民间意见，做的一个特刊。这些策划其实都是获悉线索之后，马上组织力量进行判断分析，看从哪些角度切入才能够把新闻做出水平，能够超出其他报纸。这两个都是报、网互动的案例，就是报纸和网络结合：先在网络上征集意见，意见领袖和知名网友他们发表网文，对解放思想和规划纲要建言献策，然后我们再举行线下论坛。像《民间拍案》在奥一网上，两个月的时间有3000篇的网文，把这些东西进行梳理，再利用报纸利用传统媒体出版形成一个特刊，这个影响还是比较大的。后来汪洋2008年和2009年两次会见网友，其中由南方都市报和奥一网推荐的占了大部分。2008年汪洋见了26位网友，其中19位是奥一网推荐的，2009年它不叫做“见网友”，叫做“对规划纲要向社会人士征求意见”，后来见报的时候我们把它做成了《汪洋问计民间智库》，一共见了12位网友，其中南方都市报和奥一网推荐的有7位，都是从数万名网友里面筛选出来的，这都是需要策划才能完成的。可预见性新闻还有一种是重大的节日节点，像明天的五一劳动节，这样的新闻是可预见的。改革开放30年是《南方都市报》2008年一个非常重大的策划报道，我们从2月份就开始了，专门组成了一个班子团队。我们分几个系列，一个是口述史，把那些改革开放30年中重要的见证者，或者说是失败者、亲历者，把他们的口述做了一组报道，大概有几十篇。第二组我们做了一个试错录，改革开放还是有很多失败的案例，比如深圳蛇口有很多实验性质的，这一组深度报道是试错录。还有一组是“30年30人”，我们做了一个这样的评选，就是在30年当中出现了能够代表改革开放30年这样标志性的符号性的人物。比如小岗村的村民，“真理与标准大讨论”的胡福明、孙长江，很多改革开放初期的民营企业家，我们共筛选了30人。在白天鹅宾馆举行了一场“30年30人”的致敬盛典，我们还请到了很多人，很多改革开放30年的见证者我们都请到了现场，举办了这样一个也不叫表彰，就是一个致敬的盛典。这个策划贯穿了《南方都市报》的全年报道，投入了五六百个版，动用了差不多五六十个记者，全年在做。我们后来还出了书。

五、随机性新闻策划

还有一种是随机性的策划，随机性的策划一般当天发生、当天采访，一般不具有可联系性，这是随机新闻的策划。它可以细分一下，比如时政类的：重大的人事变动，在政策的范围之内，在宣传纪律范围之内，对人事变动的背景，相关的人员甚至本人进行采访，《南方都市报》都做过很多类似的报道；国家部委、省一级都做过很多采访；还有一些事属于政策性的变动，比如汇率的变化，银行的加息减息。一般就是当天政策出台，我们马上进行采访以后，请专家进行解读，第二天没有再进行跟踪的采访，一般会有这种策划。那么这类就是社会类的，刚刚讲到的天气变化，比如其他社会新闻。因为天气变化会引起交通堵塞，进而甚至引起房屋的倒塌以及连续性的其他灾难，所以我们都要求新到报社的记者必须要跑突发，先从跑突发开始，主要是训练他们对新闻的基本触觉、感觉，接触到新闻发生的真正的现场，这个是属于社会类的。

2009年5月2日
周六

南方都市報

刊号CN44-0175

办·中·国·最·好·的·报·纸

疫情逼近！香港确诊1人

●该患者4月30日……西哥经上海抵达香港

●广东紧急随访到30名……班到穗乘客，尚有11人未联系上

为猪正名 是“甲型H1N1流感”

世卫组织及中国不再使用“猪流感”一词

佛山赴台客凌晨坠楼亡

死者名黄振辉，是失足跌落还是自杀未明

南方车展……

优惠券

南方汽车展销会

《广州小学招生地段一本通》

猪流感相关报道

六、新闻策划步骤

新闻策划需要一些步骤和环节。策划能不能成功，策划的意识和策划的水平是非常重要的，但知、行更加重要。它需要有一个比较高水准的采访团队，否则，你方案很好但最终都不能得到落实。报社一般都会有重大策划的保障机制，就是必须要有策划，比如说甲型H1N1流感，《南方都市报》是第一天，就是上周

日，在当天的封面做了整版，在里面也做了突出处理，最近两天、三天几乎每天都在十个版以上的规模。国际，国内，本地，各种最新的疫情，各地的防护措施，科普以及服务性常识，这些一应俱全。应该说从最近这几天的观察看，《南方都市报》关于甲型H1N1流感的报道是领先于其他所有的报纸，大家可以看一下，但是唯一不足的是现场的东西少了一些。比如对疫情现场的监测，现在正在举办“广交会”，据说也有墨西哥人参加这次“广交会”，他到广州以后，对他的检查，以及对这些来自美洲地区的人士的检查，现场的新闻感觉就弱了一些。还有一点是标题制作可能跟其他报纸比也弱了一些，比如说其他报纸有一天直接做了一个《SARS团队应战》，有一个报纸的标题是钟南山担任组长，像这样就把新闻眼给做出来了，但是这些我们都没有做，但我们内文都有，标题有突出，这是很重要的，做了这个以后，你可以感觉新闻的来势，就可以判断新闻的价值。

新闻策划它当然是一个理论上的东西，可以分几个步骤。第一个是选题，选题很重要，刚刚已经讲到了，就是值不值得策划，假如说一个车祸，两车相撞，都没有死伤，只是擦了一些油漆，两个人自己讲价，都已经过去了，这样的新闻显然没必要策划，一个火灾着火面积很小，也没有死伤，马上被扑灭了，这个也不值得策划，就是说你要判断什么样的新闻是值得策划的。《南方都市报》很多的策划，就是十年前的新闻。洛溪大桥的收费，我们做了一个特刊叫做《洛桥风云》，过桥费收了十几年了，为什么还在收？人大代表和政协委员每年都要对这个话题进行询问、质询，始终没有搞定。洛溪大桥，审计部门审计完又说这个过桥费还要再收17年才能终止。所以我们后来就把这个盘点了。其实正是媒体的关注，洛溪大桥的收费才能寿终正寝。就是因为这个特刊，大家关注嘛。还有一个荔枝狂欢，这个也是十年前的一个策划，1999年的策划，当时广东的荔枝大丰收，其实这是一个农业新闻，《南方都市报》是一张都市类报纸，为什么会关注这样一个农村的新闻？我们当时就观察到，荔枝丰收后会面临很多问题。比如说第一，荔枝的价钱会大幅度下降，因为在十几年前荔枝是一个佳果，属于比较名贵的果品。荔枝价格下降后，很多人吃得起，对市民的消费会有影响。第二个对荔农，就是种荔枝树的农民，果贱是不是伤农？多年没有出现过的一系列的问题会出现。还有第三个就是荔枝栽培技术水平提高，导致了这个丰收。关于这些我们做了一个策划，策划了十个版之多。所以在新闻策划的选题方面，就显示出一家报纸的新闻价值判断水平。第二个是项目管理，项目管理就是要确定执行团队，要分工。项目小组要明确谁是负责人，就像楼盘项目经理，这个事就由你来负责。这个核心的负责人其实是非常重要的，他的判断水平、策划水平、管理水平就决定这个项目的水平。这个负责人可以是报社的某部门主任也可以是报社的编委、报社的副主编或者是主编。因为有些新闻比较重大，要根据级别来做，让不同要求不同级别的负责人来参与。譬如关于甲型H1N1流感，我们有一个内部的QQ群，讨论怎么筻划。从中可以看到一份报纸的工作状态，之前我们已经有一个基本的思路了。但是这个可以看出来这个新闻的策划过程。……参与的人都是部门的副主任以上的人，他们对这种事的见解，究竟应该怎么策划，从哪些地方立即部署人员去采访……

张氏兄弟挟持人质这个策划是没有文本的。它有方案，但是马上指挥马上就干了。时间允许的情况下，应该是有文本，把它写出来。这个文本由负责人起草，发给每个人。编辑要发，参与的人都要有。第三个就是策划执行，策划可以说难度很大，非常考验水平。因为新闻随时都在发生变化，就是你写了也未必能按这个做，除非是可预见性新闻，一般是按这个文本来执行。在行进当中、在发展的新闻，你要根据这个文本来调整。策划报道结束之后，第四部分一般是要开一个总结会，对这个方案的报道进行总结，这个会很重要，也是提高采编人员的业务水平的一个很重要的方法。这个方案是否可行，跟同行比，是不是有高明的地方，这个是需要总结的。

七、新闻线索管理

这个第一大的方面我就讲完了。第二个新闻线索管理，我就简略地讲一下。新闻线索，是新闻的源头，它涉及采访学、情报学和社会学学科。应该说，它越来越重要了。其实报社是一个新闻信息的荟萃地，要把它看作这样一个性质。报纸的新闻线索在目前的情况下有这四个渠道：第一个是跑线的记者。到报社以后都要分线，你跑什么线，跑什么行业。每个线现在都有通讯员，都有负责宣传的部门，这个是一个方面。第二个呢，就是读者的报料，现在各家都有报料中心。《南方都市报》的报料中心是每天1500个报料，我们号称是“亚洲最大的呼叫中心”。有20个呼叫人员，20条线，24小时值班，呼叫中心也成了南方报业传媒集团的一个窗口了。越南的文化部长、国家新闻出版总署的领导到了南方报业传媒集团都要参观这个呼叫中心，给他们介绍。这个当然也是一个社会舆情的荟萃地。每天有价值的报料大概有200条。我们在深圳也有呼叫中心，在珠三角当然也有。这些全部加起来能当天见报的可能有100条，就是读者打进电话。这是报纸的生命线。作为都市类的报纸，如果报料线索的条数下降，要引起高度警惕，这可能是报纸出问题了。要么你的发行不到位，要么你的报道大家不喜欢了，反正是肯定有问题，所以我们一般把这个报料线索的多少看作是报纸的一个“晴雨表”。它能反映这个报纸很多综合性的东西，我们现在这个呼叫中心业务也在扩展，包括发行啊，广告的价格啊，现在也在通过这个热线打进来。现在基本上可以做到同步录音、通话，还有文字有个处理系统。现在报料的奖励数额都在攀升。在1997至1998年，《南方都市报》的第一个报料电话就是我当时办公室的电话号码。后来才有《南方都市报》正式的呼叫中心这样一个部门，专线。873后面5个8，又加了一个40088。当时给报料人奖励，《南方都市报》是首家。从1999年开始，当时就50块钱，20块钱、10块钱也有。后来发展到现在过千块也有，各家都在攀升。广州也出现了职业的报料人这样一个行业，以报料为生，以提供新闻线索为职业的这样一群人。第三个就是从其他社交圈子、媒体发现线索。第四，把从网络上发现的线索作为传统媒体的新闻来源越来越重要。我们在做奥一网时就把它定位成一个新闻互动社区网站。我们当时的一个理念就是传统媒体往新媒体转型，很重要的一点就是：网络可能成为报纸的“上游”。什么意思呢，网络在中国的表现形式就是博客、BBS和其他一些圈子，类似一些社交网络，可能成为社会舆情的聚集地。新闻线索第一时间可能是被网民以帖子的形式、以博文的形式发表在网络上。他不再向报纸报料了，也不再往报社打电话了。网络的发展、无线媒体的发展让每个人都有发表的权利。就是说媒体不再控制在少数人手里，大家都有权利发表，变成“自媒体”。所谓“自媒体”就是说，你自己可以创造媒体。这个媒体就是你自己的，它为你服务，也由你来创造。也就是所谓的web2.0，第二代互联网的概念。这个对传统新闻媒体的一个最大的改变就是网络成为报纸的“上游”。报纸从网络上找料，例子我就不多举了，非常多。单从《南方都市报》来说，我们直接操刀的，温州的机关干部买廉价公费房。最早是在一个论坛上发现了这个帖子，《南方都市报》的网页版就做了报道。网页版做了以后，温州当地就开始查，查了以后发现情况属实。新华社发了稿子，那么《南方都市报》的例子就引用进去了。还有一个是“王帅案”。河南灵宝县的年轻网民王帅被灵宝县政府跨省追捕。因为他发了一个帖子揭露当地的土地问题，被跨省追捕。后来河南省公安厅的副厅长做客人民网的时候就公开道歉，灵宝县的常务副县长被免职，相关的民警也都被处理。这些其实最早是在天涯、凯迪这些社区网站出现的。最后是被传统媒体的这些专业生产者采访，再写成专业的新闻，再反馈到网上，促进了事情的解决。传统媒体向新媒体转型，最根本的一条，当然不是今天的主题，我顺带说一句，就是传统媒体——报纸，要主动地嵌入新媒体状态下新闻生产的流程。这个方式已经发生变化了。报纸成为中游了。报纸生产的东西再转到网络上，网络成为报纸的源头。就是上游、中游、下游这样一个概念。这是四个方面。

八、新闻线索筛选

还有新闻线索的筛选，不是所有的新闻线索都有价值，只有经过专业的筛选才能发现有价值的新闻。对于新闻价值的判断标准，大家在新闻理论上都非常熟了。我根据实际的工作分一下类别。比如说事件类的新闻看冲突级别，冲突级别越大价值越大，反之越小。冲突就是违反常规，比如民工跳楼讨薪，他跳下去的新闻价值比不跳要大，一般情况下都这样。地震，3级地震和8级地震肯定不一样，震级越高新闻价值越大，它的冲突越激烈。时政类的，你要看一个新的政策的出台。比如前一段时间刚刚公布的省一级政府不再配备省长助理，省的副秘书长要精简这一类的政策。还有广东省也出台了提拔干部要汇报个人的婚姻状况、子女的经商状况的政策。作为一个政策的出台，这是一个新的东西，以往从来没有披露过。所以你要判断新闻价值的大小要从这些方面来筛选，看看有没有新的东西。比如“医改方案”，比如新的《公务员条例》也公布了，里面有新的一条：公务员包养情妇要被开除。这在以往是没有的，这就是新闻。还有一个，前几天全国人大通过一个规定，任命一个官员必须对这个官员进行职业背景、履历说明，这在以往没有，所以这就是新闻。第三个民生类的，取决于大家关心的程度。比如甲型H1N1流感，比如现在猪肉的价格。据说如果甲型H1N1流感继续发展下去的话，对全球的猪肉行业具有毁灭性的打击。其实它这个命名是错的，事实证明它应该叫“北美流感”或者“墨西哥流感”。和猪其实没有太大关系，它可以感染的有猪，有禽类，也有人，是可以共患的一种流感，把它命名为“猪流感”，世界卫生组织和世界动物卫生组织两方面没有达成共识。一方面认为它就是“猪流感”，另一方面认为它不该叫“猪流感”。所以这个事就是搞了一个乌龙。整体来说是不能这样命名“猪流感”，应该叫“北美流感”或者“墨西哥流感”。但这两个组织又不太愿意这样命名。还有一种是现象类的，就要看新闻背后揭示的意义，前面也讲了，“黑煤窑”、“黑砖窑”其实是对社会的弱势群体、政府官员渎职情况的揭露。

九、新闻线索生产

有了新闻线索之后，新闻线索的生产就是如何把线索变成新闻。这需要采访，需要生产。这也可以说是报纸和网络的一个重大区别，或者是报纸保有自己生命力的一个很重要的环节。网民自己不能采访一个专业的新闻，是吧？最多是发现、提供新闻线索。所以报纸在往新媒体转型时要保持自己的专业优势，来进行新闻的采访写作。第一要找的是新闻落点，新闻落点就是新闻发生的第一现场。比如车祸发生了，重大的车祸发生，你第一时间赶到现场，那这个就是第一落点。如果你去了之后已经处理完了，伤员已经到了医院，比如广东三个游客在台湾被起重机砸死，这样一个重大的新闻，你如果去晚了，现场什么都没有了。车已经拉走了，医院已经封闭了。那你只能找新闻的第二落点、第三落点，你不能得到一手的东西。所以第一落点要快速反应。第二是放大新闻源，你发现了新闻，那只是新闻的一部分，冰山一角。要不断地扩大新闻的源头，不断进行延伸性采访，采访目击者和各个方面，你才能把新闻处理好。第三，你要找到核心新闻源，你采访的人必须是核心的、权威的人士。这个也是范院长主持南方报业传媒集团时的要求。我们很多年轻的记者工作不扎实，采访他确实是采访了，比如说银行出台了一个政策，记者要采访这个部门、政策的制定者。你如果只是随便打一个电话问一个银行的工作人员关于银行的信用卡管理制度，这个人不一定能讲清楚，因为他不是核心的新闻源。如果你把这个东西当成核心见报了，那事实真相并未被挖掘出来，你的报道有可能失实、错误。一定要接触到新闻源，你才能把核心的东西拿到。第四个是还原性，你把前面三个做完后，就是把新闻的原貌复原。这个就是新闻生产，写成稿。我就讲这两大部分，讲得不对请大家多批评指正。

提问环节

学　生　老师你好，我想问一下，您说的那个非突发新闻事件它是一种深度的新闻报道，日报做这种深度的报道同周报和杂志比，它是没有优势的，您怎样看待日报做这样一种深度报道？第二个问题就是我们做新闻策划时怎么控制成本，就是我们怎么判断一个新闻事件的成本？我们都知道成本是有价值的，例如我坐着直升机去报道，怎么得到效益？

任天阳　的确，日报的深度报道会有这样一个问题，它也要像周报和杂志一样做深，但同时它又是一个日报，又不可能等很长时间。但我们现在试图要把这个变成一个优势，因为目前互联网发展之后对深度的调查类报道有一个挑战。这个新闻就不可能像从前一样调查半个月还能保证你这个新闻是独家，出来之后还能引起轰动，事实证明这个机会越来越少。比如“王帅案”，因为他在网上先发了，专业的媒体报纸和电视都没有跟进，可是网上大家都知道了，现在的新闻越来越多是这样。虽然还不叫新闻，但大家都知道这个事，虽然没有一篇是记者写的，都是网民发的帖子。所以我们现在采取两个方式，一个就是第一时间先用短消息，或者说是比较快的报道先把这个事报道出来，然后再进行深度的调查类报道。不过这个跟周报也有区别，周报的调查可能满足于它的出版周期。它可能是用两周或者一个月来调查一个事，那我们现在的周期越来越短。我们会试图缩短这个深度调查的生产时间比较快地报道出来。我们现在做这样一个事，就是说深度报道它的模式已经变了，既要比较快地报道，同时要有一定的深度调查，而不是一个简单的消息，就是既要快又要深。说白了，你要做到这一点。这是一个，第二个就是关于策划的成本，说老实话，经济成本对所有报纸都是一个障碍。报纸随便花钱做采访是没有的。在这方面我们会考虑到这个选题值不值得，节省成本在于人力和交通方式的选择，对这些方面进行控制。但是我也有另外一个观点，比如广州报纸的竞争，有报纸理念的竞争但也有财力的竞争。南方都市报可以派记者去采访美国大选，我们去了两个记者，花了差不多10万元，去采访奥巴马的就职典礼，我们做了报道。2009年全国“两会”我们去了30多个人，花了差不多40万元，在那里待了20天。这个不是说要采取人海战术，而是有些地方必须要投入。像美国的报纸不景气，它现在大规模地撤并海外的点以减少报纸的成本开支。我觉得将来的媒体的发展，财力也是关键，没有财力，很多新闻没办法做原创，你只能翻译、抄、转载。这是经济上的成本，还有一个成本就是你刚刚说的，如何节省不必要的开支或者说是提高效率。在这方面，本质是你找到新闻源，你新闻的最佳切入点应该是在哪里，新闻的当事人你都要采访。这个人在不在现场？你是不是需要跑到北京？要不要到重庆去采访？在这方面作为策划的指挥者要非常清楚，不要浪费资源，也不要走冤枉路，也不要浪费时间。这个其实是策划里非常核心的一个东西，倒不是说怕花钱，而是说你花了钱，也去了这个地方，一无所获。所以非常重要的一点就是，你要知道新闻在哪里，这个需要判断。这一点我觉得也是节省资源，提高策划效率，降低策划成本的非常重要的一个环节。你要知道新闻在哪里，这是新闻工作者一个很重要的核心素质。

学　生　任老师，你好，我对南方都市报的那个报料中心十分感兴趣，我想知道您是怎样从每天的1500条新闻线索里挑选出有价值的，进行进一步采编的流程。另外我想问问，那些职业的报料人可能一条线索提供给几家媒体，这样的话他们可能为了报料的奖励而夸大新闻事件的影响，那你们是怎样对待这些职业报料人的？

任天阳　我们的呼叫中心其实是两个部门在一起办公，你们去南方都市报实习可能会看到，就在一楼。呼叫中心的接线员接到报料以后，接线员我们也有一个基本培训，因为接线员不是记者，显然不能采取记者的要求。比如说有个地方发生枪战，首先就是有人报料，你要用最快的速度问清楚地点、时间，当时的情况和报料人的联系电话。这些要问全，这是一个接线员要做的。在现场办公的南方都市报的突发记者组，也是24小时值班，就在接线员旁边。我们是一个内部的OA平台，一个自动化办公平台。接线员听到之后就会连同录音和文字传送到这个平台上，有一个指挥的人，每天都有一个值班副主任。他会看到这个，值班的突发记者也会看到这个，那马上就会判断这个有没有价值。但从1500条里面筛选出来哪些是有价值的，哪些是值得见报的，如果是动态的、突发的，一般没什么问题。如果是重大的火灾、车祸啊，这个就不用判断，肯定报道。还有一些，可能判断不出来，比如说讲一个事，举报或者投诉，不是突发类的，可能就需要调查才知道是不是具有新闻价值。那我们会把这些线索做一个储存，储存到另外一个文件夹里面，有专门的部门主任来进行处理，进一步核实，进一步调查，再进行采访。突发事件接到就直接采访了，采访车随时待命。广州我们有6辆采访车，随时待命，这个流程其实是接线员和负责突发新闻采访的记者同步进行。这个判断，肯定是要依据新闻的敏感，新闻的判断水平，但是也有失误的时候，不是说没有失误的时候，也有过。这个线索，打了报料电话过来了，但是第一时间没有做出反应，以致新闻漏发，就是说没有足够地重视，这种情况也出现过，不是说是万无一失。这个需要每天从大量的报料里鉴别，这个需要训练。第二就是广州这个职业报料人的群体，你讲的这个问题也确实存在。就是一料多报，他跟我们报料，跟《新快报》也报，跟《广州日报》也报，跟《羊城晚报》也报。我们最低报酬50块钱，如果一天50块钱，他报几家，那也有几百块钱。这种情况没办法改变，我们也不想改变。你要某一个人专门向某个报纸报料，这种情况可能也有。但是我们会对独家跟《南方都市报》报料的人重奖。可以奖给他1000块钱，重大的新闻也有过，就是说你只报给《南方都市报》一家。但是随着手机和互联网的发展之后，我觉得，独家的新闻不再是报纸的唯一竞争力。报纸如果还靠这个打天下、打市场，会很难。为什么呢？因为网络已经取代了一切，手机已经取代了一切，你想保持独家是很难的，做不到。在这方面我们的考虑是，只能用独家的观点，同样的新闻我比你做得更好，我比你的采访更丰富，我比你的标题版面处理更加好，角度更好，更加有思想，更加有水平，这个可能是未来决定报纸水平高低的很重要的因素。那对于报料人呢？我们采取爱护、扶持、培育的方法，进一步讲，正是有了广州的媒体和报纸这么激烈的竞争才培育了广州报料人这样一个群体。这是一个产业链，就像做火腿肠的，必须有人专门给他养猪，一个道理。像双汇火腿肠，是专门有猪农给它提供猪肉，把猪肉做成火腿肠。我们是什么样的报纸，你要给我提供什么样的线索，我们也在培养这样一个群体。我最近有一个设想，我想对小区监控室的保安进行培训。现在每个小区都装了监控摄像头，你进到每个小区都有一间房，有很多监控的电脑在那里，这个人他掌握了新闻，知道这个小区发生了什么样重大的事情，所以我们想对这些小区值班的人进行培训，让他向《南方都市报》更多地报料。我们也在考虑对这些可能发生新闻的人群，进行专业的新闻培训，提供更多的线索给媒体。对这个群体，我们是充满爱护，我们更多的是扶植，而不在意他是否为《南方都市报》提供独家的报料。我觉得这个群体，它的成长壮大是这个社会良性的反映、健康的反映。

学　生　任老师，你好。我知道《南方都市报》从4月5日开始就针对汶川地震的周年纪念展开了策划活动，我想问一下与其他报纸相比，这个策划会有什么特点？谢谢。

任天阳　汶川地震周年纪念活动这个报道其实有6期到7期，我们初步设想的是报道地震一周年过去后人们的精神状态。还是想从人的方面去做，做关于人、人的心理康复的报道，比如一个村庄它的社会生态的康复，我们基本是从这样一个角度考虑。其他媒体的报道，我没有看太多，他们可能是从援建啊、资源方面报道得比较多，我们关注的还是当地人的恢复。作为一个人的社会组织，比如说是村落，这个村落可能经过地震以后人死了一半。一周年之后我们再关注这个村的生态如何恢复，社会生态和社会组织，原来邻里之间都有正常的关系，现在一周年过去了，我们更多是从这个方面来考虑。当然我们也想做两件事，但是目前来看比较困难，第一个是为这八九万的失踪人群做一个特刊，这个特刊全部登人的名字，不准备写一篇新闻报道。如果一个人的名字是3个字，9万人的名字就是27万字。但现在公布姓名的很少，只有两三万人。这个难度就很大，我们就试图做这样一个东西，这是一个。第二个，我们的地震报道还想做一个标本，对于一个村庄，我们可能就专门做一个村庄的调查。就是刚刚讲的，震前这个村庄是什么样的，震后到现在这个村庄它的各种统计。它的人数和各种恢复，各种土地啊，房屋啊，子女啊，收入啊，各个方面。类似于统计方面的，它不是写，而是完全用数字，做一个标本的东西。做这两件事，这个难度就很大。还有就是我们“5·12”准备出一个特刊，主要是故事，这个是全部写故事的，一个家庭、一个人、一个村庄、一个官员，在一年当中他们的历程，心理、物质、社会各个方面，全部用故事的形态，5月12日那天出版。不过因为我看其他报纸不是太多，所以我不知道其他报纸怎么报道。

学　生　我还想再问一下，大量的记者进入灾区，会不会对灾区人民的心理造成什么不好的影响?

任天阳　说老实话，这个我们确实解决得不好，这个牵扯到一个新闻伦理的问题。就是说，从上面，按宣传部、政府层面的要求，不要再采访在灾区中死去的孩子的父母，还有死去家人的这些人的亲属，否则就会再经历一次创伤。但是媒体如何在这方面进行自律? 不采访，最好就是不采访，或者是不触及这个，就是触及个人隐私或者报道出来以后不是帮他而是更加让他受到创伤，这样的我们尽量回避，在采访当中也做到这方面的要求。但是我们这么做了是不是就真的能规避对灾区的群众造成再次的伤害，不干预他们的生活? 《南方都市报》实事求是地讲，做不到。这牵扯到一个新闻伦理问题，你要么去报道，要么就不报道。对受灾群众来说，更多的是让他们安静地生活。所有的策划、所有的新闻、所有的周年报道，假如跟他们的内心创伤相比都显得可笑或者说是苍白。应该是以这样一种态度来看待，不过中国媒体目前做不到，《南方都市报》也做不到。

学　生　任老师，你好。听张老师说您对新媒体那块的业务比较熟，我想就手机报的内容问您一些问题，就说现在《南方都市报》的手机报是我们提供线索和消息，借用他们的技术平台。如果是这样的话，那对于新闻的终审权是在我们手里还是在中国移动的手中?

任天阳　手机报是这样的，它的合作方式就是由报社和运营商合作。操作的方法就是由报纸和奥一网来组成一个采编团队，我们专门有一个叫做无线媒体中心的部门，有十多个编辑，把《南方都市报》每天见报的精华、摘要，做成手机报的模板，然后发给移动或者联通，它有一个平台。他们这个平台也有一个审查制度，但他们因为不是做新闻的，基本是一个技术的过滤，要是没有敏感的、危害社会的东西它就放行。那新闻的控制权或者说你这个手机报做得好与坏，对于新闻价值的判断还是在我们手里，在报纸手里。比如你头条的选择、内容的选择，它完全不管，它只是一个平台。它的渠道就是发给它以后，它帮你发给所有的用户，移动或是联通，你能接收到，就是这样一个概念。在管理上呢，这一块宣传部、国务院新闻办刚刚开始对手机媒体进行管理。因为互联网已经有了，国新办进行管理，很明确，国务院新闻办就负责互联网和知识网站的管理。手机媒体也在管，只不过是一个很粗浅的，没有进行监管。对于内容方面，我们基本上是把《南方都市报》的东西发一部分，还有一部分是当天即时的新闻，比如一些动态的新闻也随手机报发送。我们现在一天三次，早上一次，中午一次，下午一次。这种形式——彩信，它其实是一种推送方式，我们做好以后通过运营商发送到每个用户手机上，也就是说，你是被动接收的。这种形式有它的弊端，它的弊端就是容量比较小，只有52k，大概是15页，15帧。它不能再大了，再大移动和联通都不允许。所以这里面是有内容限制的，实际上每条内容都很短。好像只有导语部分，不能延伸阅读。它的优点是什么呢？就是所有推送给你的东西都是经过精选的。你不需要自己上网再去看，作为一种快捷、简短，了解当天最重要新闻的一种办法。我觉得手机报、彩信这种形式，它的生命力还是有的。这是一方面，另外一方面，作为报纸来讲，手机报最大的问题是什么呢？在于它的赢利模式，现在移动和联通分走了70％—75％。报纸我们辛辛苦苦做了，只分到25％。这样的费用，现在我们一个月8块钱，8块钱相当于我们只能拿到两三块钱，其他的全部被运营商拿走了。另外，运营商它本身也有手机报，像移动。它的手机报现在是4000万用户，虽然它那个东西也不怎么样，但是它既做裁判也做运动员，它也做内容，它也做规则的设计者。那它和我们也是竞争的，而且移动未来也倾向于做内容，从渠道到内容方面转型。这个对报纸做手机报这个模式可能是一种挤压，将来我们可能就变成做不了了，只有移动和联通能做，最后报纸就没办法做了。做也赚不到钱，就是这样一种情况。

学　生　您刚才谈新闻线索管理的时候提到一个奥一网，奥一网的定位是一个社区新闻网站。我想问一下，奥一网是2006年才建的吧，建立也有了几年时间。那它现在的赢利状况是怎样的？就像我们知道，大洋网它会提供很多信息，奥一网以后会不会也向这个方向发展呢？

任天阳　奥一网的创办是在范社长的指导下，准确说它是2005年的9月份签约。2006年3月份正式上线，现在是3年多。我管理这个网站3年多，它的赢利状况也跟范社长报告一下，2009年已经实现了赢利。我们2008年总收入是1600万元，去掉成本，去掉这些运营的费用，赢利一两百万元。它的赢利模式主要是：一个是广告，就是网络广告，互联网广告；就是无线业务，就像手机报，还有无线的互联网广告。还有一部分增值呢，就是电子商务，我们现在的电子商务主要运用在社区里面，比如说非常男女、交友。我们做了一个奥币，就是电子商务的货币，相当于Q币。也就是说让网民在站内自己使用、购买、消费。还有一个就是我们做的活动，比如跟珠三角各地的政府啊，或者其他机构，比如说网络问政、增值啊，活动方面的收入也是一个。不过这个不是主要的赢利，主要的赢利还是在互联网广告。增值方面呢，我们对互联网的理解呢，网络广告当然是其中一项，但是互联网本身还是要靠属于互联网自己的东西。在这方面，我们也在开始发力，怎样能把增值业务做起来。就说在广东的省一级的地方网站，从流量到赢利，奥一网都是第一，包括Alex的排名。有一个，可能你们都知道这个概念，Alex排名，奥一网是在广东的网站，除了腾讯之外，还是第一。但是互联网的增值业务，我觉得，对中小网站的门槛非常高，很难做的。因为现在互联网，像腾讯，2008年的总收入是71亿元，其中网络广告8.2亿元，互联网增值业务是五六十亿元。

70亿元是什么概念呢？广东所有的报纸的广告加起来，也就是这个收入。搜狐、新浪它们全部都是互联网广告占大头，网易是游戏，它的网络广告收入才5亿元左右。但是腾讯已经展示出靠互联网自身增值的强大竞争力。它的互联网广告原来很少，我记得奥一网创办的时候，腾讯的网络广告才不到1亿元，8000万元，就是2005年的时候。现在它已经做到了8亿元。《南方都市报》创建十年，我们现在的广告也就十几亿元。这里面确实是门槛很高，它的技术水平啊，包括对人群的吸引啊，QQ本身属于即时通信，这种交互的模式对人的流量的增加，是任何一个网站都比不了的。在这里面，它有技术，有商业模式。在这方面我们也在想，怎么能立足于互联网本身业务的增加，但是对中小网站来讲，难度确实很大。这个也算是中国互联网的一个寡头垄断、两极分化的局面。就是我们其他网站，除非有很好的商业模式，在短时间之内，有充足的资金，能够迅速占领市场。这样的网站才能够起来，才能够和腾讯抗衡。像我们这样，说白了就是国有企业办的网站，原来有一个说法，有两类网站办不成，一类是电信网站办不成，一类是报纸办的网站办不成。奥一网刚好是这两家的融合体，因为我们是买的深圳电信的“深圳热线”，既有媒体的因素也有电信的因素。就是说这个体制是非常重要的，这个体制很复杂。

学　生　任老师，你好。刚才您说到报纸和网站的关系时说了，网站是报纸的上游，我想问一个问题就是在您现在经营了这个网站之后，您觉得报纸和网络最终应该是以一个什么样比较理想的状态出现，让它们在运营也好，赢利也好，让它们在新闻道德和社会责任方面产生一个比较好的影响？

任天阳　我们说“网站是报纸的上游”主要是从新闻的角度来讲，当然不是所有的网站都是有新闻的或者说有新闻支持的。说“报纸是网站的中游”主要是从报纸的新闻生产能力来讲的。网站在中国会变成一个大多数人，或者说是平民的一个言论的聚集地，主要从这个方面讲。网络如何像报纸一样，在道德、社会责任，或者说促进中国公民社会发展这些方面，同样具有报纸的公信力？我觉得这个可能还很远，并且要求还太高。但反过来讲，这个正好是报纸的优势。如何把两者嫁接在一起，就是报纸跟网络如何融为一体，既有公信力，又有责任心，同时又有媒体专业的生产能力，从新闻媒体来讲现在也在尝试使全媒体的概念得到居地，就是把报纸的公信力和网站这个巨大平台结合起来。但是我觉得，社会总是存在分工的，独步天下是做不到的。就算是未来，不管是多媒体还是全媒体，都在各自的链条上，要有不同的分工。事先要把这些事规定，比如说网络媒体，网络媒体当然有很多假新闻，有很多不负责任的色情，或者是低俗，网络的暴力，这些都有。但是这个东西我觉得是中国互联网发展必经的一个阶段。作为报纸，它的优势就在于专业性、公信力和品牌价值。这个是互联网永远比不了的。即便网络成为所有人了解信息、接触信息的载体，报纸的价值仍然是存在的。报纸的价值不一定是印报纸，而是新闻生产。报纸不是在印报纸，它是在“印”观点，“印”读者。只不过这个东西是印在报纸上还是放在网络上而已。所以这个我觉得没有太大区别。这个分工我认为无论怎么发展，仍然是存在的。

主持人 好，时间差不多了。

今天，任老师讲了短短两个小时，可是我们收获很多。从采编管理到新媒体管理，任老师给我们提供了许多新的资讯和新的一些观点，新的思路，对大家以后的学习和研究应该都是很有帮助的。让我们再次以热烈的掌声，感谢任老师。

（掌声）

第五讲
我是怎样采访突发新闻的

我们南方都市报的记者一般都是第一个到达（事发）现场，就能拿到第一手资料，而且我们一般都是最后一个走，所以基本上我们每天都有独家新闻。

我经常都是一天之内会身处不同的境遇里，一会儿我在爆炸的现场，一会儿我又在火灾的现场，晚上又得跑文化，在友谊剧院看俄罗斯芭蕾舞团的《天鹅湖》……

主讲嘉宾： 南方日报机动记者部副主任　张蜀梅

时　　间： 2009年4月16日

主 持 人： 暨南大学新闻与传播学院新闻系副主任　张晋升

讲座发言

主持人 今天我们非常高兴请到张蜀梅记者，接下来她将给我们带来演讲，她的演讲题目是“我是怎样采访突发新闻的”，欢迎！

（掌声）

张蜀梅 本来以为只是跟本科的同学交流一下采访经验，后来发现被范院长“骗”了，来了这么多人，我还是有点紧张。一想，我要讲的都是自己非常熟悉的采访经历，就是讲故事，讲故事肯定要比说教更吸引人。

前段时间有出版社约我写《突发新闻采访手册》，是一本实际操作性很强的书，书的大致框架我已经搭好了。但由于时间关系，我还没有把详细的内容填进去。书是比较系统的，包括如何获得新闻线索，怎么到达现场，到现场后问什么、看什么、记什么，如何写突发新闻，突发新闻的伦理之争，等等，还有一些突发新闻的经典案例。当然这些东西，短短的两个小时是肯定讲不完的。那我在这两个小时里就把我本人采访过的重大突发新闻经历告诉大家，在这些突发新闻采访中，我遇到哪些问题，遇到问题后又是如何解决的。我这些经历对有志于新闻事业的同学也许会有所借鉴。

先花一点点时间介绍下我自己吧。其实我没有读过新闻专业，甚至可说是没有正规地读过大学。虽然在中考中，在几千名考生中我的语文单科成绩第一，总分也不低，这个成绩在四川可以上一个省重点高中，但是由于我家里重男轻女，让我读了中等师范学校，而在师范的几年里我主修的是音乐，毕业后我去了一所职业中学做了一个幼师班的音乐老师。但我自小喜欢文学，在读师范时我就向全国的文学类杂志投稿。虽然刊发不多，但收到很多读者来信。这让我很受鼓舞。后来我又向《人民文学》投稿，后来《人民文学》推荐我去复旦大学中文系学习了一年，复旦大学不给文凭。后来南京大学中文系招收插班生，我又去考试，结果被录取了，在南京大学中文系又读了两年。拿到学位后，来到广州，住在石牌，成了一个流浪记者。

最初我是在广东省文联办的《文化参考报》当编辑记者。但当时的我对于什么是新闻，该怎么采写新闻报道，什么导语啊这些都不知道。《文化参考报》的总编辑吴其琅女士对我帮助很大，她教我怎么采访，怎么写新闻报道，我写的每一篇稿她都认真地帮我改。在《文化参考报》的短短几个月我就把这门手艺学会了。

1996年底《南方都市报》创办，招记者。我就去考试，考进了。《南方都市报》创办之初，记者和编辑都不多，往往一个记者要跑很多条线，比如我当时去《南方都市报》，领导就觉得我在《文化参考报》有文化和娱乐方面的资源，便叫我跑文化、娱乐，于是我便成了《南方都市报》的第一个娱乐记者。除了跑娱乐新闻，还写一些影评、乐评。但是本人天生还有一些侠气，喜欢社会新闻，领导又安排我跑医院新闻，医院有时候有很多突发事件，比如那些受伤的人送到医院去，我就跑到医院去采访。由于与医院相关部门有了密切的联系，于是我就有了丰富的新闻线索。

当时的广东媒体在我看来真的是很不重视突发新闻。《南方都市报》是率先把突发新闻当头版头条的。第一条突发新闻就是我去采访的，第一版的编辑是时任南方都市报编辑部副主任的庄慎之，就是他决定把那天的突发新闻放在头版头条。第二天，突发新闻做出来之后，整个报纸在广东引起很大的反响。后来，《羊城晚报》、《广州日报》，它们也有了专门跑突发新闻的记者。当时我在南方都市报得到一个美名就是“跑得比120还快”。但是这要感谢120当时的一个女通讯员。她现在已经退休了。当时广东跑突发新闻的记者中只有我一个女的，所以那个女通讯员可能有点怜悯我，每次有突发新闻时，她都是第一个CALL我。当时的南方都市报没有钱，我们每个人只有一个数字显示CALL机，呼机一响，看到一堆数字还要猜半天，平时白天在办公室还好，我可以直接回个电话问是什么情况。但是，到了晚上，如果CALL机一响，那肯定是有大事，所以只要CALL机一响，我就用一秒钟从床上爬起来，披头散发，穿着睡衣，直接从19楼跑到16楼办公室，速度很快。于是，我是第一个知道事件情况和地点的记者。我又马上通知摄影记者，摄影记者刚好也是住在大院招待所；司机也是住在报社大院印刷厂的二楼。可谓是天时地利人和，大家都在一块。我通知完他们之后我就去换衣服，下楼后他们都在楼下等我了。那个速度像军训一般。以我们的速度，我们到现场后，有时候救护车真的有可能还没有到达。所以不是我一个人跑得很快，是有多方面的因素造成我很快到达现场。《南方都市报》跑突发新闻的记者一般都是第一个到达现场，就能拿到第一手资料，而且一般都是最后一个走，所以基本上我们每天都有独家新闻。

因为既跑突发新闻又跑文化线，我经常是一天之内会身处不同的境遇里，一会儿我在爆炸的现场，一会儿我又在火灾的现场，晚上又得跑文化，在友谊剧院看俄罗斯芭蕾舞团的《天鹅湖》，我又要写文化新闻报道。所以，经常都是一个人身兼数职，写很多新闻报道。随着报纸的发展，娱乐记者越来越多，就我自己来说，我不愿意自己守一天就为了写些明星的八卦新闻，事后还会被明星看不起。如果我跑了一天的社会新闻，可能我还能帮到一些人，那我觉得这个对我来说意义更大些。我骨子里还想做个作家，我知道专业作家经常都要去体验生活，我觉得我不用花钱就能体验到生活。而这些经历也可以成为我以后写作的素材，所以我也十分珍惜这些机会。所以后来我也放弃了跑文化娱乐新闻，专门跑突发新闻，成了南方都市报的第一个专职突发新闻记者。我的突发新闻记者的职业生涯就从此拉开。

我采访突发新闻分三个阶段：第一个阶段就是我在南方都市报跑了将近五年半的突发新闻，这一段时间就是自己摸索一些经验；第二个阶段就是2002年起，我从南方都市报调到南方日报来，我也经历了一个重大的突发新闻，那就是SARS暴发；第三个阶段就是2007年10月起，我从南方日报的时政新闻中心调到机动记者部，机动记者部成立不久就发生了特大突发新闻，那就是汶川大地震。这些事情都是我亲身经历和参与采访过的，在这里跟大家交流一下采访体会。

第一阶段：南方都市报五年半的突发生涯

事件一：东莞超市“剁指事件”

2001年，南方都市报的各项情况都已经变好，报纸也是越来越重视突发新闻。某日一名在深圳的律师接到投诉，说是一名孕妇在东莞“爱家超市”被怀疑是小偷，被拉到超市的厨房里当场被剁掉了四个手指。事件发生几天后都没人报道，因为当时的媒体没有现在这么发达，没有人想到给报社打电话，也没有在网上发帖的意识。只有在深圳的代理律师打电话到南方都市报寻求帮助。当时在深圳记者站当站长的卢嵘先写了一篇消息在头版发表。

第二天我们在广州的几个记者直接去东莞，接着采访事态的发展。在东莞采访时发现超市已关门，老板是个女的，她每天都要损失好多钱；那个孕妇当时要接手指，要索赔，双方僵持不下。而超市的女老板也算是个受害者，因为剁手指是超市保安的个人行为，而这个凶手事发后早就跑了。领导跟我们说没有找到凶手不要回来，任务很重。虽然我们是记者，但实际上，我们在中间充当了调停的角色。我们去采访超市那边，他们急切地想把事情摆平，孕妇是否小偷已不重要。而正在采访时单位又接到传真举报该孕妇是个惯偷，还有她之前偷东西被抓写下的保证书。我们第一天去和女子交谈，她要100万元，第二天要80万元，索赔的钱一直降不下来。我们跟她说："报社又收到报料，你之前也偷过东西哦，还有你被抓时写的保证书。"第二天，那孕妇就只索赔20万元了。我们的连续报道出来后，央视《经济半小时》和《东方时空》都来追踪报道，但当事双方只认《南方都市报》，对央视和广州其他媒体什么都不说，所以我们每天都有独家。后来孕妇拿到钱后接了两根手指也满意地回家了，而超市也重新开门，但是凶手一直没有抓到。

事件二：东莞"塌楼事件"

2000年12月1日，东莞厚街19间门面三层楼的房子瞬间倒塌，我们在事件发生后的几分钟就接到了报料电话（后来这个报料的人受到重奖）。里面到底埋了多少人是我们新闻关注的重点。当地政府公布官方数据说只死了8个人（有传闻死亡人数达到10人或以上的会追究更大的责任），所以死亡人数是我们核查的重点。当天下午香港媒体蜂拥而至，央视记者第一时间赶到广东，广州所有的媒体也纷纷赶到了现场。一场新闻竞争即将展开。《南方都市报》的记者先到了现场之后，假称是《南方日报》的记者，所以允许一人进去现场，我们就叫一名摄影记者进去。而《广州日报》记者采访时受到村民的粗暴对待，他们报警，报警记者被带去录口供，耽误了宝贵的采访时间。《羊城晚报》记者在我们记者当中年纪比较大，所以假扮村官，他找了个公文包夹在腋下，包里装个小相机，指着其他报社的人说"那个人估计是记者"，然后自己就混进现场。而《广州日报》的另一名记者到隔壁村买了件迷彩服，装作保安混进去，被《羊城晚报》记者认出来，《羊城晚报》的记者就直接叫道：“那个人是《广州日报》的记者。”于是，《广州日报》记者被二三十个民兵围住，赶了出来。所以当天只有《南方都市报》一家进入现场，拿到了宝贵的独家图片和独家信息。后来，我们在那里坚守了大约一个星期，我们一个小小的采访团队，现场分工，不仅发动态消息，还做了比较有深度的新闻，《七问东莞塌楼》，在封面登出。

南方都市報

东莞塌楼百余人被埋

已有7人死亡，20余人受伤，百余人生死不明

下个世纪物流为王

印度少女艳冠群芳

杨澜出山再访名人

对电白高考作弊案负有重要责任的一批领导被严处

副县长撤职两局长法办

美大选佛州点票之争进入最后决战

美高院今天判决

中学生带卡上路

《南方都市报》报道东莞塌楼事件

事件三：“洛阳大火”

2001年12月25日，洛阳的东都商厦大火。大厦的一、二楼是仓库，五、六以楼上是娱乐场所。那一天是圣诞节，所以有的女士参加舞会是免费的，还派发了很多的招待券。所以在圣诞节舞会上，聚集了几百人在楼上消费。二楼正在装修，一个工人在用电锯锯东西时冒出的火星，落入一楼仓库。很快，大火在仓库引发，散发出很多毒气，顺风往上蹿。据说当时东都商厦怕人逃票，本来有四个门，那天关了三个。所以那次很多人被熏死，死时并不是面目全非的。直到现在也没有死亡人数的确切数字。当时互联网已经初现威力，很多消息通过互联网传播很快，据说，事发第二天上午10时有车来拉尸体，现场

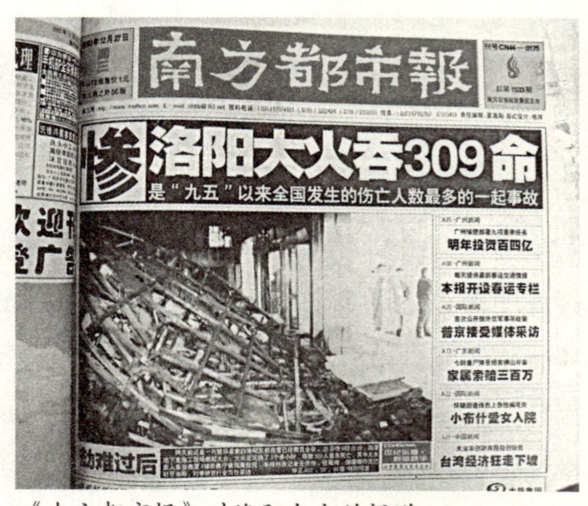
南方都市報

惨 洛阳大火吞309命

是“九五”以来全国发生的伤亡人数最多的一起事故

明年投资百四亿

本报开设春运专栏

普京接受媒体采访

家属索赔三百万

小布什爱女入院

台湾经济狂走下坡

劫难过后

《南方都市报》对洛阳大火的报道

有人在清点死亡人数。当数到304个的时候现场有人意识到，如果这个数字报道出去肯定会造成很大的影响，于是他们就封锁现场。所以报道也都是说“截至什么时间，有多少人去世”这样的字眼。我们也是通过网上知道这个消息的，领导第一时间派我和另外两个男记者去了洛阳。第二天傍晚到达洛阳后，真是两眼一抹黑，因为我们人生地不熟，什么情况都不知道。我跟摄影记者到现场看了一下，现场封锁很严，每个小巷子里都有警察，我跟摄影记者储璨璨乔装成情侣都被赶出来了。在这种情况下，我们就约河南当地报纸的一些记者，他们手上有一手的素材，但他们的媒体报道不出来，他们的素材对我们有用。这样，我们在当晚就发了十分详尽的报道。当然，接下来的新闻还是得靠自己，像现场、殡仪馆、医院这些地方，都得自己去。我们在洛阳待了一个星期，发了不少的稿子，当时，我在洛阳看见了广州的、香港的同行，那时，粤港媒体已经把新闻战场扩大到全国去了。

从这个事件中，我觉得，跟当地媒体记者的合作是比较重要的，尤其是前期能给我们很大的帮助。

第二阶段：南方日报时政新闻中心

我跑突发新闻的第二个阶段是从2002年7月开始的。我在南方都市报跑了五年的突发新闻后感到很辛苦，如果到南方日报来跑医院线，这样可以避免一些突发新闻，就会轻松很多，其实不然。

在南方日报时政新闻中心，我主要负责中山医系统的附属医院、广州医学院附属医院，还有第一人民医院、第八人民医院等市级医院，后来SARS疫情中最危重的病人全部都在这些医院里。2003年春节我是在四川家乡过，春节假期才开始，就收到一个短信，就说广州好像出现了一个怪病，死了很多人。我当时心急如焚，因为这是我跑的线，我觉得这个不应该让别人顶我，我就急着回广州。但是我妈我奶奶就说，“哎呀，那个广州听说什么大病又死人，你还不如不回去，等那些都差不多了（全场笑），等这个事件过得差不多了你再回去”，就心疼我嘛！广州的朋友就打电话跟我说，广州的醋和板蓝根已经卖光了，我就得在四川带醋，买板蓝根。因为家乡在广东打工的人又特别多，所有的醋和板蓝根已经卖完。我赶到成都后就买了几瓶醋托运回广州。因为很多瓶醋都打碎漏掉了，整个白云机场都是醋的味道。感觉广州麻烦了！

我回家一放下行李，就直奔中山二院。我发现整个中山二院简直像一个生化实验室：没有一个来看病的人，都是医务人员，他们都只露着个眼睛，戴着帽子、戴着口罩，而我连一个口罩都没有戴。在电梯里，看见那些人按电梯钮的时候，也是用那个（用小拇指示意动作，全场笑）。哎呀，我的天哪！这是怎么回事？我要去找医院的通讯员给我介绍一个知情的医生才行！我就去医院办公室找通讯员，我发现哪个是通讯员我都不认识了，整个房间的人都戴着口罩、戴着帽子，只留着个眼睛，甚至都不知道哪个是男的哪个是女的。后来他们给我倒了杯水我都不敢喝，此时我开始有点防备了。后来通讯员跟我说："你呀，赶紧去拿个口罩。"我就戴上一个口罩去采访一个刚从ICU的病房里出来的医生。终于知道这个病是怎么回事。

在SARS暴发的那段时间里，只要我在广州市，每一天都必须要去广州医学院第一附属医院，因为那个医院也就是钟南山所在的医院，广州市病情最危重的病人都在这里，我每天都来，了解病情最危重的病人死了没有，有什么症状，用什么治疗。因为那个时候，是什么引起的病都不知道。因为我是《南方日报》的记者，比其他媒体有政府资源优势，比如有一个广州市政府召开的通报会，只有《南方日报》的记者进去了，去了之后他们给我发了几张纸，卫生局的局长开始也是照本宣科把那个念完，念完之后，他就口头上讲了，其实是最重要的。他说广州的每一个区，春节以来，得病的人数每天增加多少，死亡的人数又是多少，就说哪些数字可能是最接近真相的数字。好啊！我很兴奋，独家！我就高高兴兴回报社。就在路上我接到一个电话了，自称广州市政府办公室某一个人，我不认识，他问："你今天参加那个××会议了吗？"我说是。他很客气地说，那麻烦你今天就不要写稿。我很郁闷，心想叫我去采访又不让我写稿，我心里就觉得有些憋屈，怎么办呢？那后来我就写到书里面去了。（全场笑）

但是这个病到底是怎么回事，我真的还是不清楚。后来我去采访钟南山，其实他也得了SARS，就在他患病期间，我给他做了专访。当时，各方压力都很大，因为我们有新闻纪律，记者暂时不要采访专家，就是采访了也发不了。我就想，我是一个记者，不能发表但我总可以采访吧？我就自己去采访，我通过医院的通讯员贺小伶帮我约钟南山做专访。其实那个时候我不知道他已经在广医二院住院了，就是因为SARS住进去的。我当时就在广医二院的一个办公室里面，专访了戴着口罩、神情严肃的钟南山。当时我也是小心翼翼地跟他套，我总是想知道，这个病控制了没有，有没有扩散到别的区域去。他是一个科学家，还是跟我说了真话。他说这个病没有被控制住，而且周边的省份都有了。这是他第一次肯跟媒体讲，当时这些我都有录音。钟南山也比较谨慎，他就让我把稿子电邮到他的办公室，他办公室的人就把那个采访仔细地看了一遍，把表述不准确的一些专业词语改了一下，把一些模糊的词语也稍微改写得客观了一些，然后这个稿子我拿回来给报社，甚至范社长都看过，他可能都没有同意发表，一直到目前这个对话都没有出来。其实广东的经验也是救了很多生命。到最后，广东省档案馆就把这份钟南山改过的对话的原稿收藏在档案馆里作为一个历史资料保存。我是第一个讲出来“病有扩散，需要国际合作”的记者。作为一个记者来讲吧，不管能不能发表，我都要去了解真相，这一点我觉得我做到了。

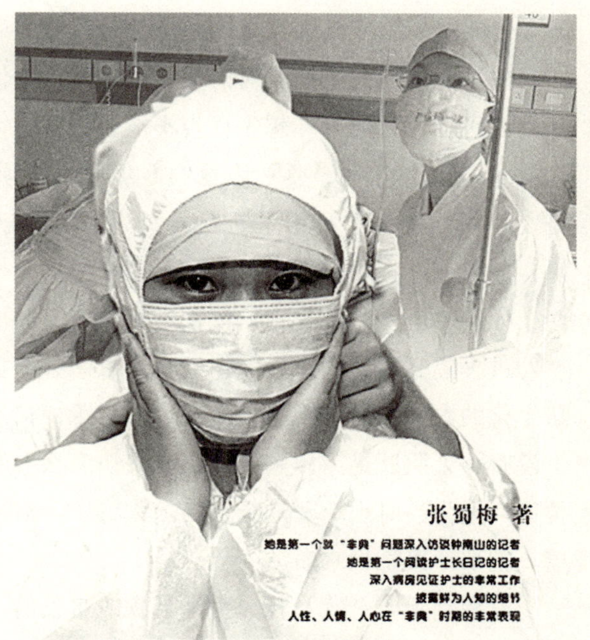

张蜀梅著《一名广东记者的采访全记录—— 在SARS的流行前线》

当然采访这种有生命危险的事件，确实是需要勇气的。SARS来袭的时候，很多人是不愿意进病房的。说句实话，每个人都怕死，我当时也怕，但是后来我就想，这是我跑的线，我不去病房，谁去病房啊？肯定只能我去。后来，内蒙古的两个姐妹为了治疗，举家坐飞机从内蒙古跑到广州来，因为他们听说钟南山那个医院是治SARS治得比较好，所以他们就奔这里来了。他们怕别人认出来，分几批坐飞机，为了不引起别人的注意，都不戴口罩，不戴口罩他们就可能传染给整架飞机的人，因为飞机的机舱是非常封闭的，病毒可以互相传染。后来，广州的相关工作人员连夜通知坐过这几个班机的每一个乘客，如果在七天之内发烧，就立马去当地的疾病预防控制中心接受诊疗。

后来我就想去采访这对内蒙古的姐妹，她们当时是怎么想的，因为人希望活着无可厚非，但是你想生存也不能去损害别人的生存权啊，比如说你好了别人死了，怎么办啊？要采访她们，那你就必须进病房，她们连续40℃高烧不退，任何的药都解决不了问题，我约了摄影记者严亮，当时我单身，没有结婚，父母也不在这里，严亮也是。后来我们两个就在出租车上商量，如果我们两个死了，就是烈士。呵，反正不怕！（笑）

进去隔离病房的时候，得把整个衣服都换掉，我穿了医院的病号服，再穿防生化的衣服，非常不透气，手套，口罩，口罩我戴了22层，然后眼罩，基本上没有一处肌肤是露出来的。那我采访怎么办呢？据说那个采访机都有可能被传染，因为当时那个唾沫特别凶，太毒了，后来我就用了一个塑料袋，包了几层，把那个采访机拿着。

没想到那个走廊是我人生中见到的最长的一个走廊，那么长，而且那个女的又不在第一间病房，她在最后一间病房。（全场笑）我要绕过很多病房走到那里去。病房所有窗都打开了，每个房间都开着风扇，后来我从一些专家那里了解到那个病毒在最近距离传染最强，只要屋内通风就好！后来我跟严亮就进到那个病房，半个小时之后，衣服全部湿透了，整个眼罩都是雾蒙蒙的。见到来自内蒙古的女士，我就把一些很尖锐的话都问了，后来她自己也承认说：“等我好了我愿意接受审判，如果有人要投诉我，我承担法律责任。”后来也没有人追究她责任，既然来了，广州人民也欢迎她，就把她治好了，也把她送回去了。（全场笑）

说实话，现在的医患关系很不好，但在SARS时期，我觉得，医生在当时真是做出了很大的牺牲，在广州吧，没有一个医生辞职。在其他地区，就有很多医生辞职。当然我个人不鼓励这种牺牲精神，但是他们既然有这种牺牲精神，那么我们就应该仰视他们。当然医务人员除了医生，护士也是最辛苦了。护士，是24小时贴身为那些重病患者服务的。护士们还没有人写过，刚好也快到护士节了，我就写护士的一天，她早上去

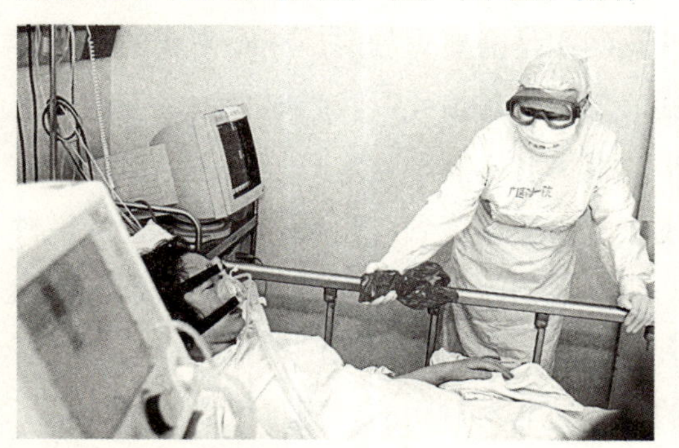

张蜀梅在病房采访SARS患者

干什么，那个病人传染力那么强，她还要很近地给病人吸痰，给他喂饭，给他尿尿，这种事情全部要护士去做，不论是女病人，还是男病人，她都要这么做，所以我觉得这些护士值得重视和尊敬。

我们能进病房去，也是需要一种勇气的。采访回去后，我就连续低烧三天，唉，我都以为我感染上了，领导就说你就待在家里自我隔离不要回来（全场笑）。我吃了六天达菲，反正那个是治流感比较好的，因为SARS之初的症状跟流感差不多，后来我的低烧也好了，我家里面整天熬着白醋，天天喝板蓝根，喝得我那个时候减肥很成功。（全场笑）

SARS过去五年后，大概在2008年年底我又去回访了钟南山，稿子出来了。其实当时钟南山是受到很大压力的，那我就说五年过去了，你能不能谈一下你的压力呢？他说："当时岂止是压力……"因为当时他说了很多真话，包括反对"衣原体说"。一个科学家顶着压力，坚持实事求是，一个记者也应该这样坚持寻求真相！

第三阶段：南方日报机动记者部

随着报业的竞争，党报也要求生存、求发展，所以《南方日报》也经常改版，目的就是为了留住读者。当时杨兴锋先生做总编辑的时候，就希望在《南方日报》做一些真正的新闻，所以成立了机动记者部。那时我已经离开突发新闻阵地五年多了，机动记者部成立一个月后就遇到了一次考验，就是"珠江撞船"事件。那一次新闻竞争中，《南方日报》失败了。因为当时我们接到消息的时候，都市类报纸的记者已经全去现场了，我们获得消息就晚了两个多小时，因为都市类媒体钱多、奖励

重点 03

珠江航道白鹅潭水域运沙船撞翻渡轮，两分钟内渡轮上34人悉数落水

不到10分钟，三艘小船救起26人

父子驾船联手救起4人

沉船打捞"三起三落"

晚上10时20分船体全部浮出水面

事件全记录

渡轮常客：每次摆渡都很担心

两名失踪者是船务人员

近期撞船事故

渡轮停航 航道受阻

《南方日报》报道"珠江撞船"事件

多、读者多，报料人自然先给它们打电话了。整个部门加上我共5个记者全上了，而《南方都市报》参与报道的就有25个记者，还不包括实习生。第二天采访出来后只有《南方都市报》做得最好。因为新媒体与突发新闻结合带来的好处，我们没有意识到。《南方都市报》他们记者兵分几路，一路人上网去查船的编号，甚至他们还查到了船主的电话。结果第二天，他们拿出了最详尽的报道，我一看报道，天呀，我已经离开这个战场太久了。我在自责：自己为什么没有想到这一点呢？

真正的考验还在后头。2008年5月12日那一天，我吃完午饭回报社，呼叫中心有人给我打电话说广州地震了。我一听，说广州地震了，觉得是玩笑。因为之前佛山三水有个烟花爆竹厂爆炸，也是有人打电话来说是地震了。但是一路回来时又有三个电话打进来说地震了，而且地点分别是天河、花都等不同地方。我一听，哟，这次爆炸很大呀！我就赶紧给一个值班记者打电话说，你赶紧打电话给广州地震局，问清地震有多大，在哪里，有几级，赶紧去现场。一个人去打电话，一个人上网查，结果一查是四川地震了。那时我一想四川地震了，我妈在四川也没有给我打电话，肯定没事。结果，几分钟之内，报社的同事的MSN、网络、电话都接到了不同地方的人提供的信息说：四川地震了！我一听，完了，真的是大地震了。我就赶紧给我妈打电话，结果家里电话忙音中。有消息说是8级地震。对于我来说，这些概念我都不太清楚，有个同事给我打比方说，唐山地震7.6级，这时我就有印象了。因为唐山地震死了24万人。我觉得，出大事了。我想直接飞到现场去，但我女儿不到三岁，而且当时广东的手足口病很严重，还有几个小孩死了。我女儿也在发烧。我起码要回去安排一下。后来，办公室同事就凑了几千块钱让赵佳月和杨曦先去机场，直接飞成都。我就赶紧给我妈打电话，通了一分钟，我妈都快哭了，她说家都在晃动。我就赶紧让她跟紧大部队离开家。同时我又赶紧联系华西都市报，向他们要稿子，他们有记者在现场，肯定有第一手资料。结果电话全部打不通。通信基本中断。于是，我决定，我一定要去四川。

于是我就跟两个男同事胡亚柱和严亮去了四川。我们还是地震后坐第一班民用飞机到四川成都的。费尽周折，我们找到了一辆越野车，买了够五个人吃一个星期的干粮，主要买奶、水等。因为我们也不知道这次出去能不能回来。因为怕司机睡着了，我们轮流跟司机说话，路上就我们一辆夜行的车，车子几乎是摇过去的。半夜到了安县时我们遇到了一个老乡，他问我们去哪里，我说北川，他说里边很危险，到处都在垮山（泥石流、塌方），路上有五道关卡，都不让人进。当时，天还没亮，很冷，我们在天刚亮时就到了北川。结果过第一道关卡时就被拦了下来，我们就拿出了记者证，说我们是广州的记者。结果那个人比我们更牛，说就是中央电视台的记者来了也不给进。我当时一听很高兴，央视的记者来了也不给进就说明他们还没来嘛。严亮是个经验丰富的摄影记者，做过国家领导人的采访，有很多经验。他叫司机把车开到远离警察视野的地方，让司机再跟车队，第二个车队来了，但气派不是很足，结果跟到了一半，车队也不让进。严亮说，这次是车队没跟好，要跟那种很牛的车队。后来我们商量了几种方案，一种是直接等车队，没等到就走进去。这时，又有一个车队来了，越野车，拉着警报。严亮说，赶紧跟着这辆车，因为它前面有几辆车装载着的全是警察。每隔十米放下一个人，严亮说，像这么戒严的话肯定是有大的领导要来。现在不跟的话，越往后面就越进不去了。他的判断是绝对正确的。结果那个拦我们两次的人在离我们一米远的地方就向我们敬礼了。后来我们了解到前面的车是四川省公安厅厅长的车。他先去把安检弄好，因为温总理要来。所有的人都向你敬礼，结果我们就一路畅通。越来越靠近北川的时候就发现那个伤亡越来越严重。我看到一个人，保持着骑摩托车的姿势，仰面死在桥上。再往前走一点，一辆小轿车，可能是国产车，像揉成的一团纸一样被扔在路边。看到这些场景，我就想，这要是在广州肯定是很大的新闻，我都很想拍照。但是严亮说，不到北川不掏相机，因为前面的伤亡肯定要比外面还惨。

到了北川之后，没有一个人管你在干吗。当时所有的救援力量几乎都集中在北川中学。我当时想，县城还没到，还有一公里，我想，那儿的伤亡肯定比这里更惨。于是我们就约好，在下午2时左右在任家坪收费站那里等。然后分头去采访了。后来我发现救援的人服装分三种颜色：第一种橘黄色的是消防官兵，他们具有救人的专业知识；第二种穿草绿色的迷彩服的是武警战士，他们就相当于搬运工，把消防人员救出来的人运出来；还有一种是穿黑色衣服的，背尸体的。他们听说我是广东来的记者，又是女的，都很照顾我。当时，路全没了，路上的石头有房子那么大。我就开始录像，一路走一路拍，后来都没法录像了，路太难走了。有一座桥把老县城和新县城连接在一起，武警在那搭起人桥。你要过去就在这边拉你下去，在另一边拉你上来。当时路上到处都是死人，几米内有几十具尸体，以女性为主，还没有来得及清理，一不小心就踩到了尸体。路上很危险，时不时有石头砸下来。因为我知道北川还有一个小学，所以我一定要去那里。在北川大酒店旁边，我遇到了采访的有详尽故事的人，他是羌族人，在北川长大，不会羌语，以3000块起家，把自己的生意做得很红火，家里有资产十几万元，有妻子和一个4岁的儿子。那天中午午睡时，接到电话要去取货，便从家里洗完澡，和妻子打了个招呼就出门了。此时家里留下了妻子和一个来串门的侄儿。当他骑着摩托车到北川大酒店广场时，感觉有人将他从车上摔下，颠得满身是伤痕，在地震扬起的灰尘中，看见儿子的幼儿园像积木一样倒下，他当时就想：儿子没有了！其实他当时还不知道是地震，以为是世界末日。接着世界满是灰尘，天都黑了。几分钟后想起回家看老婆，老婆没有了，房子没有了。他完全不能接受这个现实，整个人像疯子一样。我用家乡话问他为什么还不走啊，在那里干吗？他冲我发很大的火："我怎么走啊，我走去哪里啊，我没钱，我身上只有一个手机和几百块钱。"我对他说："我也是四川人，但我是从广州来的记者，你有什么事你跟我讲。"然后我坐下来对他进行采访。他整个人已失控，晚上就在那里睡觉，知道有人在外面救援也不出去。一直说要将老婆和孩子挖出来埋葬了。他说我要活下去，这样才会觉得心安。回广州后，我把我写的《生死一线》的稿酬全部捐给他，让他重新创业。

到县公安局的大楼，整栋楼扭曲但未倒塌。后面是曲山小学，完全倒塌，我用手机拍摄到一段有个女孩在废墟下叫喊的片段，那就是在残奥会上表演的女孩，叫李悦。我们等了几个小时后，救援依然没有进展。没有工具，救援人员手上只有钢钎。说要锯腿，女孩说"叔叔不要锯我的腿"。过了一会儿说"叔叔你们不要救我了，你们去救别的人吧"。

雨后放晴，太阳很大。当时我们坐在山坡上，突然整个山摇晃起来，感觉脚下不是硬的山石，而是浮动的海水，没有一个人讲话。余震约10秒后，有人说"过去啦"，便又开始救援。当时就是绝望的感觉，仿佛抓住前面的一棵树也不会安全。

我和胡亚柱正打算返回的时候，有武警小分队收到撤退的命令，说一公里外有水库要决堤。当时顿感害怕，因为从外面进来时，从上午8时走到将近下午2时，花了6小时。

所有救援的武警都跑出来。我本来在班上是女生中的长跑冠军。可是胡亚柱跑得很慢，离我有十米。我要停下来等他。我叫他快跑，他说："你不要管

我，你自己快跑！”他的意思是谁跑出去了谁发稿！（大家笑，掌声）

路上全是石头和尸体，我又不想踩到尸体。当时就拉着胡亚柱说：“我们一起跑，要死就死在一起，到时报社来找也能一下找到我们两个。”我开玩笑说“我游泳能游1500米”，胡亚柱说：“你以为你还能游吗？浪打过来一下将你打入废墟你就出不来了。”

胡亚柱帮我拿了背包和摄像机，我们在武警的帮助下，来到安全地带。当时我问胡亚柱“死之前你在想什么”，胡亚柱说“我们死了会不会成烈士”？我说这个问题我在SARS期间就已经跟严亮讨论过了，肯定是！胡亚柱还说，想到报社还留着两个空版在等我们，万一我们死了，报社一时不知道，还留了两个版，他觉得很滑稽。意思就是我们死了，还有两个版没写。

走进去，6个多小时，跑出来，45分钟！跑回山上见到严亮，他问：“你们俩怎么回事？我们在车上等得不行了。”我说：“我们差点死在里面了。”他说：“那怎么不喊我？”我说：“我怎么喊你啊！”（大家笑）。因为他也想经历一下死亡，他是摄影记者，想拍摄现场，错过了机会，觉得遗憾，职业精神令人感动。

粤手足口病今年或达3万例

南方日報

高度决定影响力

13

昔京昨日完成组阁

广州西部饮用水源污染问题上“黑榜”

孔祥鸿称玖龙纸业算不上“血汗工厂”

曼联第十次英超联赛夺冠

四川7.8级地震近9000人遇难

就是步行也要尽快进灾区

汶川 同心

我省行政村通宽带

粤4月CPI涨8.1%

存款准备金率上调至16.5%

证监会：依法追究“大小非”违规减持

87天

《南方日报》对汶川大地震的报道

到绵阳后找地方发稿。好不容易找到酒店，望能洗澡换衣（因为两天都没有洗澡了）。后说此酒店没热水，便离开。却发觉街上没有一家酒店有地方的，只好折回。胡亚柱在写稿，我正准备脱衣服洗澡，好出来接班写稿，整栋楼摇晃。赶紧穿上衣服出来。后来八天没洗澡，没有脱衣服睡觉。当晚多次余震。实在是太累了，很想睡觉。将门窗打开，演练了逃生路线，计算了逃生时间。胡亚柱想自救，因而每天回来都将马桶冲洗得很干净，说万一楼垮了还可以在厕所喝那水躲几天。后来我们采访了防疫问题、饮水问题、心理问题。第二天我又去了现场。后来有人告诉我们水库没垮，但又多出许多堰塞湖。再后来的采访就容易了，路也修好了，来了大批的记者，包括外国的记者。

作者深入“5·12”地震灾区进行采访

几天后回到广州，单位安排了心理辅导，但我以为自己能承受，没有报名参加，但半年后问题爆发，我不能回忆那段逃生的经历，一想到就有濒临死亡的感觉。后来到广东省中医院看了心理医生。医生用催眠帮助我回忆了全部的经历，被诊断为“创伤型应急心理障碍”，经过三个月的治疗和疏导，基本康复。今年（2009年）春节回了一趟四川，看望了我60多岁的母亲和85岁的奶奶，春节回去是震后第一次回去。到了青川，考验自己能否再承受。青川受灾也很严重，整座倒塌的山，将几个村子都埋了。村头现在修了一个地震遗址来纪念。我写了一组灾后老百姓过年的新闻。

在采访过程中，地震是我经历的最严重、最可怕的灾害。海啸也是由海底地震引起的。当时SARS期间大家怕死，但是回家还能睡一个安稳觉，可以洗澡，可以睡觉，白天去工作才感到危险。地震，连睡觉都睡不好，晚上余震半夜三更爬起来逃命。当然作为一个突发记者，第一时间想到的，还是怎么写稿，怎样最早到达现场，突破限制进入现场。

就这么多吧，我给大家看一下我在一些突发现场拍摄的照片吧。（热烈的掌声）

没有啦，就这么多……（热烈的掌声）

第六讲
新闻策划的力量及其滥用

做策划有两种方式：第一种类型是事件性的新闻策划，这个往往是把小事往大里做；第二种是非事件性的，或者说是一种现象性的新闻策划，这个选题的策划，往往要把大问题做小。把小事做大，就类似于举轻若重，而把大事做小，就类似于举重若轻。这个就是我感觉新闻策划这个大块头所需要的大智慧。

主讲嘉宾： 南方周末编委兼评论部总监　郭光东

时　　间： 2009年7月2日

主 持 人： 暨南大学新闻与传播学院新闻系副主任　张晋升

讲座发言

主持人 这次讲课者是郭光东老师，我们欢迎他。（掌声）

郭老师是政法科班出身，一直从事新闻的调查跟报道，后来调到评论这一块。我们看到的《南方周末》评论版，很多重要评论文章都是由郭老师执笔的。今天，郭老师给我们带来新的题目，跟前两次的都不太一样，就是新闻策划。主题是一部电影的名字，我们下面听一下郭老师讲述新闻策划特别是深度报道的新闻策划，在新闻当中会起到什么作用，然后在实践中，要怎么操作。我们欢迎郭老师给我们演讲。

（掌声）

郭光东 谢谢张老师的介绍，非常高兴第三次跟大家交流。今天我跟大家做交流的主题不是一般性的新闻报道，如果一般性的新闻报道是我们吃的快餐，那么新闻策划则类似于大餐，如果一般性的日常新闻是小股力量作战的话，那么新闻策划就是一场大战役。所以新闻策划跟一般的新闻报道，无论从操作方式还是报道模式或者新闻的影响度来讲，都是不一样的。今天的题目借鉴了一部电影的名字，不过老实说，这部电影我也没看过，但这部电影的名字和新闻策划还是蛮匹配的。

新闻策划具体怎么定义？具体的我也不知道，我是搞实务的，新闻理论功底非常之差，所以我只能简单地就新闻策划说两句。一个是新闻策划的用处。新闻策划类似于大规模杀伤性武器，肯定不可能经常使用，而一家媒体能不能很好地运用这个东西，就决定了这家媒体江湖地位的高低。一般来说，特别在“全国一道题”，也就是同题竞争的情况下，一家媒体比另一家媒体牛，能在竞争中胜出，关键是靠新闻策划的能力。具体来讲就是新闻创意，就是“金点子”，以及这个团队的综合实力。跟一般的新闻比，好的新闻策划就是能做出

1999年《南方周末》元旦特刊新年贺词《总有一种力量让我们泪流满面》

让人眼前一亮的东西。

《南方周末》可以说是中国的媒体里面最早做新闻策划的，当然，我说的新闻策划是现代意义上的新闻策划，像我们传统的党报也有新闻策划，像20世纪五六十年代的批海瑞啊，批《武训传》啊，都是新闻策划弄出来的，但它背后更大的是政治策划，这不是现代意义上的新闻策划。《南方周末》作为较早起步的商业化媒体，也较早地进入新闻策划领域。而且，更重要的是，《南方周末》的出版周期决定了它必须高度重视新闻策划。以周为周期的报纸，它和日报当然是不同的，它的文章比较长，一般来说它是重拳出击。所以新闻策划在《南方周末》是有其传统和必然性的。比如《南方周末》每年有几个例牌，一个是新年特刊，大家耳熟能详的经典新年贺词，如《总有一种力量让我们泪流满面》、《让无力者有力，让悲观者前行》，等等，都出自《南方周末》的新年特刊策划。另外还有春节特刊，从前年开始，我们在新年特刊之外，又推出农历的春节策划，春节特刊更注重文化艺术方面，那个时段也没多少人愿意看新闻报道了。除了年节特刊，还有纪念特刊。纪念特刊选题更多地来源于宣传部门的任务，如纪念邓小平100周年诞辰，抗战胜利多少周年。当然，《南方周末》也有自己的纪念特刊，比如1999年做的“五四”80周年特刊。年节特刊、纪念特刊之外，第三种是新闻专题，这类策划紧跟日常的报道。当我们觉得某一类新闻可以在日常操作之外进行策划时，我们会把这个日常新闻做成新闻专题。

下面再说新闻策划的两种手段。做策划，跟做学问有相似之处。秦晖先生曾在发表于《南方周末》的一篇文章里，提到他是怎么做学问的。他可以说是中国不多的学术大师之一了，当然，与人家余秋雨大师没法比啦。秦晖说："我一直遵循我研究生时代的导师赵俪生先生的教诲，按他的说法是：小问题越做越大，大问题越做越小。既要避免宋学传统的空疏，又要避免汉学传统的豆丁。"按他老师的说法，就是学问要做得好，只有两种路径：一是小问题要越做越大，二是大问题要越做越小，这才见真功夫，而不是说把大问题做大，小问题做小。而我们做策划，也和做学问一样。就我的体会、我的归纳来说，做策划呢，有两种方式：第一种是事件性的新闻策划，这个往往是把小事往大里做；第二种是非事件性的，或者说是一种现象性的新闻策划，这个往往比较大、比较空泛，做这类选题的策划，往往要把大问题做小。把小事搞大，就是举轻若重，而把大事做小，就是举重若轻，我感觉，举轻若重、举重若轻两方面，就是新闻策划这个大块头所需要的大智慧。

今天我跟大家不多谈理论，就讲几个新闻策划的案例。所举的案例侧重于我本人亲身经历的。尽管别的好策划我也非常钦佩，但是我并不清楚它们是怎么具体运作的，不敢妄加评断。而且我觉得，如果大家以后走上实际的新闻操作岗位的话，更重要的还是要知道同行在做某一个新闻策划的时候，究竟他是怎么想的，他遇到了哪些具体分歧，怎么定下一个策划案，最后又怎么一步步给操作出来的。我想，知道或熟悉了里边的窍门，会对大家帮助更大。

举轻若重之事件新闻策划

案例一

钟南山被抢——从300字消息到5000字轰动报道

大家知不知道钟南山这个人？他在SARS期间迅速成名，对抗击SARS做了非常大的贡献，但我们这个报道跟他的医学专业没什么关系。现在很多人已经不了解过去广州街头的"风光"了，当年可以说"上街不被抢，枉做广州人"。在我们报社，不说男的，女的几乎人人都被抢过，被抢包、被抢项链、被抓耳环……前两年政府把摩托车禁了，"双抢"分子的作案工具没了，抢劫、抢夺事件才大大下降，现在被抢反倒是摸中六合彩的概率了。

在我们报道钟南山被抢之前一个星期，《南方日报》登了一条很短的消息，大概300字，说钟南山上个月手提电脑被抢，他很感谢广州市公安局，破案迅速，10天之内就帮他找回来了，电脑里面的资料还都没丢。《南方日报》这个报道出来以后，反响还是非常大的。钟南山这样的名人、英雄都被抢了，可想而知，广州街头从事“双抢”工作的蟊贼猖狂到什么程度。

记得我当时是在家里吃晚饭的时候看到这条小消息的。我就奇了怪了，我们报社就有很多人被抢，可是从来没听说过哪位同事的东西找回来过，怎么钟南山的包就能找回来？背后肯定有名堂，说不定有大新闻在。我撂下饭碗，赶紧给我们的记者傅剑锋打电话，请他去调查一下钟南山的包怎么就能在这么短时间内找回来。记者当时不是很有信心，调查的难度大家可想而知嘛，但他还是非常兴奋地接了这个调查。

接下来的调查就显示出我们记者的厉害了。傅剑锋找到公安局里一个掌握破案信息的朋友协助，抓到许许多多第一手资料，我们迅速推出了《钟南山被抢为何破案神速》这篇轰动一时的报道。

这篇报道揭开了什么内情呢？是省委书记批示迅速破案，公安局长亲自挂帅成立专案组，一百多名警察出动，而且悬赏两万捉拿抢匪。好玩的是，警察布了这么多线、费了这么大的力气到各个地方去追查，都没追查到，到了第十天，有人半夜给110打电话，说我已经把电脑放在你们一辆警车下面，你们看看这个电脑是不是钟南山的。把电脑打开给钟南山一看，确实是他的。大家不妨想想，平常的老百姓可能有省委书记给你批示，调动一百多个警察去找一台只值七八千块钱的电脑吗？中国要真正做到人人平等还是很难的一件事情。

我们经过调查，把300字的新闻扩展到5000字的内幕调查。当时这个报道本身已经足够轰动了。可是我们没有止步，觉得这个事件还有更深的可挖的地方。这个时候是2005年，废除收容遣送制度已有三年。其实，广州人并不像外地人那样痛恨收容遣送制度，反而非常留恋收容遣送体制。钟南山在接受我们采访时说，应该把盲流、无业游民清除出广州，还他们一个平安、稳定的社会。这样的话，广州就不会有这么多的“双抢”分子，他的电脑包也不会丢。于是，我们针对钟南山的观点又做了一篇报道——《收容废了，城市治安怎么抓》，而这是比钟南山被抢为什么破案神速更轰动的新闻。

应该说，钟南山老先生的这个观点确实有点“政治不正确”，也非常违背《南方周末》的理念。但是，经过调查，我们发现不光他一个人这么认为，他们医院里的、学校里的好多医生、老师、学生都这么认为，好多广州本地人都说收容遣送制度不该废。他的观点还确实代表了一些民意，不违背新闻真实。另外，我们觉得，在收容遣送制度被废除三年以后，根据新的治安现实，重新开展一次收容遣送制度该不该被废除的大讨论，不但有很强的新闻性，也有很深远的意义。当然，我们在报道时做了平衡，刊发了宪政学者反对因治安问题恢复收容遣送制度的观点。

结果，报道出来后就炸了锅，各个媒体的评论山呼海啸而来，对钟南山群起而攻之，觉得钟南山怎么会说出这样没有文明底线的话。事情越闹越大，国外的很多媒体也在介入，说中国的政策要转向了，人权要倒退了。看到这阵势，我们还担心给钟南山带来不好的影响。谁知道他说，你们报道得很客观，我不怕别人骂。看来他是非常直爽也非常自信的人，要不然SARS时期他也不会和上面对着干。

不过，经过这次社会讨论，一方面反映了确实有一部分民意支持收容，另一方面，也反映出更大、更主流的民意还是在否定收容，说明人权观念开始深入人心，这是非常可喜的。本来，有关钟南山恢复收容观点的报道，是作为钟南山被抢破案神速报道的配稿而发的，但就两篇报道在广度和深度上的反响进行比较，配稿竟然超越了主稿，这点倒是我们《南方周末》历史上很罕见的。

这次新闻策划只有两篇稿件，并不是一个大的新闻策划，但这个策划不仅有事件性新闻，也有现象性新闻，有点有面，既反映了纷繁的现实，又展示了理论的厚度，可谓“麻雀虽小，五脏俱全”。这个策划当年获得了《南方周末》的年度好新闻奖。以上是我讲的第一个案例，就是从新闻直觉、新闻敏感出发，怎么把一条300字的消息扩展成一组轰动的新闻策划，怎么举轻若重，把一件小事搞大的。

案例二

于无声处听惊雷——“杀人狂”邱兴华报道怎样惊天大逆转

邱兴华这两年不是很出名了，风头被杨佳盖过了。2006年的时候，邱兴华是全国最知名的杀人犯。他一共杀了11个人，一个晚上就杀了10个，后面一个是他在逃亡路上干掉的。单靠杀11个人并不一定出得了大名，关键是他作案的手法非同一般。一个月黑风高的夜晚，他爬上一座山里的道观，把道观的道士和七八个香客全部杀掉，其中包括一个小孩。他作案用斧头砍，把人的心肝都挖出来炒熟了喂给道观的狗吃。正因为他作案的地点特殊，手段特殊，所以他成为全国最出名的通缉犯。当时对他的通缉令列为公安部A级通缉令，大街小巷的电线杆上都是他，比那些治狐臭啊什么的都要多。被通缉时享受过这种待遇的，恐怕全中国也就三四个：20世纪80年代黑龙江有“二王”流窜抢劫杀人案，第二个就是云南的马加爵。由此可见邱兴华的分量！当他后来跑进陕西安康的山里去的时候，公安还出动了一千多名警察搜山。

2006年8月份的时候他被抓获，一审时，掀起了媒体对邱兴华案的一波报道热潮。而我要跟大家介绍的这个报道，并非在邱案报道热潮的时候，而是报道已经冷却了，就是一审已经判处邱兴华死刑立即执行的时候。当然他提出了上诉，二审的日期是定在12月8日。但邱兴华的上诉理由跟别人的不一样，别人上诉是要求减刑，他不是，他是要求法院给他改判决书，要求加上这么一句话，就是那个道士先摸他老婆的屁股，调戏他老婆，然后他才杀道士。他觉得不能让人民群众觉得他在无缘无故杀人，而是杀得有理，看来他的理由还是蛮有创意的。依照常理，在一审已经判处死刑，且杀人如麻的罪犯，二审是完完全全不可能翻案的，肯定是维持一审的判决，死刑立即执行。对于我们新闻人来讲，这等于没有新闻了，邱兴华已经要退出公众的视野了。

但是我们《南方周末》这时候出手了，而且是一记重拳。2006年11月30日，就在邱兴华案二审开庭前一周，我们推出了一组专题报道。

其实，当我们的记者在11月底赶到陕西的时候，当地记者还很奇怪，你们现在大老远跑来干吗，这事儿都结束了，邱兴华的案子还能报道个啥？当我们推出11月30日那期报道之后，他们发现，原来里面还埋了这么大的料。我们平地起了一声惊雷，这个惊雷是什么呢？就是“杀人恶魔”邱兴华可能不该被枪毙。通过报道一个精神病专家为邱兴华案件的奔走以及邱兴华杀人特征的分析，初步认定邱兴华有精神病的嫌疑，应该给他做精神病鉴定。而按我们国家刑法的规定，精神病人在不能控制自己行为的时候造成危害结果，经法定程序鉴定确认的，不负刑事责任，也就是说不能被判刑，更不能被枪毙了。他只能被强制医疗。这个就彻底颠覆了人们之前对邱兴华的看法。

这组报道的缘起，是我们在邱兴华案一审报道热潮里面发现了一些值得重视的问题，就是邱兴华的作案动机和他在作案之前的一些行为和普通人不一样。我举一个简单的例子，他在河边捡两块石头，用盆子装好，端在手里就回家了。别人说这傻瓜怎么端两个石头回家，他说我这哪是石头，我是逮了两个螃蟹回家煮。这就是精神病人的一个显著特征，幻听幻觉。而我们普通人一般认为精神病人只是街上那傻乎乎乱叫的人，这当然也是一种精神病，可能只算痴呆型的精神病，而更多的精神病人看起来跟正常人没什么区别，但在精神层面和内心里与普通人不一样，他有精神障碍。我们的整个报道就是围绕邱兴华是不是有精神病嫌疑，是不是应该在二审的时候赋予邱兴华一个新的程序上的权利，申请给他做司法鉴定。

这组精神病鉴定的报道做成了一个策划，三个版。第一篇《他不知道自己做了什么》是主稿，以精神病专家刘锡伟为邱兴华奔走、为其争取司法鉴定的过程为线索，勾勒出邱兴华杀人前后种种反常的迹象。第二篇报道《我不是为邱兴华一人奔走》，就是刘锡伟从事司法精神病鉴定经历的访谈，他说中国现在的司法体制中间还存在大量忽视精神病人权利的现象。他也举了一个例子，精神病医生经常被请到监狱里给病人看病，曾经一个下午就看了20多个精神病人。这就很荒唐了，精神病人本来是不该被关到监狱里的，就算要关，也应该关在精神病院里。他说那些人都是被错误关押的，整个中国的司法体制包括人们的观念，都还停留在“杀人偿命”、“从重从快”这样简单的思维上。所以，精神病犯罪嫌疑人无罪、免罪的理由经常被否定。刘锡伟的同事有一次去给一个犯罪嫌疑人做鉴定，结论为患有精神病，法院很不高兴，来回路费都不给报销。第三版有3篇报道，第一篇是一个呼吁为邱兴华做鉴定的律师分析了邱兴华精神病家族史以及邱兴华的九种精神异常表现，另外一篇呢，我们还发表了中国人民公安大学教授李玫瑾的观点，她认为邱兴华属于人格障碍，只是变态心理，没有精神病，她持的是一种相反观点。还有就是第三篇，预测邱兴华将来如果被鉴定的话，应该怎样去鉴定才更公正。

除了这5篇报道，我们在头版还配发了一篇“方舟评论”——《试看邱兴华案的天下之“大匙”》，也呼吁在判决前给邱兴华做鉴定。以上这些，组成了一个完整的专题。

这组报道的影响就不用多说了，它几乎是2006年年末最热的一个焦点新闻。法学界、精神病学界加上社会公众为此展开了大讨论，贺卫方等一批法学专家行动起来，发公开信，发请愿书，呼吁为邱兴华做鉴定，其他媒体的后续报道也紧跟上来；当然，也有很多网友反对。总之，舆论非常热烈。

这个事情的最终结局让我们非常遗憾。邱兴华在2006年12月29日被毙了，没有给他做精神病鉴定。而这个被枪毙的时刻，距离死刑复核权统一收归最高法院只剩下86个小时，过了这86小时，省级法院，也就是陕西省高级人民法院，再也没有杀人的决定权了，到那时，杀任何一个人都必须经过最高人民法院同意。所以，陕西方面可能就是抢在这个时间点上把邱兴华干掉了。我们为邱兴华争取司法鉴定的努力失败了，2006年的中国也错失了一个在司法史上可能产生里程碑意义的案件。

但我们也有很多值得欣慰的地方。由我们报道所引发的社会大讨论，一定程度上启蒙了公众的人权意识、法治观念，捎带地还普及了中国人非常欠缺的精神病常识。根据权威网站的调查，在刚开始讨论的时候，有八成的网民不同意给邱兴华做鉴定，但到后来，却有八成的网民主张给邱兴华做鉴定，舆论风向一下子就倒过来了。

在现实层面，我们的报道应该说也产生了实际的影响。邱兴华死后不到10天，广东湛江就出了轰动一时的“正局长杀害副局长”的案子。一个快到退休年龄的县海洋局局长，听说一名副局长马上要接替他当局长，这名副局长还声称当上局长会比他做得更好，正局长就在办公室里拿把锤子砸死了“抢他位子”的副局长。与当初报道邱兴华案不同的是，媒体一开始介入“正局长杀害副局长案”就多留了一个心眼，留意到这个不符合常理的案件背后，杀人者竟然是一个疯疯癫癫的局长，曾经到精神科看过病。于是，一审开庭的时候，辩护律师提出了精神病司法鉴定的申请，法官也当庭同意。另外还有一个案子，就在邱兴华被枪毙的当天，广东佛山发生了一起震惊全国的灭门惨案，女婿杀死岳父一家五口。跟邱兴华一样的是，这个女婿也被列为A级通缉犯，不一样的是，他被捕后，警方竟然请来专家给他做了精神病司法鉴定，结论为有病。应该说，这之后两个杀人犯，很大程度上是托了邱兴华的福，要是没有2006年年底的那场舆论风波，他们可能早就被咔嚓了，哪里轮得上这么细致地保护他们的人权？这样看来，我们这组报道虽然没有改变邱兴华的命运，但是我们好像改变了其他人的命运。

所有这些，或许都得益于我们对一件“小事”的精心策划和专题报道。的确，当时邱兴华案确实已经成了一件小事，没人再去关心它，我们在平地起了一声惊雷。通过新闻策划，把一件不再被人关注的事重新拉进公众视野，而这样的影响力，是平常的单篇报道难以做到的。这组策划，也被评为2006年度《南方周末》好新闻一等奖。

举重若轻之非事件新闻策划

案例一

怎样为中国贫瘠的义务教育鼓与呼?

除了举轻若重的事件性新闻策划，接下来我想讲讲另一种策划类型，也就是举重若轻的现象性新闻或是非事件性新闻的新闻策划。

第一个案例，怎样为中国贫瘠的义务教育鼓与呼？现在看来，中国的义务教育好像已经不那么惨了，但是如果退回到四五年前，中国的义务教育基本上还是看不到光明的。当时我在新闻部工作，我一直就有一个野心，作为一家有责任感的媒体，应该为义务教育做一次大的新闻策划，中国的义务教育太令人痛心了。而且我也一直认同中国之所以积贫积弱，与中国不重视教育有直接的因果关系。清末重臣张之洞就说过一句话：“图自强，舍教育别无他途。”

但是怎么为义务教育这么宏大的问题去策划呢？这是一个非常令人犯难的事情，我们编辑记者凑在一起讨论了多次。惯常的策划思路，是找几个专家聊一聊中国义务教育怎么差，但是这种专家访谈往往太理论化，读者不愿意看。另一种思路是在中国版图上选几个点，东部地区一个点，西部地区一个点，中部地区一个点，综合起来做一个策划，有人想象力更丰富，直接在中国地图上画一条线，在这条线上随意找五六个点，来反映义务教育贫瘠的现状。这些做法可不可以呢？可以，但是，我对这样的新闻策划抱有一个谨慎怀疑的态度，觉得它们“新闻人刻意为之”的痕迹太明显，矫揉造作的成分比较多。记得当年年初时就有策划义务教育报道的念头，快一年过去了，最终的方案都没有定下来。直到有一天，一个非常震动人心的事件进入我的视野，我觉得“蓄谋已久”的那个新闻策划可以启动了。宏大叙事从小处着眼，这个触动我们的点就是“代课教师”这个关键词，以“代课教师”这样一个鲜活的群体来切入笨重的义务教育话题。当年，这组报道获得了《南方周末》2005年度好新闻一等奖。

代课教师是一个不为我们熟悉的群体，在中国的西部地区，有60万人之多的代课教师。他们每个月的收入是多少呢？40块钱，而且这40块钱的工资一拿就是20年。新闻的由头是甘肃渭源县的一名挂职的县委副书记在下乡调研中，发现了这样一批人，他想象不到，竟是这样一群贫困的代课教师在默默支撑着中国西部的义务教育，他含泪写信给甘肃省委，给教育部，《甘肃日报》也将他的调研报告全文发表。我们的记者看到了，沿着他调研的路回访。这篇报道发出来以后，反响非常强烈，触动了所有关心这个国家教育的人。人们震惊，没想到西部农村教育这么穷，没想到代课教师这么苦，更没想到代课教师这么敬业，这么执著！

以代课教师切入，我们做了一个西部义务教育的专题策划。刚才说的是头版的报道：《代课教师艰辛执著震动人心　县委副书记动情上书教育部》，主要讲甘肃渭源县的代课教师。第二版是我们自己发现的一个典型，陕西蓝田的一个典型——《13年，一人撑起一所学校》。大家都想象不到这一所学校是怎样撑过来的，这13年，这所学校只有他一个老师，这一个老师既是校长，也是老师，还是后勤主任，什么都是他。他一个月的工资是73块，拿了13年。这篇报道我起的副标题是“山村代课教师李小锋演绎《一个都不能少》现实故事”，《一个都不能少》是张艺谋拍的关于西部教育的一部电影。李小锋的事情令人非常感触。他本来是要考大学的，但是这学校里缺老师，没有一个公办老师愿意去，最后他留下来，做了村里的代课教师。他穷到未婚妻跟他退婚，说你这73块钱怎么能养活我，怎么养活将来这个家。退婚在当地是男人最丢脸的事情，他觉得这工作不能够做下去了，就辞职。他在西安找了一份工作，一个月400块，他觉得很幸福。正当他开始走上新的道路的时候，村里的村支书跑去找他，说，开学了，娃们都在等你，都到学校里等你。公办老师都不愿意来，你还是回去吧。当时他也很痛苦。回去了，就重新回到原来的贫困生活；不回去，孩子们就没有书读。想了几天几夜，他还是决定回去。乡亲们都在村口迎接他，觉得李小锋回来了，娃们就有书读了。后来，乡亲们给他介绍女朋友，最后也结了婚，他妻子觉得他对孩子们好，将来也会对老婆好。坚持了这么多年，他也得到了一些援助，但远远不够，上面基本上没有给他拨多少办学经费。

以前，我们只知道西部穷，西部教育穷，西部义务教育更差，但是我们并不知道它究竟差到什么程度。通过这组代课教师报道的展示，可以说西部义务教育差得让人不可想象，包括经费、校舍、师资，等等，极度匮乏。这个专题是一个整体的策划，除了头版“县委副书记动情上书”一篇综合报道和二版陕西李老师的个案，还有纵深报道，讲应该怎样解决代课教师的问题，包括国家如何立法，怎样解决义务教育经费的问题。义务教育最难的地方就在经费，而我们在经费上最大的问题，就是基本上由基层财政来承担。越到基层，越到西部，也就越穷。这样就形成一个恶性循环，越穷的地方越办不起教育，越办不起教育这地方也就越穷，所以东西部的差距越拉越大。

这组有关代课教师的报道推出以后，引起的反响超出我们的想象。国内外很多媒体纷纷跟进报道、转载，我们每天都收到很多要求捐款的信件。收到的款项，我们都一一汇给了当地学校。最让我们振奋的是，我们报道一周以后，国家教育部就召开记者招待会，着重谈了代课教师的问题。这还是局部的，更重要的是，中国办义务教育的力度在我们报道后的这几年里大大加强，基本上义务教育可以免收学费和杂费了，还实行了教育部直属师范院校免费教育。

义务教育问题，是中国人非常关心的一个问题。如果说这组报道有成功之处的话，那就在于我们没有走传统的策划套路，不是去做抽象的、笼统的策划，而是耐心等到一个典型新闻事件出现时才一跃而起，因为只有这样，才能举重若轻，把理念追求植入到有冲击力的新闻事件之中，不搞空对空，不搞大而无当，才会更有气势，更有冲击力。

案例二

如何展望中国新一年大趋势？

——新年搞搞新意思，推出“开年十大猜”

以上谈的都是新闻报道的策划，下面跟大家交流一下新闻评论的策划。评论作为新闻的重要分支，堪称一家媒体的灵魂。与报道类策划相比，评论类策划因为比较抽象、理论化，所以有其独特的难处。

现在讲的案例是“举重若轻”的第二个案例，属于评论类策划——如何展望中国新一年大趋势。

这个策划有些被动的成分。2007年年底，《南方周末》按惯例要推出新年特刊，其中有一块内容叫“中国观察”，编辑部把这个任务交给成立不久的评论部。往年的操作思路是把“中国观察”分为政治、经济、社会、思潮等四大块，每一块都请该领域的权威专家撰写一篇回顾与展望的大块头文章。这种做法虽然全面、系统，不过很难有读者能捺着性子读完，而且我觉得，如此沉重的东西，好像也不太契合新年的气氛。所以，我们就想在新年里搞搞新意思，创造性地完成报社指派的任务。

经过“头脑风暴”，最终确立的主题是“开年十大猜”，即“2008中国人最关心的十大问题”。我们精心设计了2008年中国人最有可能关注的10个问题，邀请10位嘉宾一一作答。这10位嘉宾中，9位是真人，另一位代表《南方周末》千千万万的读者、网友。10位嘉宾的回答简短、直接、活泼，为了保证专业性，我们还邀请该问题所涉领域的专家写一篇千字短文，为读者提供一个较权威的答案。这样的策划，既涵盖了以往“中国观察”所涉及的政治、经济、社会、文化等严肃内容，又扩大了参与性，强调了趣味性，能够让读者在轻松阅读中体会来年中国的大趋势。

开年十大猜，最费神的是如何设计10个问题，既要主流，说出真问题，又不能太“正”太装，让读者、嘉宾倒了回答问题的胃口。我们推出的2008年的10个问题是这样的：

1. 股市会飙上10000点吗
2. 政改会有大动作吗
3. 义务教育能全国统统免费吗
4. 全国会放开生二胎吗
5. 中国能夺奥运金牌第一吗
6. 台海会有一战吗
7. 楼市会崩盘吗
8. 国足能在世界杯预选赛出线吗
9. 电影会实行分级制吗
10. 山上能拍到华南虎吗

对嘉宾的回答，我们的要求是只说一句话，并表明态度。比如对“政改会有大动作吗”这个问题，总体答案是“NO”，其中7票反对，3票赞成。

◆余世存：不会，还没到国歌里唱的那个时候

◆李　杨：集结号没有吹响

◆韩　寒：说不，还需要理由吗

◆李昌平：能，因为过去没动作

◆贺卫方：时机不到，积累不够

◆闾丘露薇：不会，我个人看问题比较保守

◆三　毛：会吧！选择这个更与内心期待有关。奥运、新中国成立60周年、美国大选，还有改革开放30周年纪念。2008年说不定会是历史进程的转折点。

政改的这个问题，我们邀请了国家行政学院的汪玉凯教授做权威解读，他文章的标题是“‘大部制’引领行政体制改革”。

“开年十大猜”的策划出来后，读者、业界反响很不错。因而，下一年我们延续了这一形式，并计划将这一品牌作为新年例牌长期沿用下去。2009年的“开年十大猜”是这样10个问题：

1. 国庆大阅兵会无与伦比吗
2. 农民工、应届大学生会“家里蹲”吗
3. 群体事件会越来越少吗
4. 陈水扁会蹲大牢吗
5. GDP增长能“保八”吗
6. 股市、楼市会触到大底吗
7. 个税起征点还能上调吗
8. 全国能统统取消农业户口吗
9. 全国还不会放开生二胎吗
10. 2009会是很闷的一年吗

开年十大猜 元月评论

F25

2010 中国人最关心的十大问题

1 上海世博、广州亚运哪个更好看

世博很重要，不过呢，亚运更热闹

2 国企会越来越拉风吗

国进民退将越演越烈

3 党内民主会有新动作吗

党内竞争性选举是大势所趋

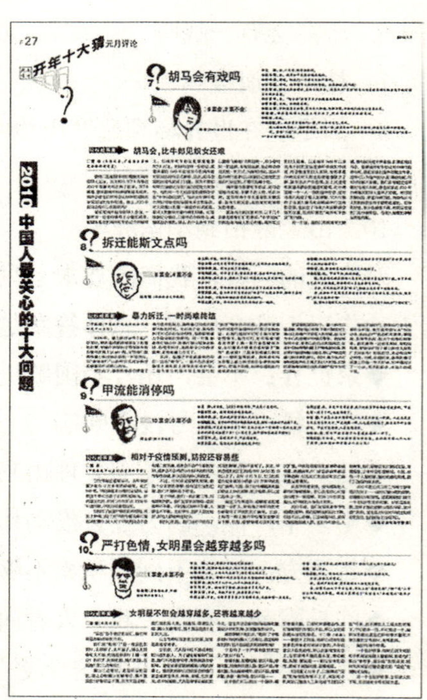

F27

开年十大猜 元月评论

2010 中国人最关心的十大问题

7 胡马会有戏吗

胡马会，比牛郎见织女还难

8 拆迁能斯文点吗

暴力拆迁，一时尚难终结

9 甲流能消停吗

相对于疫情预测，防控还容易些

10 严打色情，女明星会越穿越多吗

女明星不但会越穿越多，还将越来越少

《南方周末》2010年“开年十大猜”

案例三

怎样做一个国庆黄金周的策划？
——国庆要有个国庆的样儿，策划国庆评论特刊“我和我的国家”

这是一个心血来潮的策划。按惯常来讲，每逢“五一”、国庆、春节这样的长假，《南方周末》都会减版，全国人民都忙着旅游、购物、睡大觉，没人有闲工夫看报纸了。减版往往意味着编辑可以糊弄一期报纸，反正没多少人看。但这决不是我们一家报社偷懒，只要放长假，全国的报纸，全世界的报纸都不好看。2008年国庆前几天，我突然奋发图强，觉得长假也可以敬业一把，看看能不能把评论部的四个版全拿出来，不做常规版面，做一次新闻策划。当时离国庆出报只有三天时间了，怎么在最短的时间内操作出来是件难办的事。

策划贵在创意，贵在金点子。我们的策划，都有一个“头脑风暴”的过程，大家坐一起神侃，看谁的点子能让大家兴奋起来，High起来。创意定下来了，大家再进行补充，最后形成一个可操作的方案。

“头脑风暴”会上，有人说搞一个新中国成立60周年成就展。这活儿可不是我们的长项，咱也不敢抢《人民日报》的饭碗。还有人说像晚报、都市报那样搞个“旅游特刊”，或者是“Shopping 特刊”，用不同于日报的方式，给读者介绍哪里有吃喝玩乐的，哪里买东西狂打折。不管这些点子靠不靠谱，至少说明平常各媒体的长假特刊策划都是这么玩的。照例，长假结束，媒体还会盘点各地居民消费了多少亿。“十一黄金周”嘛。

的的确确，中国有“黄金周”以来，人们已经陷入一种集体无意识之中，很少有人去想这个节日本来的意义，全都“忘本”了。我们在“十一”国庆节期间推出特刊，首先就应当回到国庆节本身，而不是仅仅把它看作一个“购物、旅游甚至睡大觉”的黄金周。

怎么回到国庆本身呢？我们当然不好去做新中国成立多少周年成就展这样宏大的叙事，那样就太老套了，年年国庆都可以翻来覆去地做。按照前面讲的策划方法，对这种宏大的命题应该用举重若轻的招数。我想，能不能让国庆放下身段，让它跟每一个公民相关，把国民和国家以一种巧妙的形式结合起来，围绕“一个人和一个国家的关系”做一个策划呢？

记得当时我突然来了灵感，对，就问所有中国人四个问题：“一、我为国家做了什么？二、国家为我做了什么？三、我还能为国家做什么？四、国家还能为我做什么？”

而这个特刊的名字，就叫“我和我的国家”。

当我说出这个想法后，已经有点打瞌睡的同事突然眼里有了亮光。看来，这个创意是可行的。

于是，2008年10月2日，《南方周末》以四个整版的篇幅，推出了国庆评论特刊——我和我的国家。我为特刊写了一篇“开题的话”，题目是：“国庆，我们一起想想‘我和我的国家’”。我在开头写道：

“本期《南方周末》与你见面之时，正是一年一度的国庆长假，照例这又是一个‘黄金周’。不过，当你购物、旅游、探亲，享受着因国庆之名的悠长假期的时候，有没有试着回到国庆的本原，静静地想一想，作为国民一员，你和你的国家究竟是一种怎样的关系？

“一年之中，或许再没有一个时间点像国庆这样，能够诱发我们细细打量‘国家与国民’该如何各安其分，各尽其责。于是，在本报评论的国庆特刊，我们广邀读者，一起想想‘我和我的国家’，一起回答四个问题——我为国家做了什么？国家为我做了什么？我还能为国家做什么？国家还能为我做什么？”

这四个问题，每个问题放一个版，《南方周末》评论叠就四个版，放下正好！

“开题的话”最后几句是这样的：“很多读者说，这是一生中第一次被问到这四个问题。或许，这就是我们提问的意义所在，今后我们还将陆续刊登读者对这些问题的高见。现代公民意识的养成，现代国家的建成，也许就可以从回答类似的问题起步。”

我们这个策划所邀请到的读者，几乎百分之百地都说他一辈子第一次被人问到这四个问题，尽管我们每年都在欢度国庆，尽管我们上过那么多的政治教育课，但从来没有一个老师，没有一个人问起过这四个问题。而要问到这四个问题，你要回答这四个问题，那么，你必须去考虑我和我所处的这个国家究竟是一种什么样的关系。

我们邀请的读者的范围非常广泛，有教授，有官员，有公司职员，有自由职业者，有工人、农民、律师、军人，有大学生，还有高中生。我们就希望这个网撒得更广，更能代表中国人这个群体。例如，第一个问题“我为国家做了什么？”有一个名叫信力建的人，作为民办教育者，他这样回答：“我创办了中国第一所农民工学校、十几所穷人的学校，还有，全力推行先进的教育教学方法和争取农民工子女义务教育权利。……另外，我还开办了福利院和慈爱院。”有一个叫燕子的家庭主妇说：“小时候上学父母掏空了每年的收入，长大外出打工要缴外来人员管理费，租房要缴计划生育和暂住管理费，上班挣钱要缴个人所得税，个人档案要缴档案管理费，买房要缴契税，房子使用要缴物管费，买自行车要缴车船使用税，等等，反正吃喝拉撒都要钱！”还有一个军人，大学毕业后参军入伍，到了艰苦的昆仑山上，在部队20年，抱着“革命工作一块砖，哪里需要哪里搬”的思想，转战天山南北。他带兵20年，做了20年官兵的思想政治工作。当领导后，对于部队中存在的买官卖官、侵犯官兵利益的腐败现象，他不仅不同流合污，还能不计个人得失，同他们进行不妥协的斗争。还有一个网友“和菜头”回答：“我没有贪污过一分钱，我完成了每一项任务，我没有把任何一个女下属按倒在办公桌上……为了彻底让国家减负，我在工作11年之后辞职离开国企。走时老总没有对我说‘谢谢’，他不认识我，我没见过他，他们换得实在太快了。”

第二个问题“国家为我做了什么？”，鄢烈山是这么回答的：“国家为我做的最大好事是，我这一辈人没有经历战乱，既无外寇的入侵，也无军阀混战，比起我们在兵荒马乱中幸存下来的父母，我们太幸福了！须知，数千年来，我们的祖先做‘太平犬’的最低愿望也没有达到。当然，这种感觉与我家是‘贫农’也有关系，未曾有‘五类分子’及其子女那种惶恐度日的经历……”还有一个网友这么回答：“国家给我提供了安定的生活环境，尤其是在广州这个包容性很强的城市，我可以坦率地承认我是同性恋，也可以在某些场合和爱人自然地亲密。”这个群体在我们的读者里还是非常罕见的。

还有很多有趣的回答。“我还能为国家做什么？”“继续缴税，争取缴纳更多——如果单位不断加薪。”有一个南方周末的实习生这样回答：“作为一名即将毕业的大学生，我和我的同学真的很想为国家做些贡献，但看看往年大学生的毕业就业率，再看看今年这经济形势，如果卖红薯也算为国家做贡献的话。”

“国家还能为我做什么？”律师缪剑文回答：“我希望当我到行政机关办事的时候，不用找熟人；我希望法院的法官个个像法官，再也没有法官会对我咆哮‘不要跟我谈法律’；我希望我为客户取得的胜诉判决能得到执行，而不是成为嘲笑律师无能的一纸空文；我希望中央和地方的法律执行该一致的地方总是一致的；我希望政府颁布的规章总是符合语法、逻辑和法理的，如果这样的话，我将会从我的工作中得到更多乐趣。”当然也有比较酷的，王卫明——一名大学教师说道：“美国前总统肯尼迪说过：‘不要问你们的国家能为你们做些什么，而要问你们能为国家做些什么。’因此，我不会要求国家为我做什么。”有一位母亲这么回答：“给我们提供安全的食物和生存环境，让我有勇气生孩子。”另一名北京的图书编辑说：“国庆回家的火车票能给报了吗？”

总之，里边有很多非常好玩的回答，不能一一列举，大家有兴趣的话可以找来看看。整个策划，每一个问题都分为两个栏目或两方面内容，其中，读者各式各样的回答归入“国民感言”，我们编辑在概括读者回答的基础上也做了一些整理、提炼，配上漫画、照片，归入“愿景图解”。

这期国庆特刊推出以后，效果热烈到出乎我们的想象。这年的“十一”长假，无数的网友没有任何人号召，都在回答《南方周末》提出来的四个问题，可以说，我们给全国网友们布置了一道假期家庭作业。

更没想到的是，我们这期报纸10月2日出版，10月3日《羊城晚报》就有一篇报道，他们的记者上街去做市民调查，问大家知不知道国庆应该怎么过，国庆是不是只去Shopping，旅游？还收集了很多与国庆相关的知识题，随机地向行人提问。据说他们这篇报道是受了我们国庆评论特刊的启发。又过了两天，《人民日报》也发表评论，批评很多中国人过国庆只是购物旅游，没多少人想到国家的这样一种社会现象。可以说，我们这一策划最大的意义就在于，我们不是把国庆这样一个节日仅仅理解成“黄金周”，仅仅理解成产生GDP的节日，而是让大家在国庆这个特别的时间点，思考一下一个人和一个国家的关系。

南方周末

新中国六十周年特刊

可以回顾 不能回头

让每一个中国人也站起来！

资治通鉴

人的崛起

纸上春秋

国家机器

六十年家国

“贺寿档”元年专题:

复兴之路

《南方周末》2009年新中国六十周年特刊

当年《南方周末》的年度新闻奖里，这个专题获得了“年度最佳策划”。享受成就感的同时，也有比较郁闷的时候。2009年的国庆又快到了，而且是六十大寿，我们突然发现这两天很多媒体推出了一个“我和我的祖国”的专题，人民网、新华网、新浪、搜狐，一大堆网站同时推。它们只改了一个字，把“我和我的国家”改成了“我和我的祖国”。这好像有点剽窃创意之嫌啊！当然，要诉诸法律手段也犯不着。人家愿意抄你的，至少说明欣赏你的点子。一个策划能不能成功，最最关键的就是那个创意，那个点子。不过，我们为什么没有用“我和我的祖国”？这个差异里面也可以看出我们的价值取向，我们希望更冷静、更理性地去看待这个问题。“祖国”和“国家”不一样，你们仔细体味一下，“祖国”带有更强烈的感情色彩，而“国家”相对冷冰冰一点，它可能促使我们更理智地思考一个人和一个国家的关系。

以上我结合自己亲身参与的几个案例，为大家介绍了新闻策划的两种模式——举轻若重和举重若轻。其中的甘苦酸甜，其中的苦苦酝酿与后续的成就感，相信大家今后也能亲口品尝到。

新闻策划的误用？
——谈杭州飙车案与邓玉娇案

新闻策划是大规模杀伤性武器，威力大，如果被滥用，难免会伤及无辜。我想结合最近一起轰动全国的新闻——“杭州飙车案”，谈谈策划的误用问题。

主题是“富二代”与“奋斗男”的血腥遭遇，副题是“生死时速！富家子撞死浙大学子”。标题够惊悚吧，当时很多媒体都做了杭州飙车案的专题策划。本案的轰动程度，绝对超乎很多职业新闻人的想象。一起看似平常的交通肇事事故越闹越大，发展成一场全民的特别是网络上的舆论风潮。

单从社会反响的大小而论，这个策划绝对是成功的。但是，我一直对这个飙车案的策划持怀疑态度，觉得它是对新闻策划的误用。为什么这个策划能引起轰动呢？因为它给飙车案贴了两个很重要的标签。撞死人的那个肇事者，被赋予了“富二代”、“富家子”的标签，为富不仁，在大街上飙车。而那个不幸被车撞死的人，被赋予了“上进男”、“奋斗男”的称号，点明他是浙江大学的学生。而这个事件推波助澜的一个重要原因，也是浙大学生上街抗议。标签一旦贴上，案子就不一般了，成了中国当前重要的矛盾之一——贫富矛盾的载体，人们把对贫富问题的不满通通宣泄到这个案件中。

但是，我们冷静下来想想，这两个标签用得合适吗？假如我换一对标签，事件会这么轰动吗？还会往贫富差距上联想吗？根据本案案情，我完全可以另起标题。比如，“一学子撞死另一学子”，当然这个标题很弱智，但是读者会认为这只是“学子内部矛盾”嘛。再起个标题，“杭州师院学子撞死浙大学子”，那么，这两个学校的学子肯定得集体火拼啦！我们还可以再用一个标题，“杭州学子撞死外企买办”，这会引发什么呢？恐怕是民族矛盾了。特别是像奥运会圣火传递进行期间，如果刊登这个新闻的话，没准同样轰动，那我们真的要爆发一场新的“义和团运动”，因为被撞身亡的谭卓是一家外企的员工。大家发现没有，之前的报道全部把谭卓的这个身份给忽略了。那些报道用的是什么？是“浙大学子”，其实，这个时候谭卓已经从浙大毕业两年多了。比如说，我哪一天被撞了，总不能说一个“华政学子”被撞了吧，我从华东政法大学都毕业那么多年了。为什么谭卓被撞之后媒体要赋予他一个“浙大学子”的概念，后来又直接引发浙大学生的上街呢？所以，我觉得这个新闻策划有点背离事件本身的意义，不恰当地把它引向了一条歧路，或者说，它是“很恰当”地把一个普通的案件引向了中国社会当前一个主要矛盾的漩涡里面。

南方周末

核政治

金沙江水电站违规调查

巴东37天

与邓玉娇案相关：

《南方周末》对邓玉娇案的报道

我们还可以举出另外一个案子，就是邓玉娇案。邓玉娇案非常轰动，也是可以算作一次成功的新闻策划。但它是不是同样存在一个问题，把一起刑事案件引向了另一个中国社会的主要矛盾即官民矛盾上了呢？当前中国社会最突出的矛盾或许就这两个：一个是贫富，一个是官民。人们对官民矛盾的不满，对贫富矛盾的不满，有时候就会不恰当地宣泄到某一个具体的新闻事件当中。我觉得，“邓玉娇案”、“杭州飙车案”的策划，有可能构成对新闻策划的误用或者滥用。一家之言，提出来供大家商榷。

大智慧该往何处用力？

最后简要总结一下，新闻策划应该往何处用力？大体上说，一个好的策划需要满足三个要素。第一，媒体气质。就是说，你提出的策划是符合你所在的媒体的气质的，不同的媒体有不同的兴趣点。比如，我前面谈的《南方周末》若干新闻策划，大致符合《南方周末》的气质，但同样的策划未必适合于任何一家媒体。某一个城市的媒体，某一个省的媒体，或许就不太会去做“我和我的国家”这么宏大的主题，也不用去展望国家下一年的趋势，它倒是可以展望一省一市在新的一年会发生什么样的事情。媒体的性质不一样，它的策划也不一样。比如，《三联生活周刊》曾经策划的中国名茶、名酒分布的专题，就挺符合他们媒体的气质。

第二，制度取向。一个新闻事件看似普通，但是，如果它背后隐藏着制度原因，如果舆论监督可能带来相应的制度变革，会推动中国进步，那么就值得去用力。“孙志刚案”就是一个非常典型的、很有意义的新闻策划。这个案子表面上看是一个普通人被自己的狱友打死了，但它背后有一个罪恶的收容遣送制度，它把中国人进行“人群隔离”。如果你策划的时候没有注意到这一点，而是把力量过多地用在关心孙志刚到底是怎么死的，是被哪个狱友打死的，是谁指使的，意思就不大。而对于“杭州飙车案”，无论再怎么用力，或许都难以带来制度变革。可能杭州是会有些变化，飙车的人以后会自我约束在“70码”以下，但是你要说到它对国家的意义，我就非常怀疑。直接意义就是谭卓的家属获得113万元的“天价赔偿”。而依照惯例进行赔偿的话，也就两三万元。

第三，价值判断。当你决定推出一个策划时，你肯定不能“以己昏昏，使人昭昭”，必须有一个鲜明的价值判断，并以此为策划的主心骨，贯彻始终。从我以上所举的案例中，大家应该能看出自由、民主、人权、法治等理念的内涵。事实上，任何好的策划都不可能只是块头大，更不会是“金玉其外，败絮其中”。当然，价值观念上，特别需要警惕的一种不良倾向就是民粹。我觉得，“杭州飙车案”、“邓玉娇案”的炒作，都有强烈的民粹倾向，本质上也是反法治的。

互动环节

学　生　郭老师，新闻策划涉及选题，选题就涉及主题先行，您能不能讲一下新闻策划和主题先行这两个概念的关系？

郭光东　在新闻圈里，“主题先行”往往被认为是一个很不客观理性、很糟糕并带有贬义的概念。但我觉得，这样的看法本身就是主题先行。如果把“主题先行”换算成一个“价值判断”的话，那我可以说每一个新闻策划都是主题先行。主题都没有，还谈什么策划？策划之前必须先有一个价值判断，只有价值足够重大时，我们才会花大力气去做它。当然，如果这个“主题先行”变成人为地去矫饰和改变新闻本身，那就违反职业道德，违背新闻规律了。在这种意义上，策划是不允许“主题先行”的。

学　生　郭老师，你好，我觉得“开年十大猜”这个策划创新点很好。但是我想问，做这个“开年十大猜”选题有什么实际意义吗？

郭光东　这个问题很尖锐，非常好。或许你的潜台词是说下一年的很多问题是不可猜的，也没必要猜的。人算不如天算，比如说汶川大地震，就是无法预测的。另外，谁也想不到“三鹿奶粉事件”会闹得那么大，就像我没想到“杭州飙车案”会闹得那么大一样。这种突发的事件也是我们无法预测的。但是，我们从千千万万个问题中挑出10个问题来，是因为我们觉得每一个问题都可能对中国社会、对中国人有重大影响，即便股市、楼市这样没有意识形态的问题，也是与中国老百姓的切身利益紧密联系的。我们问“政改会有大动作吗”就是希望中国政治开明，希望政治体制改革的步伐更快，而且更重要的，所谓意义，不是一定要高高在上的，空泛的，它应该贴近每一个人的生活。另外，“开年十大猜”这个专题是放在新年特刊中的，猜猜下一年中国的趋势，也是很符合新年气氛的。

第七讲
新闻专业主义与新闻诉讼

保证真实，要求（新闻工作者）采访到核心信息源。没有核心信息源的报道往往充满法律风险，随时面临被诉讼的危险，也易产生政治风险。只有核心信息源能较好地规避法律风险。掌握核心信息源是保护自己的关键。

主讲嘉宾：南方周末资深记者　傅剑锋

时　　间：2009年6月18日

主 持 人：暨南大学新闻与传播学院副教授　李洁

讲座发言

主持人 今天的训练营我们请到的是南方周末的资深记者——傅剑锋老师。傅老师毕业于西南政法大学，先后任职于南方都市报和南方周末。今天傅老师将和我们分享一个新的关注的视角，是关于诉讼与新闻专业主义之间的一个反思，那么下面就让我们以热烈的掌声欢迎傅老师。（掌声）

傅剑锋 做记者会面临很多风险，其中一种特别直接的风险，就是诉讼的风险，不知道你们能不能想起来就你们所知道的，对于记者和编辑的最可怕的诉讼，是什么诉讼？

今天我想和大家分享的第一个故事是，2006年9月的时候，富士康诉讼《第一财经日报》记者王佑、编辑翁宝，这个诉讼是目前针对采编人员最高额的诉讼，索赔数额是3000万元。我当时跟王佑聊的时候，王佑对我说，3000万元是一个什么概念，是她三辈子都不可能赚得到的钱。并且因为富士康在深圳有一个总部，他们跟深圳中级人民法院的关系非常好，法院把王佑和翁宝的房产都查封了，进行所谓的诉前保全。所以这么一个诉讼是非常可怕的，当时引起了整个新闻界的反击。如果大家关注的话，应该都能想得起来，最后的结果是非常戏剧性的，就是富士康和《第一财经日报》和解了，并且还相互致敬了。这件事就这样比较荒谬地结束了。

今天讲这个事情是为了一起来分析诉讼与“新闻专业主义”之间的关系。诉讼刚才已经说了。那么这个事件背后是什么“新闻专业主义”的问题呢？实际上，当时媒体虽然对富士康群起而攻之，但当时的媒体很少去真正反思自身有什么问题。在这个过程中，虽然富士康有“血汗工厂”的嫌疑，但《第一财经日报》的报道其实是有很大问题的。这个问题就成为了富士康抓住的一个把柄，并且想通过天价诉讼的方式来威胁整个中国新闻界。下面我来做出一些分析。

这篇文章叫做《富士康员工罚站二十四个小时》，它是怎么采访出炉的呢？是《第一财经日报》的记者在QQ上与自称是富士康员工的人聊天得到的，那这个自称是富士康员工的人的身份是怎样确认的呢？是记者在BBS上找到了其QQ号，然后就与他聊天了。这个从专业的角度来说，显然是不严谨的。他说自己是富士康员工，你怎么能随便相信他呢？说不定他是富士康的竞争对手呢？说不定是想诬陷富士康的人呢？你如果直接采用他的话，那么他带给你的法律风险是什么呢？并且他说富士康存在“黑工厂”的问题，你能不能找到工人打卡单上的证据？或者你拿到工人的工资单，它有计时的。如果你拿到了，那么你就可以说这个工厂存在超时加班、“血汗劳工”的问题。但事后来看，记者并没有过硬证据，我在他们的采访中发现了一件非常重要的节点，是被当时所有关注富士康事件的媒体所忽略的，就是富士康曾经与《第一财经日报》在上海有过一次谈判，那次谈判估计富士康就是来摸《第一财经日报》的底，看你们到底有多少真凭实据。那一次谈判的内容一直没有公布出来，但那一次谈判之后，富士康就开始了对《第一财经日报》强势的诉讼。实际上按照媒体的惯例，比如说如果你碰到了一个诉讼的话，人家可能会到报社来找你，那这时你第一反应，可能就会亮出证据，说我们掌握了你多少情况。那么这次谈判富士康估计就是去摸底的，结果摸清了只有QQ聊天。这就是富士康事件给中国新闻界留下的教训，但这个教训却一直没有被中国新闻界重视，只有少数的一些学者，比如展江，曾经提到过一次；还有我对这个事情做了比较深入的研究，后来我写

第一财经日报社与 富士康科技集团（鸿富锦精密工业（深圳）有限公司）

联合声明

基于建设和谐社会、充分尊重新闻从业者的社会职责、保障企业正当权利之目的，经第一财经日报社与富士康科技集团（鸿富锦精密工业（深圳）有限公司）磋商，特就双方自2006年6月以来的报道及诉讼，发表以下联合声明：

一、第一财经日报社对富士康科技集团为中国经济发展做出的贡献表示尊敬，并期待其未来为提升中国产业竞争力做出更多的贡献；

二、富士康科技集团对《第一财经日报》这份中国有影响力的财经商业报纸表示尊敬。新闻媒体对富士康科技集团的监督是善意的；富士康科技集团将一如既往地与国内外媒体建立良性沟通机制，尊重新闻工作者行使职责的权益，并对国内外媒体的关注表示欢迎；

三、双方共同认为，媒体当尊重企业正当权益，企业应尊重媒体正当合理的社会监督职能；

四、基于上述认识，双方在互相尊重的前提下，本着“和谐发展，善意解决”的精神，富士康科技集团同意就《第一财经日报》相关诉讼案自本声明发布日即撤消；

五、双方对该事件给对方所造成的困扰互致歉意；双方同意携手合作为创建和谐社会，并增进劳工权益而努力。

第一财经日报社　　　　富士康科技集团

鸿富锦精密工业（深圳）有限公司

第一财经日报社与富士康和解的联合声明

过一篇关于这件事情的文章。

第二个例子，2008年我在《南方周末》编辑过头版的“抓记者专题”。你们关注新闻的可能都知道，2008年从年初到年尾出现了抓记者的种种闹剧。年初的时候就是有西丰县的警察，进北京《法制日报》的下属刊物《法人》那里去抓记者；到年底的时候，是《民主与法制日报》的记者景剑锋因涉嫌窝藏罪、妨碍公务罪等情况而受审。还有中央电视台的记者李敏被抓起来了。我举这些例子是想说，记者去做报道的时候，他不但可能面临民事诉讼的风险，甚至有时候还有可能面临刑事诉讼的危险。大家都知道刑事诉讼的后果，可能意味着失去自由。那么这几个事件和“新闻专业主义”之间到底是什么关系呢？这里面最直接的理由是，新闻专业主义中，独立是特别重要的一个原则，但这其中有几个记者他们是收了好处的。所以说，他们想做新闻批评报道，自己又不干净，那么他们被抓的可能性就增加了。

我讲新闻圈的这两类故事，就是为了引出我刚才所讲的新闻诉讼与新闻专业主义之间的关系。我想说的一个论点是，新闻专业主义可以成为我们当下规避法律风险与政治风险的一个重要的护身符。但我这里要先声明一下，新闻专业主义是作为新闻从业者和想成为新闻从业者的一种理念。这种理念它本身不应该带有任何前提，但事实上它具有实用性的价值，所以我想说的是，我们从实用性的角度来分析它。

我记得以前曾经不是很系统地写过一些文章，复旦大学有一位学者对我的这个论点做出了批评，说新闻专业主义是非常崇高的一个东西，你把它从很实用的角度来看，就说明你并不是真正地坚持新闻专业主义。在这里我想对这种说法做出反驳。

第一，我觉得新闻专业主义是新闻从业人员应该遵从的一种理念，一种职业规范的方式。但事实上，它确实会产生实用性的价值。新闻专业主义如果从它的起源来说，它产生于两个历史背景。第一个是宪政法治，真正的新闻专业主义只能产生于宪政法治之上，没有宪政法治就没有完整、健康的新闻专业主义。欧洲国家和美国都是实例，只有法律的善治才是新闻自由的基础，它们才可能发育健全。中国目前在这方面的环境是欠缺的，所以中国的新闻专业主义不可能是一个完整的新闻专业主义。第二点，新闻专业主义必然是产生于高度商业化之下的。比如美国的新闻专业主义，大家可能学外国新闻事业史的时候已经了解到了，因为美国曾经盛行党派报纸。党派报纸是没有新闻专业主义的。当市场不再相信党派报纸的偏颇报道后，从业者为了适应这一市场变化才确立了客观新闻，要有独立、客观、中立的报道方式，这时才产生了新闻专业主义。从这个角度来说，新闻专业主义是实用性工具的一部分。实用性推动欧美国家，尤其是美国的新闻专业主义成长。在目前我们不能完全遵循新闻专业主义操作新闻的情况下，吸收一部分外国的经验和成果是必要的，使中国的媒体、媒体批评者、从事媒体研究的学者和学生，能形成共同体的核心理念，这在我认为是最重要的。

一、新闻专业主义的几个基本概念

1．客观

新闻从业者站在中立的立场，不带个人偏见报道事实，同时，媒体从业者进行把关时，按照中立的标准而非个人的好恶进行选择。

重要的是，客观，不是冷冰冰的客观。我认为现在很多报道是冷冰冰的，带着“看戏”的心态，这要避免。曾获普利策奖的美国记者凯文·卡特所摄的《饥饿的苏丹》，是典型的冷冰冰的客观。这似乎很适合“新闻专业主义”的职业要求，但是缺少责任感和人道主义，凯文也由于强烈的舆论批评而自杀了。所以，客观是有责任感的客观。

2．真实

必须达到整体的真实。从哲学角度分析，新闻都只是片面的真实。因为记者对材料的选择和整理本身，不可避免地产生偏见，只能提取到片面的真实。我们应该追求整体真实而非片段化的真实，这是十分重要的。

3．独立

传媒必须具有社会公器的功能，新闻从业者的目标是服务于全体人民，而非某些政治或经济利益集团。新闻媒介应是完全独立的，而不是臣服于除行业规范以外的任何权力或权威的控制。

今天的《南方都市报》有一则新闻，充分反映出某些官员对新闻的控制。一个地方官员就房地产拆迁的问题接受央视《新闻纵横》的记者采访时生气地说：“你是替党说话还是替人民说话？”记者反问：“请进一步解释我们的媒体不是为党服务吗？党不是为人民服务的吗？”该官员自认理亏无话可说。

撇开该官员的政治错误，即使是在政治正确的情况下，中国媒体的独立性也十分有限。目前我们面临两种困境：一是权力化的扭曲，二是经济利益的收买。

例如，广州各大媒体，有没有针对大的地产集团的负面报道？基本没有。再如中国联通、中国移动常被人投诉，但我们看不到相关负面报道。因为媒体被收买了。直接收买从业人员只是小钱，真正的大额收买是投放的广告费和背后的合作，这时媒体是不愿意牺牲每年上千万的广告收入的。在中国，虽然很多媒体自称采编分离，但实际编辑部并不能独立于经营部门。

尽管现状如此令人压抑，但新闻从业者应在内心中告诫自己坚守独立，在采访中保持内心的独立判断，站在中立的立场。

4．自由

新闻专业主义中特别重要的价值，包括采访自由、出版自由、表达自由、信息获取自由，即知情权。这种自由是有边界的，即“自由而负责任的新闻界”（美国20世纪60年代提出的观点）。自由，是负责任的自由，正如客观是负责任的客观一样。关键还是宪政，只有在宪政之下，新闻自由才是完整的新闻自由。

以上几大原则衍生出一套完整的技术规范和职业本领，与诉讼发生着密切联系。

二、新闻专业主义与诉讼的关系

新闻专业主义似乎很抽象，实际上是新闻从业者身边时刻在发生的具体东西，在新闻活动中产生作用。

1．真实原则与新闻诉讼的关系

保证真实，要求采访到核心信息源。没有核心信息源的报道往往充满法律风险，随时面临诉讼危险，政治风险也会产生。

例如“三鹿奶粉事件”中，最早报道的是《东方早报》，但实际上最早做系统地、深入地调查的，是《南方周末》，可

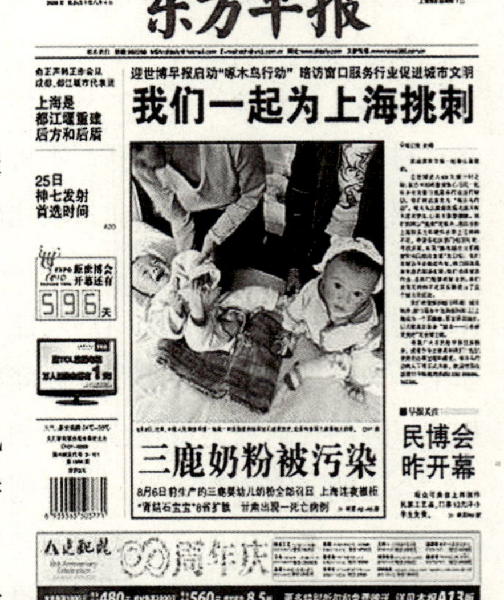

ORIENTAL MORNING POST

东方早报

迎世博早报启动“啄木鸟行动” 暗访窗口服务行业促进城市文明

我们一起为上海挑刺

上海是都江堰重建后方和后盾

25日神七发射首选时间

世博会开幕还有596天

三鹿奶粉被污染

8月6日前生产的三鹿婴幼儿奶粉全部召回 上海连夜撤柜

“肾结石宝宝”8省扩散 甘肃出现一死亡病例

民博会昨开幕

更多特别折扣和免费赠送，详见本报A13版

中秋装潢大联展

《东方早报》对“三鹿奶粉事件”的报道

惜由于政治原因和担心诉讼风险而没有发。其时记者已经采访到核心信息源，结石原因已清楚指向三鹿奶粉。当时除了三鹿公司没有采访到之外，我们采访了医生、权威的专家和病人家属，确定结石是三鹿奶粉造成的祸。作为编辑，我并不担心诉讼风险。因为当时我们掌握了大量化验单，能证明结石与三鹿奶粉之间的关系。但当时并没有报道，后来由《东方早报》作了报道。

《东方早报》记者在接受采访时也承认当初最担心面临诉讼。如果三鹿得到某些官员的别有用心的支持，像富士康那样提起诉讼，索赔3000万元，怎么办？

所以，掌握核心信息源是保护自己的关键。

再例如，《南方周末》两期关于瘦肉精的专题报道，也是面临巨大的诉讼风险的，因为我们毫不客气地点明了多所大学，如华南农业大学的一名教授亲自参与了新型瘦肉精的制造。再如浙江大学是中国最早引入和制造瘦肉精的机构。还有很多专家和公司从瘦肉精链条上分得利益。即瘦肉精是很多不良专家和不良学者肇的祸。面对如此多的利益群体，只要中间有丝毫纰漏，都有可能引来诉讼。幸而我们无懈可击，拿到了核心信息源。

如华南农业大学开了一家公司，有教授参与私下贩卖瘦肉精。我们不仅搜集了相关教授的论文，还派遣记者进行直接交易，以致曝光后一些涉案人员被刑事拘留了。

再如浙江大学，我们调查某身份显赫的教授，他是国家农业部专家委员会副主任，“五一”劳动奖章获得者，获国务院特殊津贴。第一，我们搜集了他全部的论文；第二，我们调查他的课题组，把能找到的课题组成员和学生找到了；第三，对于他的圈子内对他有不同意见的专家，能找到的我们全部找到。在这种前提下再去采访该教授，以掌握更多核心信息源。

南方周末

黄光裕事出何因

悬崖小学的幸福和烦恼

面粉增白二十年屡受质疑
中央六部门介入安全之争

“如果看不到禁用，死不瞑目！”

“问题根本不值得争论！”

《南方周末》报道面粉增白剂

所以，核心信息源对报道安全是十分重要的。

还有一个类似的例子是2008年《南方周末》的头版中有一个关于面粉增白剂的报道，这种增白剂是疑似致癌的，生产这种增白剂的厂商是和国家有关人员有关联的，我们搜集了多方面信息以后再去采访。后来，卫生部召开发布会，说我们这个报道是捏造的，但是没有对我们怎么样。接着，全国人大修改《食品安全法》的时候，全国人大法工委主任信春鹰向新华社记者表示，以后这些可加可不加的添加剂都不能加。从这件事情可以看出，我们的报道对国家的立法产生了正面的作用。因此，做出好的报道，必须保证获得核心信息源。报道做到真实，还要做到信息源的相互联系和交叉。作为一个记者，要从多方了解各个利益方的意图，才能做到客观和真实，从而减少诉讼的风险。要采用三方定位法，即“利益方、中立方和冲突方”的三方意见综合。比如刚才说的瘦肉精调查，我们一共采访了70—80个学者与知情者进行信息的交互印证，从而做到让这个报道更加客观和真实，增强它的影响力和公信力。

还有另一个新闻，就是“李辉批文怀沙”，他主要批判文怀沙过去不好的事情，像什么虚报年龄、玩女人等等。这个事情是一个新闻，但从新闻的职业操守的角度上来说，这是一个不可靠的稿子。因为，李辉没有进行任何相关调查，就说文怀沙是个混蛋、骗子，而李辉采访的那些学者，都是文怀沙的对立方，因此这个报道的客观性有问题。我希望，新闻专业主义能成为我们新闻专业体的共同认识。

刚提到有关诉讼的问题，这里涉及人证和物证。证据的诉讼时效只有两年，因此证据要保存两年，但是有很多记者，包括老记者也会出错的。有一个例子就是深圳市某医生骗取160万元社保费用，关于这个采访我们的证据就基本准备充分了，就是还缺少一份物证，就是该医生开出的病历单，最后我历时两个月，做了大量工作，最终把病历单拿到了，报道才发出去。因此，证据是记者保护自己的一个重要手段，特别是物证，这也是当一名经得起历史推敲的记者的首要条件。

与此同时，获取证据的方式是非常重要的，一定要通过合法手段获取证据，通过非法手段获取的证据是违法的，是无效的。以我自己为例，在2004年的时候，我去调查深圳市委副书记的家产，当时他女儿有170多万元的资产，一个很重要的调查途径就是去工商局，调查他的女儿名下有多少公司，因为他的女儿是未成年人，而且在英国念书，她名下如果有很多公司的话，那么证明他们的财产存在可疑处。当时，我如果为了保护自己，完全可以做假身份证，利用假身份注册，即可获取证据。但是，在再三考虑之下，我还是放弃了，用了自己的身份证去注册取证，这是为了保证采访程序每个环节的合法性。最后，报道做出来了，也没有遇到我想象中的风险。

真实性很重要，但是真实并不代表什么都可以报道，比如个人隐私，不可随便报道，是属于名誉侵权范围。比方说，“艳照门”事件。陈冠希是一个公众人物，所以他的隐私媒体可以部分曝光，但是如果将个人裸照放在封面上的话，该杂志社是要吃官司的。

2．掌握客观原则和新闻诉讼

我认为客观不是抽象的，它实际上有个所谓的“程序正义”，是可以通过具体的采编流程来约束、来更好地保障真实的。客观原则要求记者必须采访到利益冲突方，就是我刚才说到的“双方原则”。然后就要让双方都有发言和申辩的媒体平台。这就像法院的居中裁判，当然这个比喻有点不恰当，就是说不但检察官在这里说你怎么怎么坏，还要让这个当事人或者他的律师来为自己辩护，说我根本没有你们说的这么坏。媒体报道也是一样，如果你要做一个批评报道，你必须尽可能地让被批评方有说话的机会，我觉得这个客观性是很重要的。因为很多时候，当你自以为掌握了真相的时候，其实你可能正在走向真相的反面。因为真相这个东西，真的是一个我们永远没有办法真正拥抱的东西，它只是一个你可能去接近的东西。你必须对真相抱有谦卑之心，抱有谦逊之心。这是客观原则的很重要的哲学依据。

我刚才说到了，这个“李辉批文怀沙”的事件，我就想仔细地分析一下。它实际上是有很多问题的。所以我说它是不客观的。因为就李辉目前的这种方式的话，或可以侵犯隐私的方式展开名誉诉讼。因为就算文怀沙当时哪怕真地玩过女人，哪怕他真的因为玩女人被劳改，也是很多很多年以前的事情。这是他个人史的一部分，你将它公之于公共空间之下，文怀沙是可以起诉你的。并且这个时候，如果法院一旦确认这个事情构成名誉侵权的话，那么，李辉就没办法了。比如说他根本没有采访文怀沙，或者文怀沙身边的人，这是他写作程序上的问题，还有心态上的问题。文怀沙近几年被炒成国学大师后，有一个电视台的记者去采访文怀沙，采访了之后，就对李辉说：“我采访了文怀沙，说到某一个很著名的女性文化老人，文怀沙就说，啊！这个人啊，她跟我关系很好的！当时她为了想要画画，我还专门脱光了让她画了。”然后李辉听了之后就说，这个女性文化老人，是李辉非常尊敬的文化老人，他说，文怀沙拉扯关系，居然拉扯这个，说自己脱光衣服让对方画裸画。所以李辉说，我很生气，文怀沙就是一个混蛋，是一个王八蛋，我要写他！然后李辉就开始收集证据写了。他一开始的时候，心态就是不客观的。一个人内心的中立、公正和客观，实际上是非常重要的。当你愤怒的时候，你就失去了认识真相的能力。

李辉当时在行文过程中的不客观，也是有很多方面了。仔细去看这个文章，你就会发现。我会在下面继续对这个问题做一些分析，我们这里看些其他的例子。

我以前做过一个报道，“上海地产商烧死人”的例子，刚好是2004年，上海房价上涨的时候，有一个“钉子户”就是不愿意走，然后地产商暗中叫拆迁的人，倒上汽油，在凌晨4点钟的时候，把房子给烧着了。结果，两个老人被烧死了。我去做调查，事情基本上搞清楚了，但是我发现从客观角度来说，少了一块东西。就是没有地产商的说法，因为他们不敢说，当时陈良宇就是市委书记，陈良宇已经发话了，所以他们就很害怕，根本不敢说这个事情。这个地产集团真正的老板是上海徐汇区政府，这个地产集团叫“城开集团”。我如果要报道，没有城开集团的声音也是可以报道的。但是，有可能，第一会引来政治风险，第二也是会引来法律风险。因为这个公司，它有可能诉讼你，因为这个确凿性上可能会有一些问题。那么这个时候，实际上是遵循客观原则，一个是你确实给对方一个说话的机会，你可以增加一个更加平衡客观的东西。另外一个我觉得也是保护自己。所以我后来反反复复地找城开有关的资料，在上海图书馆的《解放日报》找到一些资料，就是吹嘘这个地产商的一些资料，他们都没有放到网站上。我就将里面一些可代表城开集团的东西，放到我的报道里面。这个就是为了尽可能达到客观，就是说，你对于这个程序的客观，对于这个所谓的程序正义的争取，我觉得在采访过程中非常重要。

还有正确制作标题和引语、图片图表，也是很重要的。如果这些方面做不到，有时也会出问题。尤其是一些“标题党”，他们是有可能惹官司的。那我就举一个很有意思的例子。我们广州有一家报纸，还是一家知名报纸，采访了广州某法院的法官，这个法官获得了“优秀法官”之类的称号，所以当时广州司法系统组织了所有媒体去采访，其他的媒体都做了报道，都没有问题，反正都是正面报道。然后我刚才说的某报，也做了采访，稿子也写得四平八稳的。但是它的标题就做得很有意思，那个标题差点引来官司，为什么呢？就是因为那个法官工作特别忙，已经四十多岁了，还没有要孩子。所以该报编辑为了让新闻看起来更加生动，取的标题就是“法官很忙，没空造人”。这个法官当时觉得受到了很大的侮辱，但该法官没有起诉。如果真发生诉讼，那我觉得这张报纸会百分之百地输了。所以客观性，就是你不夸张，不夸大，客观性也不是所有事情你都可以报道的，遇到有关隐私的事情你一定要克制。不管是作为记者个人，还是作为一家报纸，都很重要。我记得有一个标题是，就是某个明星，说她“当街换衣服”，听起来很吓人。实际上可能就是刚好那一次她参加一个活动，就是衣服太热了，她就换了一件不热的衣服。当然这个标题就不会引起法律诉讼风险，但是类似这种情况很多，很容易就玩出火来。

刚才我说了，客观是有社会责任感的客观。我下面引用的这几句话出自美国新闻工作者协会。就是说对那些可能受到新闻负面影响的人表示同情，对于儿童和无经验者的对象要保持特殊的敏感性。这“不是冷冰冰的客观”，这是很重要的。以这个原则审视“李辉批文怀沙”，虽然文怀沙可能真的是“伪国学大师”，那么大家为什么还是对李辉这么多质疑呢？《南方周末》今天就登了对这个“李辉批文怀沙”事件的反思。从常情的角度，我们会觉得，李辉批得可能有点不地道，为什么会有这种感觉呢？我觉得如果是一个真正高明的记者来写这个事情，就不会让人产生不地道的感觉。你是不是对这个报道对象怀有同情心，这个很重要。李辉对文怀沙显然是没有同情心的，他一开始写这个文章，就把文怀沙定义为“王八蛋”了。李辉是个历史学者，是《人民日报》的一名记者，但是他在写文怀沙的时候，是充满挖苦讽刺的语言的。其中有一段，好像是“文怀沙，这么一个自称是百岁的老人，那个皮肤很光滑、胡子很长，看起来样子很好，这样的人不好好地活着，还自称活了多少多少岁，这个上对不起天地，下对不起父母”。这样的文章居然就在《北京晚报》发出来了。在中国的传统里面，我们中国人对老人是尊敬的，就是说儒家的传统里面，对年纪大的人是怀有宽容之心的。有些朝代，如唐朝，它的刑律里面，老人是可以免除刑罚的。比如说这个老人犯了杀人罪，可能就不会被判处死刑，可能就关他几年。为什么我讲这个？就是我们对老人要怀有同情之心、尊敬之心、悲悯之心。如果当时李辉写文章时能考虑一下这些，就不会引来这么多非议。

我这里就举一下上周《南方周末》做的一个报道，叫《出柜》，是讲同性恋的一个报道，就是大学城一个同性恋组织，他们非常温馨和感人的故事，是一个特稿。但是这个特稿出了个小问题，就是用了这些同性恋者的正面的图片，正如我刚才举了一个例子，对于儿童和无经验者的对象要怀有特殊的敏感性和同情心。但是非常遗憾的是，我们当初采访时尽管是怀有同情平等之心来看他们的爱情的，但是问题所在是缺少一个敏感性，就是说他们不清楚传播的力量有多大，所以当时他们就同意了我们用这个照片。结果这个正面照片出来的效果是什么呢？所有铺天盖地的评论，所有不理解他们的人咒骂他们的话跟着来了，他们受到了非常巨大的压力，所以当时照片出来的几天他们很苦恼，但后来我们跟他们反复沟通之后，他们慢慢平复下来，并且他们的亲人啊、同学朋友啊，都是非常理解他们的，所以这个事情就平息掉了。

山体垮塌致70余人死难失踪，预兆多次出现屡被放过

重庆武隆：被忽略20年的险情

出柜

成都9路车为啥这么挤？

《南方周末》报道同性恋大学生情侣《出柜》

这个问题我觉得是值得总结的。你使用这个照片，即使对方同意了，但是因为涉及同性恋这么敏感的一个话题，他们能不能够承受这种传播的压力呢？作为传播者自己，要去思考，并且应该事先提醒他们。

在另外一个例子里边，我就碰到过这种事情，我当时的报道，在学界里面，在我们媒体圈里面，都产生过很大的争论。有些人认为我做得不错，有些人认为我这个报道有些基本要素失实。为什么会这样呢？当时这个事是发生在湛江的，但是因为我们当时的老总承受了比较大的政治压力，他不想让这个具体的地名出现，居然把地名删除掉了。当时所谓“平时是天使，周末是魔鬼”的一个女教师，就是湛江一个在农村教书的女教师，她平常的时候就是在学校正常教书，然后周末的时候就去卖淫，把挣来的钱供她的几个弟弟读书，就是这么一个事情。我觉得这是一个悲惨的事情，一个刺痛社会良心的事情。

当时我对她做采访的时候，她跟我说，可以署真实的名字，她不怕。我觉得我是怀有特殊的同情心和敏感心的。我就跟她说，你同意了，对有些记者来说是件好事，他就可以把真实的东西全部登出来，但是我觉得这不是很好，因为如果我登出来你的真实名字的话，可能带来的后果是你没法在这个地方教书、生活了，而且你现在开始正常化了（她后来不做这些事情了，她经过很长时间的忏悔之后，觉得不能这样做下去了，她这样活下去自己会毁掉）。你现在有男朋友了，你男朋友可能会和你分手，这件事情带来的全部的压力会让你毁掉。你愿意承担这种后果吗？如果你真的愿意，我们可以把你的名字或者正面的照片都登出来。原来媒体有这么大的传播力量，她开始害怕了，她说那就不要登了。

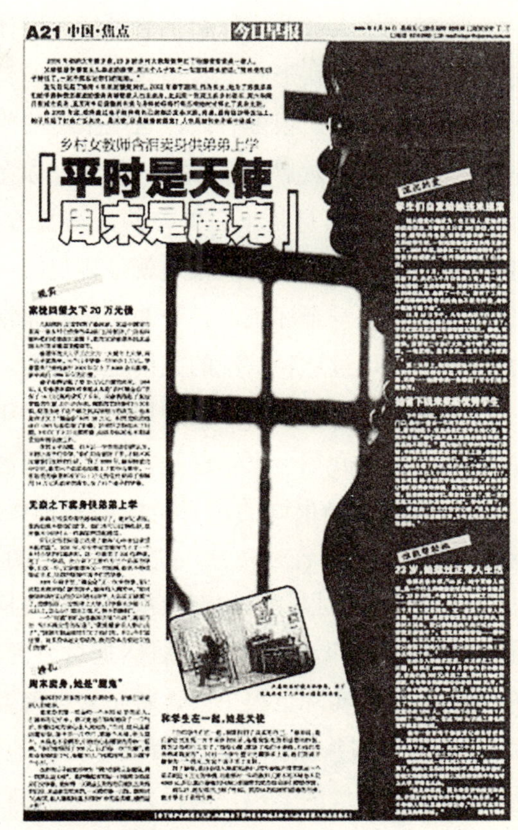
A21 中国·焦点　今日早报

乡村女教师含泪卖身供弟弟上学

平时是天使 周末是魔鬼

家徒四壁欠下20万元债

周末卖身，她是"魔鬼"

和学生在一起，她是天使

作者对农村女教师的报道

后来就没有登她的真实名字，为此也引来了很多对我这个报道的质疑。但是，在我们内部讨论会的时候，我说，面对这种质疑的时候，我保护了一个人，我更愿意去承担不理解的指责，如果因为我的报道而毁掉一个人的人生的话，这个对我来说，良心的歉疚就太大了。后来这个事情让我感到非常欣慰，这个女教师后来的好多问题都解决了，包括捐款，被拖欠的全部工资，政府迫于压力，也全部给她了，后来她也结婚了，突然有一天给我打电话说她要做妈妈了，某一天又打电话来说，你查看一下你的邮箱，我打开来一看，是她抱着孩子微笑的照片，我当时非常感动。

所以我想说，客观不是冷冰冰的客观，是要有同情心、有责任感的客观，并且你要对这些没有传播经验的人怀有特殊的敏感之心。还有，客观的原则是要有法治意识、人权意识的客观，这个很重要，特别是对于罪犯的报道。目前的媒体，它已经注意到了形式上所谓的“客观”。

比如某个人被公安抓起来的时候，媒体不会说这个人就是罪犯，而是说这个人涉嫌犯罪。从形式上看是客观的，但是实际在报道的时候，媒体往往是说这个人就是坏蛋。很多时候，这些报道的信息源是很单一的，就是来自警方或检察院的材料，然后做了报道。其实，你在写作的时候，对信息源要有分析，你必须说这个信息是来自警方的，是警方认为他是罪犯，他是不是真的是罪犯？我们不知道，这样的报道就是客观的；但是如果警方说他是坏蛋，你就跳起来说，他是一个坏蛋，一个非常坏、非常坏的坏蛋，那这个报道就一定是不客观的。出现过这种情况的案例是很多的。

简单举一下例子。《南方周末》2005年做过的一个特别的报道——福州警匪枪案。简单介绍一下，就是一个商人跟另外几个商人产生了矛盾，后者跟警方、政府官员是很好的，于是他们跟警察勾结，用乱枪把那个商人打死，然后又诬陷另外一名对立方，说是他打死的，他才是“凶手”。当时《福州晚报》、《福州日报》、《海峡都市报》等福州当地媒体的报道都是不客观的，它们都说，这个人是坏蛋，居然把对方乱枪打死了，这个人多坏多坏。它们所有的信息源实际上很单一，就是来自警方。后来被诬陷的那个人，他出来之后，也想告那些媒体，但最后没有告，他觉得他已经出来了，重新获得自由了，这是他最大的幸福，所以他也不想打官司了。但事实上媒体这样做是侵权的，如果当事人告了，这几家媒体一定会败诉。你用警方的资料是可以的，但是你根据警方的资料来判断这个人就是罪犯，这实际上就是不客观的，这是一个例子。

还有就是“佘祥林强奸杀人”的案子。我们翻开当时湖北本地的媒体，也是把佘祥林说得非常“黑”，并且是用非常原始的新华体的通讯来写的，就是用很文学化的手法，把他写成一个色魔，后来佘祥林想告这些媒体，但最后也没有告。我觉得不管人家告不告你，从媒体客观的角度来说，从媒体心底里面尊重人权的角度来说，就不能这样做报道。所以，我回过头来说，法治意识、人权意识，这对于客观报道来说是非常重要的。

3．独立的原则跟诉讼之间的关系

我们的媒体，目前就是沦陷于权力和金钱中，沦陷于利益集团的收买中。但是作为一个记者，我觉得还是要坚持独立判断。很多时候，坚持独立判断，不被利益集团收买也是保护自己的方式。

比如说，瑞星——大家可能经常用的，中国的IT界，涉及软件这一块，实际上是非常恶劣和竞争无序的一个市场，好多IT记者，据我们所了解到的内情，都是被各方买通的，然后相互来揭发，相互来做“打手”。比如说，这个公司买通《×××报》的IT记者，另外一个公司就买通《××日报》的IT记者或者《××日报》的IT记者，然后这些IT记者之间就会相互揭对方的丑，在这个过程中收竞争对手的钱。这种情况在IT界特别多，这也是很容易出事的，因为他根本没有自己独立的东西，而是成为了利益集团的打手。瑞星的一个“打手”，好像是《经济×报》的记者，后来就被抓了。

所以我觉得面对利益的时候，独立判断，不被收买，这是做记者最基本的底线。这种独立判断不仅是对于外界的，你内心里面的独立也是很重要的，就是你能够不被一种盲目的情感所左右。好多时候，人很容易被情感所左右，这个时候很容易失去对真相的判断力。

比如以前我一开始做记者的时候，一个人来投诉一件很悲惨的事情，她是一个女生，我会很同情她，我甚至会因为她的叙述而流下眼泪，这从职业的角度看是不够专业的。因为她是利益的一方，她说的东西往往可能是有所择取，只说对自己有利的话，所以用所谓的同情心去做一个报道，内心不保持独立清醒的时候，也会陷入另外一个误区。比如你被金钱收买，你会容易陷入一个误区；如果被情感奴役，你也会容易陷入一个误区。所以追求真相真的是一个非常艰难的过程，你只有保持内心的清醒，才能让真实性上升，诉讼风险降低。否则，如果单单是为某一个人说话，但是你根本抓不到什么证据，你可能会觉得你在替这个受害的人、这个苦难的人说话，而当另外一方的人告你的时候，你拿不出证据，那你就败诉了。

我刚才说到，你不被收买，特别是在一些利益冲突激烈的报道过程中，坚持操守是尤其重要的。我举个例子，就是发生在你们暨大的，是我比较好的朋友，他是暨大的研究生，现在在南方日报工作，以前也是我的实习生，他就碰到过一个事情。他的一个报道涉及一个银行官员。当时这个人托人找到了他，想出钱来收买，但是杨大正拒绝了。第二天，《南方日报》、《南方都市报》的报道就出来了。

我觉得在这件事里面，他是一个非常好的榜样。你面对这些利益冲突的时候，内心要保持一种独立清醒，抵御诱惑，如果他收了钱之后会有什么后果呢？我后来跟他开玩笑说，你会有几种后果：第一种，你拿了几十万块钱，一点事情也没有；你进了南方日报，一年的工资也就十来万块钱，你拿几十万块钱就是好几年的工资，自我感觉很好。第二种，你有良心，收了钱后惴惴不安，可能会失眠，对自己的身体不好。第三种，你拿钱的时候，人家通过录音和录像留下证据，以后他让你办什么事情你就得办什么事情。第四种最可怕，比如说这个官员他也想搞你一把，不但给你录音录像，并且悄悄跟警方说“这个人要敲诈我”。好了，“你过来吧，晚上吃个饭”，“好，过来”，我把钱给你，拎着50万元，你一拿起钱来警察就冲了进来马上就被抓，这属于“敲诈勒索罪”，这种情况曾经出现过，我只是举个例子。所以我觉得他不收好处费一方面表明他非常清明，他坚持了自己作为记者的真正的原则；另一方面其实他也是保护了自己。所以我觉得这种利益冲突下的暴利尤其不能拿，以后若你们做了采编人员的话这一点尤其要做到。

我再讲一个“橡果国际”的例子，很有意思。那两个记者原来就是我们南方报业传媒集团的记者，他们是属于《21世纪经济报道》的，后来他们都跳槽了。其中有一个到了《中国经营报》，他们做了一个调查“橡果国际”的报道。你们应该也都知道“橡果国际”吧？最近电视的垃圾时段经常可以看到的侯总啊、什么总之类的，几个人在那里吹嘘我的手机如何好之类的，就是一种电视购物广告。“橡果国际”的电视购物广告有不少扯淡的东西，广告里销售的东西有的质量特别差。当时他们做这个报道的时候正逢“橡果国际”准备在香港上市，他们的报道对“橡果国际”的上市产生了很大的威胁，“橡果国际”曾经恳请过记者“请你们不要报道了”，然后那个记者含含糊糊说“我们可能还要做”，“橡果国际”就很恼火，最后说“那我们一起吃个饭吧”，然后那个记者说“行啊”。这个时候，实际上那个记者在心态上有想拿一点好处的心理，他去了以后，“橡果国际”告诉他“我们橡果国际其他没有，但是我们的产品很多，你就拿点手机啊、相机啊之类的吧”，然后就把袋子给了记者。记者吃饭时就拿了。刚走出门口，一群人就把他扑倒抓起来了，打开袋子一看：里面除了相机之外，还有七八十万元，那么一堆钱放在那里。这个记者最后被判了刑。

刚才我谈到的景剑锋记者，他也是类似的情况，他收了好处。他收的东西其实很小，就是一台手提电脑。他也很搞笑，他到了那里告诉别人“我手提电脑忘记带了”，采访对象就明白了他在寻求好处费。然后采访对象说“那好吧，我替你找一台电脑吧”。这个投诉的事情虽然是真的，但是地方政府就是为了搞死你，所以借这个事件说他受贿。后来他也被判刑。

我刚才说了那么多，我们再重新回头来看，我刚才说到的几个内涵："客观、真实、独立"，就是这三个听起来很抽象的原则，它对于新闻界来说、对于一个想成为好记者的人来说，是真实存在的东西，是具体的东西。

三、中国式智慧

说完这些之后，我再来说一说我们的现状。诉讼的风险，作为记者，特别是编辑可能会面临更加直接的现实。在我做记者的时候，我个人从未碰到过诉讼。因为我有所谓的中国式智慧。现在做了编辑就不一样了。像我现在遇到的几个案子，完全属于"滥诉"，所谓的"滥诉"根本没有任何证据，对方就是想用诉讼来恐吓你。有些公司就是些"诉讼狂人"，有些个人也是如此。比如说非常有名的宋祖德先生就是有名的"诉讼狂人"，他揭别人的隐私，之后说："你来告我啊！我很高兴你来告我！"他为何不怕呢？因为如今他身家上亿啊！你告他侵犯名誉权，按照中国的法律最多也就赔十多万元，你一百个人来告他也就损失一千多万，对他一亿的身家来说只是九牛一毛，所以宋祖德他很嚣张，他怎么搞都可以。那这种是喜欢被人告的受虐狂。

还有一种是喜欢告媒体的滥诉者。对媒体来说，这种滥诉者确实是很可怕的。你只要批评他，他就要想方设法告你。作为记者你总得想方设法收集整理证据，作为报社也要想办法请律师，至少在法律上胜诉。这个过程其实是很耗费精力的。

对于这种情况如何去应付呢？我觉得此时中国式智慧与所谓的新闻专业主义没有特别的关系，但对于保护自己来说还是十分重要的。

这里有个例子。在《南方传媒研究》上我曾经发表一篇文章，讲到了"滥诉"的可怕。对于"三鹿奶粉事件"的报道，其实并非是《东方早报》最早报道的，兰州的报纸《兰州晨报》，武汉的报纸《长江商报》，它们在当时都报道了婴儿结石的事情，但都没有一家媒体敢点出"三鹿"的名字。为什么？就是因为害怕诉讼的风险，如果"三鹿"是一家滥诉的公司，那就更可怕了。所以说"滥诉"对于我们去勇敢地揭露真相是一件比较恐怖的事情，所以要把"滥诉"化解于无形是非常重要的。

根据我多年的采编经验，想了一招就是"抓住对方的把柄"，这个很重要。我报道一件事情，有很多事情可以不说。我只报道证据掌握最充分的那一部分，另一部分我先放着，等你要来和我纠缠的时候，我要告诉你，还可以继续报道，我还有更加猛的料。我为何不报道你？是因为我还是给你留了面子，我不把你赶尽杀绝。这个时候，那些滥诉者其实也是害怕的。他为何要滥诉？因为他想要通过这些虚张声势的方式来恐吓你、恐吓其他媒体，让你们不敢再来揭露他，这是他们很重要的一个目的。

我曾经做过一个关于“广西师大教育评估”的报道，一开始我就考虑到了诉讼风险和社会风险的问题。大家知道，评估期间不少老师如临大敌，大家都装模作样。比如假造论文、假造热烈的读书环境，比如故意让学生们走在路上的时候讨论学术问题，比如早上很早的时候在花坛旁边，几个人装模作样在那里看书，等等。而广西师大的情况也是类似。广西师大他们也装模作样，但他们做得更过分。比如，老师不准在课堂上说反对教育评估的话，如果说了学生就会向学校告密。每个班级都有教务处安插的告密者。我觉得这是非常令人发指的事情！所以我们报道它。这是当时报道的最重要的原因。结果当时出了那个学校后，还发生了另一件事情。他们去迎接教育部评估的官员，其中有一名官员的秘书，这个人是湖南师大一个老师，被借调到了教育部。校领导也以上宾接待他，这个老师才20多岁。他们还不引以为耻，将这些照片放在了校园网上，结果被学生们传播到了网络上，《南方都市报》就把这件事情给报道出来了。这是刚好我采访的时候他们报道的。后来我对这个学校做了详细的调查，写了《评估总动员》这一篇文章。我当时认为这件事情一定会反弹很大，最可怕的反弹是：一方面他先把你告了，另外一方面他可能带100个学生来我们南方报业传媒集团闹事。这就变成一个很可怕的事情。所以我必须想到这些情况并且采取措施。对我来说我的办法很简单，我就去调查他们其他和教育评估有关的事情。比如他们新校区为了迎接教育评估，赶工造房子，房子质量很差，结果其中的一个建筑坍塌了，幸亏没有压死人。还有他们的食堂，因为教育评估食堂扩建，又把食堂承包出去了，结果餐饮的质量就很差。就在教育评估的第二天，有人食物中毒。这些事情我都没有写。为什么我没有写？一是因为我想做的报道并不是为了攻击广西师大，而是想把广西师大和其他所有大学面临的这种困境呈现出来。我对它怀有同情之心和客观之心。第二个原因，我觉得这些事情可以成为我防患于未然的资料。后来广西师大的领导和我交流。这位老师也知道教育评估确实是一个让高校老师、学生很痛苦的事情，但又必须去面对它。他也知道这些害处，只是回避不了。所以他理解了我们的报道，这件事情也就完结了。只是后来确实有一大批广西师大的学生，也许是受学校指使，也许是觉得这件事情对他们不利，所以在网上组建了专门骂傅剑锋的吧，我还去看过，我觉得蛮好玩的。

所以我想总结一下，这种中国式的智慧并不一定跟新闻专业主义有关系，但在当下这种恶劣的报道环境下，权宜之计，也可以为揭露性的报道提供一些凭借。这就是我今天想和你们聊的新闻专业主义和新闻诉讼之间关系的一些思考。

提问环节

主持人 下面是我们交流的一个时间，大家抓紧时间看有没有什么问题向傅老师请教。

傅剑锋 你们愿意交流的话，我们可以随便聊一些话题。我原来在和范社长交流的时候，本来是想讲另外一个话题的，是关于新闻界的堕落，对于这个情况我了解得很多也很深刻，也写过一些文章，但我一直想不透解决的办法。我跟很多学者交流过这个问题，但他们也觉得，这个问题不仅是中国有，美国也是一样的。他们也没找到一个解决办法，所以讨论来讨论去也没什么结果，我也不想把这么灰心的一个话题拿到这里来讲，最后没把这个当作一个主题讲。

学　生 傅老师，您好！您刚才讲到通过我们记者自身的一些行为来保护自己，这也是因为我们现在新闻法规方面不健全，无法对新闻工作者进行有效保护。那有没有一些官方人员对你们想报道的一些情况提起诉讼？

傅剑锋 我刚才讲到为什么目前中国“滥诉”特别多呢？这是与中国目前的法律有关系的。一方面我要说刑事诉讼方面的构建，这个问题如果展开会涉及中国政治方方面面的问题，我就不谈了。另外一个就是民事诉讼，中国媒体目前最直接的问题就是名誉侵权。中国媒体侵权方面，最高法院的司法解释对媒体的保护是很不够的。例如其中的一个取证原则很搞笑，像我报道了你的事情，然后你说，你的报道让我不爽，我就是要告你侵犯我名誉权。那么你不需要提出任何证据，就说我这个报道就是有问题，这个理由就够了，你不需要其他证据。而新闻工作者面临的却是，我一定要举出证据证明我没有侵犯你的名誉权，要不停地举出很多很多的证据。我会变得疲于应付，而且我如果举不出证据，这里你就告赢了。所以这个情况就变得很搞笑了，所有的人都可以去告记者，只要他认为想要告的时候。这是一种非常不好的立法。这里我想说一下在美国和欧洲是怎么样的。在美国有一个非常著名的案例，就是“《纽约时报》诉讼沙利文”的案例。这个案例里树立了一个非常重要的原则，叫“恶意原则”。这是说新闻媒体报道一个事情的时候，被报道的公众人物或机构如果认为报道侵犯了我的权利，认为构成了诽谤，那么你必须举证，必须证明新闻媒体是有恶意。如果新闻媒体不存在恶意，即不构成诽谤。这样就保护了新闻媒体。

实际上，美国最高法院的这个原则依然存在问题，就是权利被侵害的一方难以告倒新闻媒体。新闻媒体可能会借此滥用话语权。所以美国在“沙利文案件”后，逐步对这个原则进行了修订。如果报道针对公众人物或政治人物，此原则就变得宽泛，如果针对个人，涉及个人隐私，就会实行得非常严格。重要原因在于，最高法院法官在进行判断时，在维护社会系统时，对政治人物或公众人物的评论特别重要，所以可以放宽。对于个人，保护个人的权利是首位，所以更严格。所以，我认为美国的立法对中国来说是有借鉴作用的，而我们新闻从业者要适应司法体系的变化。

谢谢！

（掌声）

学　生　现在记者出外采访，会收到100元、200元，比较小额的所谓“车马费”，请问您怎么看待这个“车马费”？

傅剑锋　这个的确是在新闻圈内要坚持专业主义的理念和现实的直接冲突。从专业主义的角度来说，这钱是绝对不能收的。但从现实来说，不收的话会显得非常做作。

比如说要参加一个新闻发布会，有你，有这家报纸的记者、那家报纸的记者，你们平时都是好朋友。有300元的“车马费”，别人都拿了，就你不拿，就有可能被人认为装清高，被朋友圈排斥。甚至跟采访对象之间产生不愉快，他以后不给你提供新闻线索了，因为他觉得你不友好。

我认为，还是要坚持原则。可能还会出现另一状况，就是同行可能会理解你、尊敬你。我们南方周末也曾遇过这样的例子，就是我们北京记者站的一名记者，现在已是驻北京办事处的主任了。她去采访一位省委书记，一直约不到。后来，她知道这位省委书记的一个秘书会出席一个由政府主办的招商引资会，她就去参加了。所有参加那次会议的媒体记者都拿到了800元的“车马费”，我们的记者也拿到了这个招商引资发布会所发的包裹，里面有一份相关资料和800元的现金。后来，我们的记者只拿了资料，把钱退回给那个秘书。当时，那位秘书觉得很奇怪，因为所有人都拿了，就她没拿，就问：“你是哪家媒体的？”我们的记者回答：“我是南方周末的。”“《南方周末》是我很尊敬的媒体。”第二天，秘书来电话，说他们的省委书记已经同意接受采访。这个例子，说明了很多事情实际上是会产生另外一种结果的。古人有句话，大概的意思是，当一个人的内心真正地去坚持自己的理念的时候，是可以带动别人去改变的。目前，南方周末是不允许任何一名社内记者拿“红包”或者“出场费”的。第二个例子是，前段时间，一个暨大的研究生来实习，我让他代我去宝洁公司进行考察和采访。最后，宝洁公司送了他一堆名贵的化妆品和500元红包，后来我让他全数退回去了，因为南方周末从来没有这个先例。下面说下第三个例子，《财经》杂志在招聘记者的过程中问到过相关问题，凡是回答“有可能会去拿”的人，一律不考虑录用，因为它和《南方周末》一样，都是遵循新闻专业主义的专业媒体，不允许收受好处。我相信，随着中国新闻事业的发展，这个收“红包”的现象是一定会慢慢消失的。

学　生　老师，你好，我想请问下所谓的“新闻界的堕落”是从什么时候开始的和它的原因是什么？

傅剑锋　关于“新闻界的堕落”，单从国内来说，应该是从改革开放开始的。

因为，改革开放以后，中国的新闻界发生了很多变化。之前新闻一直处于国有状态，听从的是权力的分配，但是改革开放以后，开始产生市场类型的媒体，无可避免的是商业的介入，此时，钱开始掌握“话事权”，那么“新闻界的堕落”就开始了。当然，专业主义也是在这个时候逐渐萌芽的。这种力量有可能遏制堕落。

我觉得近几年，随着新闻业市场化的开始，曾经有个非常乐观的调查，就是新闻出版总署的调查，就山西出现“记者封口费”这个事情，新闻出版总署调查发现，所有拿“封口费”的记者都是来自没有市场化或者是半市场化的媒体。对真正市场化的媒体，比如说，像《广州日报》啊，像《南方都市报》啊，这类的媒体，记者没有拿“封口费”。所以大家可以认为，这个市场化可以让新闻圈更干净。但是实际上未必如此。如果这个市场化不是一个很正常的市场化的话，记者有可能会变得干净一些，但是媒体会变得很不干净。为什么这么说呢？我就举一个最简单的例子，就比如说，2007年底2008年初，房价狂涨的时候，这个时候，地产乱象丛生，但是我们看到的媒体的报道都是一片叫好声，基本上是为地产商说好话的。直接原因就是媒体被广告收买了，媒体被地产集团收买了，媒体和地产集团一起托市。但是这个时候，《南方周末》做了一件很不一样的事情，就是当时碧桂园在湖南张家界拿地，它完全是跟政府勾结，拿这个地是零地价的，我们就把这个事情给揭露出来了。那么这个事情的后果是什么呢？媒体市场化的后果是什么呢？这么大一个新闻，按照这个常理来说，所有媒体抢着来做都来不及。但多数媒体却就做这个碧桂园怎么牛、怎么规范、怎么做慈善，搞正面宣传。然后有些报纸就大面积报道，有些报纸碧桂园还没给它广告，就说碧桂园怎么怎么好，最后就是说，《南方周末》说你们坏话，我们说你们好话，给我钱，然后人家就给它钱。这个后果是什么呢？就是我们成为了人家进一步拿更多钱的理由。这种事情，不只是发生在广州，其他地方都是相似的。比如前段时间，南方周末记者去做的揭露“康师傅”矿物质水的报道，就是说“康师傅”矿物质水是有很多问题的。第一就是它的水源原来是自来水；第二就是它的矿物质实际上就是添加进去的，这个添加剂是2008年才成为合法的，就是说以前是非法的，然后大家一直在喝都不知道。就这样一个事情，我们把它报道出来了。“康师傅”当然跳起来了，原来想要告我们，后来又没敢告，现在把我们告到中国记协去了。这个事情出来之后结果是怎么样呢？很多公关公司得利了。它们就给“康师傅”做公关，好多媒体得利了，好多媒体增收了“康师傅”的广告。

“康师傅”为了消除我们报道的负面效果，据说花出了几千万元。“康师傅”2008年出现“水源门”的事件，听说当时“康师傅”是花了一个天文数字的钱摆平问题。这就是中国所谓“市场化媒体”的现状。

再举一个例子，大家应该知道，2008年百度陷入“奶粉门事件”后，中央电视台趁火打劫，报道了百度的“搜索门”事件，就是它的搜索排行榜，很多是一些非法的医药公司。然后中央电视台满面正义地报道了这个事情，后来我们《南方周末》还挺没有眼光的，向它年度致敬了一下。结果2009年，真相出现了，百度是一个上市公司，它必须要有一个公开的报表，当这个公开报表出来的时候，摩根斯坦利的分析师就问：你们这个4000万元的所谓市场营销费是怎么回事？是不是你们给央视的好处费？百度的首席财务运营官他必须要面对这个提问，他说这是我们给央视的广告费：4000万元。

从这个事情就可以看出，央视用满面正义的方式去报道这样一个事情的时候，背后却是这样一个勾当。这就是中国好多媒体面临的现状。后来我写了一篇文章，发表在《南方都市报》的评论版上，我说了什么现状呢？就是那个山西“封口费”事件啊，那是小贼；而像有些媒体，比如说所谓“监督报道”，或者以被收买的方式去拿广告，搞所谓的“战略合作”，这个才是大贼。“窃钩者诛，窃国者诸侯”——这就是我们的现状。

所以，我觉得中国媒体，被这种利益集团收买的情况，已经是越来越严重了。中国社会的公众曾经希望媒体成为推动中国进步的一种很重要的力量。但如果媒体越来越多被利益集团所收买的话，我觉得它不但不可能成为推动中国进步的一种力量，还有可能成为完全为利益集团说话的一种机构，成为阻碍中国进步的一种力量。

所以我觉得，媒体怎么样来重建自己的道德，怎么样来制约媒体的话语权，怎么样让媒体走向真正的所谓新闻自由，我觉得这个道路非常艰难，并且，这个制度框架怎么去设计呢？我收集了很多资料，一直在思考这个问题，我一直没有想清楚。这也是我刚才说到的，我曾经想要来暨大讲这个话题，但是最后没有选择这个话题的原因。

谢谢！

学　生　刚才傅老师在提到报道瘦肉精事件的时候，要向他们购买整箱瘦肉精，不过我们传媒法课上有说过，这好像涉及了引诱违法的一些问题。就是说，像我们记者在收集证据的时候，像这一类事情要注意些什么才不会违反客观性、涉及违法的问题？

傅剑锋　我觉得这个提问提得蛮好的。我刚才提到的新闻真实性原则跟诉讼的关系里面有一个分属的原则，就是取证的合法性是非常重要的。如果你的取证过程非法的话，很有可能最后你会承担风险，并且是承担刑事责任的风险。所以我觉得，这方面问题要尽力去避免，特别重要的一点是，不要出现直接的实质性的犯罪行为。

比如说我曾经去调查地下的野生动物贩卖市场，如果我要取到最可靠的证据，我可以直接跟他产生交易，然后我把证据拿出来。但是我不会那么去做。因为，如果贩卖国家一级保护动物至少判刑五年，所以只要实施交易就至少会判刑五年，这个交易绝对不能发生，所以我当时去调查时，也是由贩卖组织人员与他们的头儿交流，到贩卖的那个阶段，我忽然找了个理由消失了。瘦肉精这个问题有些不一样。瘦肉精这个问题我们全部做了证据的保全，并且我们来到华南农大下属公司购买瘦肉精的时候，已经向广东省卫生厅举报了，这说明我们的行为属于帮助卫生厅收集证据的行为，这样我们就在法律上保护了自己，这是第一；第二，瘦肉精在法律上对于消费者和购买者的意义是不一样的。在法律上，作为购买者是不需要受罚的。所以，在新闻采访中涉及的各种行为，尤其是搜集证据的暗访行为，你一定要明白你的行为和刑法以及相关法律存在何种关系，然后要根据法条来判断行为的严重性；还有，一般最好不要发生实质性的行为，比如一个记者暗访色情场所，如果这个记者真的与这些人发生实质性的关系，他也会造成治安管理方面的问题。所以这个道理是一样的。我觉得法律意识也是保护自己的工具。

学　生　老师您对传媒现状最担忧的是什么？

傅剑锋　我并不担忧传媒是否堕落，这只是一个表象，我真正担忧的是我们的政府是否会真正地、逐步地让媒体说真话，是不是会真正地建立我们的宪政法治，因为只有这些建立之后，媒体中一些恶劣的东西（比如堕落）才可以得到抵制。这么说是因为，比如宪政法治健全的国家，它的新闻自由是可以保障的，这时有些媒体会相对比较堕落，有些媒体会坚持操守。大家相互竞争，这时那些好的媒体会逐渐被公众所选择，这是其一；其二，在这些国家内，可以通过行业协会来制约这些媒体的不良行为。但在中国，我们的记协、新闻工作者协会实际上就是摆设，根本没有产生制约媒体的力量。还有我们的学术界，也根本没有产生新闻批评这种强大的力量。在欧美国家，学院派对媒体是有制约作用的，因为他们对媒体产生了强大的批评力量，当一些媒体存在偏向的时候就会发出良知的声音。所以我真正担心的是，我们是否能走向宪政法治。如果真有这一步，那很多问题是可以自行治愈的。谢谢！

（掌声）

第八讲
寻求本质的真相——全球化语境中的经济报道

很多新闻不是在报道事实，而是在报道经过判断的真相，也就是一个刚刚从大学毕业后两年的人对这个世界的判断，而不是事实真相的存在。这样的话，我们的新闻事业就退步到意识形态的领域。我们作为新闻记者，有时候追求真相要屏蔽意识形态对新闻的侵蚀。

主讲嘉宾：南方都市报原副总编辑、时代周报总编辑　宋繁银

时　　间：2009年5月22日

主 持 人：暨南大学新闻与传播学院新闻系副主任　张晋升

讲座发言

很高兴来到这个场合，站在这个神圣的讲台上，跟大家分享我的工作和我对新闻事业的一些想法。我其实没有你们幸运，我是中文系毕业，在报社工作了12年。今天我通过回顾我个人成长的历程和《南方都市报》成长的历程，结合我在工作中碰到的问题，结合《南方都市报》大量经济新闻的案例，和大家分享我对寻找本质的真相即新闻的真实性的看法。其中，也会贯穿我认为作为一个合格的记者，应该在怎样的文化土壤里成长起来。

一、中国需要自己的声音

这几天我一直处于非常激动的状态，通过奥运火炬的传递，经历了汶川大地震，中华民族找到了自己的声音。我们国家从1840年以来，突然失声了，是一个失声的中国，但是从这两个事件中，我们听到了中国的声音。我觉得2008年是中国重新找到自己声音的时候。

我是1990年到北大的，其实我在这个过程中也是在寻找自己的声音。《南方都市报》在自己的成长过程中也是在不断地寻找自己的声音。进入北大以后，我受到了老师关于人性的两极的影响。哈姆雷特的基因和堂吉诃德的基因对我的影响非常大。我一直都是按照老师指导我的一套理论来生活。在北大的时候，我立下志愿：一定要从事新闻事业。当时，我组织了文学社，学习了存在主义、现象学、文化研究、女性研究等，我觉得一个成熟的记者必须有深厚的文化内涵。因为我们的工作必然一直在报道人的境遇，如果没有深厚的人文素养，一个记者不可能形成自己的见解和思想。

我在新的人文主义思潮里面成长起来。1995年我大学毕业进入南方日报社，在范社长的领导下，我们创办了《南方都市报》，这个是我一生最光荣的经历。那个时候我们没有刊号，整整两年的时间，十几个人，800元的工资。一直到1997年才有了正式刊号，做到如今。当年，我们的老主编领着我们一群人提出了“改写中国新闻”的口号。年轻的我从一个单纯的怀抱新闻理想的人，跟着南方报业传媒集团一批老的新闻工作者，慢慢成长起来。《南方都市报》给人的感觉是在不断地冲击新闻的禁区。大概有三年的时间，我们生活在悬崖峭壁上。报纸面临关门的境地，平均每周就有这样一个危机。但在这个过程中，《南方都市报》在成长，也在慢慢地调整办报的方针。其中一个里程碑就是经济新闻的创办。以前我们是一个“喊打喊杀”的报纸，通过经济新闻中比较理性的东西，我们在编辑纲领上，往一个比较理性的方向去调整。到目前为止，《南方都市报》仍处在一个不断演化的过程当中。这份报纸是一份成长中的报纸。柏拉图曾讲了一个“人造之物”的概念，我觉得报纸也是一个“人造之物”。《南方都市报》开始从社会新闻的报纸逐步演化成现在这样的报纸。在《南方都市报》的成长过程当中，你会发现，创业就是这样一个逐步成长的过程。我有一个梦想，中国必须要逐渐找到自己的声音，那什么是中国的声音呢？对于美国来讲，美国的声音就是CNN、《纽约时报》、《华盛顿邮报》、《新闻周刊》、《时代》周刊，英国的声音就是《金融时报》、《泰晤士报》，那中国在世界这么多民族当中，我们发出声音的是什么？我觉得我们需要中央电视台，但这是政府的声音，除此之外，我们还必须有老百姓自己的声音。南方都市报一代一代的新闻人主要的梦想，就是改写中国新闻史，到今天，我们还是在这里奋斗，我们的想法就是为我们的国家创造一个声音，能够对等地和《纽约时报》、《金融时报》这样的全球大媒体对话。

南方都市報

进广交会馆禁自带翻译

境外公司驻华代表办进馆证必须提供“无罪证明”

在巴黎火炬传递中遭到“藏独”分子殴打冲击

残疾女火炬手勇护火炬

东航“返航机组”暂被停飞

民航局初步认定有关机组涉嫌人为原因返航

贵阳百名学生喝矿泉水染甲肝

《残疾女火炬手勇护火炬》报道

二、新闻工作：追求本质的真实

奥运火炬传递事件中，我们爱国的学生都很心痛，仿佛无论怎么表现，我们都是错的。这件事情坚定了我新闻救国的理想。从我们新闻系的学生到像我这样从事新闻事业12年的新闻人都在反思一个问题：什么是新闻真实？我今天想和大家分享的就是，我们新闻事业应该追求的不是表象，不是片面的真实，我们应该追求本质的真实。新闻对于我来说是神圣的。如果新闻是一门宗教，那核心的教义肯定就是对本质真实的信任和信仰。首先，我们不能走虚无主义的道路。很多新闻从业人员到了10年以后都有一个幻觉，认为世界就是意识形态，在这些话语里面实际上是没有真实的。我觉得这是新闻人最大的职业危险。我离开北大加入南方日报的时候，一位在北京工作很多年的大报记者告诉我，新闻这个工作做5年你可能会耗尽所有的热情，接下来就会出现没有价值观的相对主义。对于新闻人来说最可怕的事情就是对世界上有没有真实产生了幻觉。经过这么多年的工作，我认为世界上还是有本质的真实存在的。我觉得真实是新闻职业的基石。“做人不能太CNN”，如果都像CNN一样，图片可以任意剪辑，新闻就不是新闻，而是肮脏丑陋的政治。所以我定义中的“新闻事业”就是不断地追求真相，无限地接近真相，以及我们怎么样把新闻完全呈现出来的漫长的过程。我们对世界的认识、对一个事件的认识、对一个人物的认识，都是一个痛苦的过程。我们寻求本质真相的过程，就是一个异常痛苦的过程。大家将来都是记者，每一篇稿写出来以后，都会产生一定的社会效应。如果写出来的东西是假的，或者你以为是真实的，其实效果是假的，这篇稿件的社会贡献就是负的。如果是一份非常偏激的报纸，这样的报纸对社会的贡献就是负面的。《南方都市报》在出生的时候很稚嫩，也犯过错误，不过慢慢地它逐步成长起来。有的时候寻求真相是孤独地求索，有的时候寻求真相是义无反顾地捍卫。到达真相的彼岸不是只靠我们年轻人的激情就

A09

部分外媒炮制不实西藏报道

拉萨释放部分参与人员

女主播揭露真相遭恐吓

《部分外媒炮制不实西藏报道》报道

足够了。比如我们涉及刑事案件、灾难事件的时候，有可能一到现场就知道自己想要的东西的时候，不过当我们要处理更为复杂的事件的时候，比如说思想界和经济界的现象，比如现在物价上涨很多，这背后肯定会有更深层的东西。所以不是光靠我们的热情就足以理解一些本质的真相。拿《南方周末》的口号来说，新闻工作对社会的价值就是帮助读者“在这里读懂中国”。用我们的笔传达公众所不了解的这个世界、这个国家。公众不知道的就是新闻。

南方都市報

新华社报道指出，“3·14”事件是骇人听闻的严重暴力犯罪

拉萨打砸抢烧真相

第二套房贷政策现松动

广州市区个别银行称卖房再买房可算首套　政策模糊银行打“擦边球”

新疆和田

7.3级地震

震中位于昆仑山区，无人员伤亡报告

4008355166

《拉萨打砸抢烧真相》报道

西方哲学认为：“世界是表象的世界，是现象界。”佛祖说：“眼睛看到的都是‘象’”，康德认为：“万事万物呈现出来的都是投射在心灵上的静止”。新闻记者首先要认识的就是这种表象。我建议大家好好地思考一下现象和本质的关系。西方哲学就是从这里开始的。我对世界的看法也是从这里开始的。佛祖讲了“瞎子摸象”的故事。健全的人都知道大象是什么样子，而瞎子却认为它是扇子、是柱子。这是个伟大的故事，佛教关于世界的认识也是从这里开始的。我经常给新进来的记者讲这个故事。也许你只是报道了真相的一个侧面，这时你就像摸象的瞎子一样，想“这是一个扇子，这是一个钢锥”。这时我们发现，我们写稿的时候，佛祖就笑了，就像瞎子说大象是扇子的时候一样。每次写稿的时候我就在想，可能当我写到军事问题的时候，部队的人就笑了，可能当我写到经济问题的时候，农民伯伯就笑了。比如最近我就学到，一斤肉等于七斤粮，所谓粮食问题，就是随着中产阶级的增加，我们对畜牧业的发展需求更大，粮食供应的曲线不是自然地增加，而是与富裕程度挂钩的。以前我们却把粮食危机与人口的增长直接挂钩起来。对于这些问题，我们报道没有找对方向，经济学家就笑了。所以我建议大家，每次写稿的时候，都想一想，是不是会犯这样的错误。我们不要满足于眼前所看到的东西，不要像摸象的瞎子一样。我们应该尽量向读者描绘一个完整的大象。我们实际上要多维度地去观察、报道事物。光是透明无色的，但是我们用棱镜，就能折射出七彩之光。我们记者的工作就是棱镜，我们是摆在公正面前的棱镜。我们一定要有棱镜的功能。索绪尔和乔姆斯基两位语言学家把世界分成能指和所指两个部分，我们有太多的词汇，太多的能指有时候会发生断裂、扭曲、滑动，能指和所指并不对应。所以现象界和实在界有时候是分离的。从新闻来说，被采访对象有时说的和实际差得比较远，这无形中增加了我们对本质真实追求的难度。人生就是对真理不懈追求的过程。

比尔·盖茨说，以前认为资本主义的实质就是亚当·斯密《国富论》中说的，人人自私自利，而自私加起来就是利他的。但是亚当·斯密在写《国富论》以前，写了《道德情操论》，强烈要求大家有利他的道德情操。比尔·盖茨觉得资本主义生病了，可能用于治疗男性秃头的投入是治疗非洲痢疾的科研投入的十倍、百倍甚至千倍。比尔·盖茨看了《道德情操论》以后，就看到了资本主义的另外一面，加入到利他的行列当中。同一个作者，既能从经济学的角度看资本主义，又能从社会学的角度看，这就是全面地看待世界。而有位经济学家曾经用经济学的理论来解释黄继光为什么要堵枪眼，我觉得这是错误的，我们经常用纯粹理性的东西来解释我们的价值观。经常把用在A方面的理论来解释B方面的问题，所以这时候离本质的真实就差得太远。如果我们记者这样去认识问题，就是离本质的真相的距离越来越远了。

另外，真相有几个不同的层次。比如粮食危机不仅与人口增长有关，也与国际竞争、油价上涨、生物能源开发有关系。每一个维度你都可以发现一些真相。比如东莞童工的问题，可能我们只是看到他们被压迫。但我想问一个问题，他们是不是自愿的？是这个体系的罪恶使得一个凉山的孩子自愿加入这个体系，这才是真

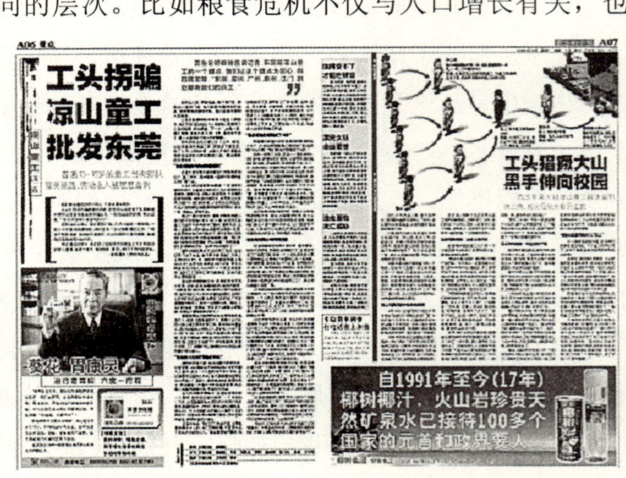

A06

A07

工头拐骗凉山童工批发东莞

黑手伸向校园

东莞童工买卖相关报道

正让我触目惊心的真相。另外，我们处在国际制造业金字塔的最底端，每一层都有利润，他们预留给东莞工厂的利润少了，造成了工厂不得不雇佣廉价的童工，压榨变得更加残忍。这种贸易体制问题也是一种更深层次的真相。真相对我而言，应该是一个从不同层面整体把握的东西。作为记者，当我们期待着报道更为复杂的"人造之物"时，我们应该从东莞童工的表象中看到各个层面的真相。

三、财经记者：高度、深度、广度

对南方都市报经济新闻部，我有四个要求：第一，在报道任何经济事件时，我们都必须要有国际视野，必须要把事件同全球化联系起来。我认为东莞童工事件是个国际化影响的结果。全球化不是一个被报道的现象，而是我们生活的方式。我们每写一篇文章都参与到国际话语体系的建设之中。我们一定要在这个环境下从事新闻工作。《南方都市报》虽然是中国排名第一的报纸，但是讲话似乎还是没有什么分量。实际上，我们的话语权被西方的国际媒体所侵蚀了。我们新闻报道的声音也应该放到国际视野当中。

第二，我们报道经济要有政经的高度。就是我们要从整体把握管理层，比如政府、主流政党控制这件事情，比如证监会的政策直接影响到股票市场的起落，所以我们要从政经的高度去把握这些事情。任何一个政经记者必须关注世界的政经领袖在核心论坛讲的这些话语、指明的方向，我们必须去解读十七大报告为我们的国家、民族提出的改革蓝图，我们必须理解为什么政府报告会有这些话，这些话是如何表述的。我觉得做一个合格的财经记者，一定要站在政经高度上去理解社会。实际上，我们不妨把人类看成是一个没有进化好的物种，离所谓的"兄弟的境界"还差很远。在国际上，各个民族都在竞争国际生存空间，我们没有必要去欺骗自己，所以各个民族国家从17世纪开始，就以民族国家为单位展开生存空间、话语空间、语言空间的争夺。从我做国际新闻开始，我养成的习惯就是对世界的领袖保持追踪的状态，奥巴马这个人物的出现尤其让我激动。在座的各位，我希望你们不管以后从事什么行业，都要保持习惯，就是时刻跟随一些政经领袖的思路并且试图去理解他们。

第三，做一个合格的财经记者，他去理解事物应该有一个财经的深度。这几天我每次看电视都哭，一看到温家宝总理就哭，总理的眼泪感动了所有电视机前的中国人。总理真心希望全中国人民都过上很好的生活，真心希望震中的楼坚实抗震，不是豆腐渣工程，这样就不会出现900个小孩子被压在教学楼下面的血淋淋的事实。但是我们要平衡我们的视野与观点。良好的意愿和赤裸裸的现实成为鲜明的对比。范社长肯定希望能多给员工发点钱，但是我们要用财政经度去理解报纸还有一个平衡问题，放大来看就是国际收支平衡的问题。前几天有一个非常有意思的报道，它从财经角度去报道吉林大学快破产的新闻，我觉得这是一个非常好的角度、维度，但是这也是一件多么可笑的事情——事业单位是破不了产的。

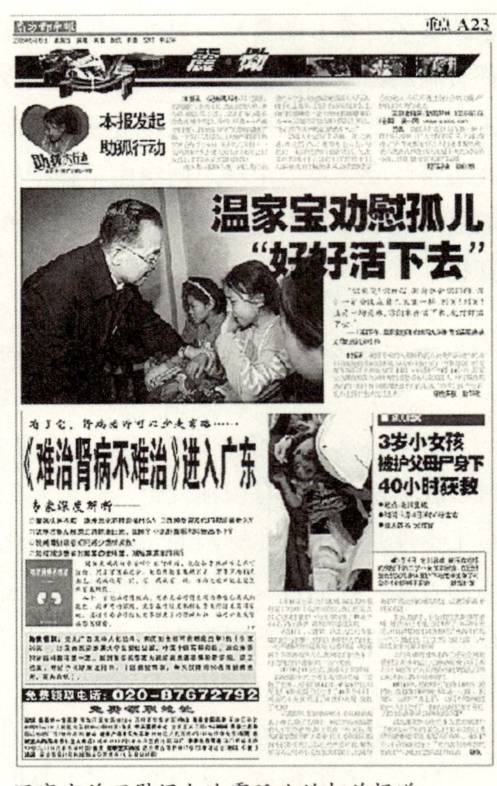

A23

本报发起
助孤行动

温家宝劝慰孤儿
“好好活下去”

《难治肾病不难治》进入广东

专家深度解析——

3岁小女孩
被护父母尸身下
40小时获救

免费领取电话：020-87672792

温家宝总理慰问大地震孤儿的相关报道

第四，我们作为一个财经记者要有广度。马克思对人类的分工讲得十分清楚，即产业链接着产业链。2009年南方都市报可能没有2008年的利润多，因为我们的上游——新闻纸的价格飙升20%。为什么新闻纸的价格飙升20%呢？因为我们用的材料是天下最不环保的，我们用的纸一定要用针叶林，这些原材料控制在瑞典、俄罗斯、加拿大的手中，这里面就有一个国际贸易的因素。所以他们涨了纸价，导致《南方都市报》在深圳要卖两块，造成我们利润的降低。正如我刚才分析的“东莞童工事件”，也是在产业链当中。做一个合格的财经记者，不能只是看到问题的一个方面。如果只看到《南方都市报》的营销，我们就会疑惑，难道是我们不努力吗？肯定不是这样，它应该置于产业链中。我们要用整体全面的眼光来看事物，才能把握经济现象。

四、脱离意识形态的偏见，从具体情境中把握真实

我觉得这一切还不够，我想加第五个维度。我们要加很多非理性的东西。

刚刚讲的都是和理性相关的东西，我还想进行一些非逻辑层面的延伸。比如说“家乐福”新闻是一个经济新闻，全国人民一夜之间抵制家乐福，没有任何证据表明家乐福支持“藏独”，家乐福官方态度永远表明不支持“藏独”；但是对于家乐福来说，这就是生活的一部分：“五一”大家都促销，它是不能促销的。所以对于经济来说，还有许多非理性因素，就是情感维度的东西在起作用。

要把事件和人物放在一个特殊的情境中，放在理智与情感的交会点上来讲，一定要把当时的决策者放在当时的情境中考虑，才能完全把握其中的真实。中国人有一句俗话：“站着说话不腰疼”，我们的记者经常会出现这种问题，对事物的看法也就变得偏激，他的立论有时就不够沉稳。

我是中文系出身，中文系研究叙述学，就是讲故事，用文本之间的张力来突出一件事，意义是怎么产生的，意义是在上下文中互文产生的。我年轻时是写诗的，海明威有个“冰山理论”，你看到的是露出的两个冰山，其实下面是一块大陆，所以不把一件事放在特定情境中，你就不能理解这个事件的所有真相，以及其带来的所有意义和冲击力。比如说，我们不能因为袁世凯是第一个搞村民选举的人，就将袁大帅塑造成“民主急先锋”，其实它是政治斗争的产物，那个时候全国各地争试点，清廷五大臣去考察，北洋直隶想搞试点，于是袁世凯变成了中国实现“一人一票”的第一人。但是我们不能因此说，我们发现原来袁世凯是中国最革命、最民主的，这只是真相的一部分。另外一个后来被打成“右派”，叫张君劢的，他是第三势力的代言人，中国“宪法之父”，国民党的第一部宪法是张君劢写的，我很崇敬他，他是儒学大师，并以传播宪政为己任，但在传播这个新闻时，不要忘记美国每个月给他两万美元，让他在香港组党，颠覆国家。我们认识一件事情时，应该完整地认识，放在一个特定的情境当中，才能到达追求本质的真相的过程当中。我觉得，作为一个新闻记者，首先必须充分思考，应该将人物与事件放在具体的情境当中，以这样的方式将故事传达出来，否则将走向另外一个极端，新闻将走向意识形态化。有人讲过一句话：“我们现在从新闻媒体上读到更多的是记者们的定性判断，而不是经过反复核实的事实真相。”非常遗憾，很多很多的新闻不是报道事实真相本身，而是经过判断的真相，也就是一个刚刚从大学毕业后两年的人对这个世界的判断，而不是事实真相的存在。这样我们的新闻事业将退到意识形态的泥潭。

奥克肖特讲过："我们最大的敌人，最大的病症，就是意识形态的偏见。"

但在这世界上，大家再回忆我一直跟大家强调的瞎子摸象这么一个故事，新闻如果有意识形态的话，就变成了意见新闻，就离我们纯净的真相越来越远，就跟我们制造出来的能指与所指差得很远。我们作为新闻记者，有时候追求真相就是要屏蔽意识形态对新闻的侵蚀。

我跟奥克肖特的想法一样，任何一种意识形态，都是偏向于遮蔽真相、粉饰真相、剪裁真相，大家看到CNN那幅图是吧，就明显是暴徒袭击军车，变成了军车去撞暴徒，是吧？这就是剪裁过的真相。

我觉得新闻事业最大的敌人，对于真相追求的最大的敌人，就是CNN这种粗暴的剪裁，但是我们再反思，从事过这么多年的新闻事业，难道我们没有剪裁过真相吗？难道我们没有把我们自己的观点强加到事实上面？时代给我们新闻人提出了一些课题，我们要进行一番努力。我是一个信仰新闻事实的人，这是我这么多年来摸索的一个想法，英国的保守派的一个政治家说过，再没有什么东西比意识形态更让人分裂了。

作为有使命的新闻工作者，真相是唯一能使我们像兄弟姐妹般团结的一股力量。我们作为新闻工作者，要有大无畏的精神，我们要不受意识形态的迷雾的影响，非常勇敢地去探究这些事情。

我们做所有的事情都要想这个对我们有没有好处，这是文化的一个非常大的病症。我觉得在中国的言论界，在中国建设新文化、建设符合大国崛起的环境中，这个教室里的人，我们新闻界的人，是看得最清楚的。

我年轻的时候，读到了柏拉图这样的表述，他说"所谓的国家，所谓的宗教教会，都是人造之物"。我当时想，那我们就可以创造出来新型的国家与文化，所以，我自认为是"五四"的孩子，而像一个27岁的年轻人，我的老乡胡适敢于去否定所有，我到现在都没有这样的勇气。

不要认为《南方都市报》的新闻就是完美的，还远远不够，不要以为我们在课堂上学习的理论就是完美的。追求真相对于我来说是漫长的过程，对我们同学来说也是一个漫长而痛苦的过程。我们这么一个伟大的国家，需要在世界上发出与我们国家相称的声音。我们需要我们自己的《纽约时报》，我们自己的《金融时报》，我们需要一些用全球化的话语来表达自己的新闻记者，我们回到真相的本质，我希望为这个事业奋斗很多年，也邀请大家为此奋斗。

提问环节

学　生 请问在全球化语境中我们应如何进行新闻报道?

宋繁银 全球化不是我们报道的对象，而是我们生存的一种方式。我们上这堂课，事实上就是在一个国际语境里进行的新闻学训练。我们每写一篇文章都是参与到国际化的话题体系中去。在这样的环境下从事我们的新闻工作，如果把一件事情放在国际视野中观察或许更能体现它的意义。比如说，中国革命，如果把革命的相关事迹放在国际视野中，它代表的意义就不仅仅是中华民族了，它掀起了国际范围内反殖民的浪潮，也必定跟接下来的各项革命运动产生关联。现在，中国企业面临的都是国际竞争的问题，我们每一个从业人士直面的也是国际竞争。比如说，“西方中心论”造成了西方媒体就是比我们大，我们在媒体界说话的声音并不十分有分量，也就是说，我们的话语权更被“西方中心论”侵蚀着。因此，我们的新闻事业也必须纳入国际视野。我要说的是，我们报道经济类的事物要从总体上导入管理层。任何一个经济记者，都必须解读十七大给我们国家民族提出的改革的蓝图，理解为什么政府每年的工作报告会反映这样的问题。一名合格的经济记者，一定会从政治的高度上理解问题。

我认为人物和事件一定要放在一个特定的情境中。中文系研究叙述，就是讲故事，20世纪八九十年代的大学生认为叙述就是讲故事，就是以文本之间的张力来突出一件事，也就是说意义是怎么产生的，意义就是上下文互文产生的。但是，把事情放在特定的情境中，也不一定能理解这个事情所蕴涵的所有的真相以及它所带来的全部意义和冲击力。比如说，我们不能因为袁世凯是第一个搞“一人一票选村长”村民选举的人，而把他塑造成民主先锋，因为这仅仅是真相的一部分。我要说的是，我们在做报道的时候，即使再崇敬一个人，也必须要完整地认识他。只有经过对事情发展的多个判断，才能说得上是从本质上寻求新闻真相。作为一名合格的记者，我们必须学会这种充分思考的方法论，并在报道过程中将人物、事件放在当时的情境中，尽可能丰富、完整地把故事传达出来。否则，新闻报道将走向另一个极端。

一个名人说过："我们现在从新闻媒体上读到更多的是记者们的定性判断，而不是经过反复核实的事实真相。"让我十分遗憾的是，我认为当前许多新闻报道并不是在报道事实，那些记者写作的手法就如刚刚毕业两年的年轻记者对事件的判断，远远不是事实的全部真相。这样的话，我们的新闻事业就退化到意识形态的领域。我们新闻记者最大的敌人就是面对来自意识形态的压力。新闻记者有时候要追求真相，就需要注意屏蔽意识形态对新闻事实的侵蚀。

这给我们新闻人提供了课题，我们应该进行一番趋利化的努力。这些年来我摸索得出的最大的想法就是对新闻真实的信仰。"文革"期间的叙事方式是先给具体的人和事"扣帽子"，然后再乱棍打死，正常的政治辩论和意见表达都会被"扣上右派帽子"，那时不允许讲事实。所以，我们国家受意识形态影响最极端的表现形式就是"文革"。作为有使命的新闻工作者，必须认识到真相是唯一能让我们像兄弟姊妹般团结的一股力量。真相就是鼓励。我们必须有大无畏的精神，做到不受意识形态的影响，我们要非常勇敢地捍卫真相。

非道德化的困境，就是所有的事情我们都要会，对待所有的事情都要想对我们有何好处，这是我们目前面对的非常大的文化弊端。

在中国的言论界，在中国建设新文化，建设符合我们大国崛起的这样一个新文化的征程中，我们新闻界的人站在最前沿。

第九讲
如何提升报纸信息的传播品质

提升报纸信息传播品质有5个发展节点，这5个发展节点就是差异化设计、易读化设计、大视觉整合、人性化管理、全媒体传达。

理想的报纸版式要与报纸的品牌气质相吻合，不同定位的报纸有不同的设计风格，没有最好的版面设计标准，只有最合适的。

主讲嘉宾：南方日报版式总监兼视觉新闻中心副主任　赵小星

时　　间：2009年5月28日

主 持 人：暨南大学新闻与传播学院新闻系副主任　张晋升

讲座发言

主持人 现今，视觉设计在扩大传播效果中起了非常重要的作用。从这几次《南方日报》的改版中，都可以看出，视觉传播、版面设计在整个产品的创新方面发挥了重要作用。今天非常高兴邀请到赵小星先生来到我们“南方训练营”的课堂，对“如何提升报纸信息的传播品质”发表演讲，欢迎！

（掌声）

赵小星 很高兴有机会在这里和大家交流一些报纸版面设计的知识，也很感谢范院长和张老师给我的这次机会。

记得我在学校的时候，对哪个老师的课程比较感兴趣，就会尽量往前面坐一点，所以我很感谢前面坐的这几位同学，你们给了我足够的支持鼓励。我这次来，不是过来做老师的，而是作为一个朋友，跟大家交流一些可能大家还不是很熟悉、还没有去专门研究的一些报纸视觉设计方面的东西，希望坐在后面的同学尽量往前坐，因为可能还有一些互动的时间，跟大家共同探讨一些问题，而且我的演示大部分是报纸版面，往前面坐，很多细节才能看得清。

这次我准备讲“视觉设计提升报纸信息传播品质的5个发展节点”，因为考虑到大家可能很多都没有在报纸做过的实践经验，所以重点会讲3个节点，另外加一个图形设计的内容。这5个发展节点，就是差异化设计、易读化设计、大视觉整合、人性化管理、全媒体传达，人性化管理和大视觉整合这两点我就不讲了，主要讲其他3个节点。

我们报社去过很多实习生，过来的话我会亲自带他们，我一开始就会告诉他们，首先要清楚什么是好的报纸设计，让他们分析什么样的报纸设计是成功的，哪些是不合适的，哪些是合适的，通过分析国内外好的报纸，以最快的速度把自己的眼界提高。实际上你动不动手做版，都不重要，关键是你首先要有正确的设计理念。

一个事物的发展往往不是一个笔直向上的过程，很可能是一段一段地阶梯式地前进，报纸发展的过程也是如此。我在报社做了五六年的设计，这期间经历并总结出了对报纸视觉发展有重大影响的一些关键问题，对这些问题，我也做了一点探索、一些思考，有些东西只是个人的观点，不一定成熟，在这里跟大家再来一起探讨。

第一个节点　差异化设计——报纸改版的竞争策略

大家可能经常听说，什么报纸改版了，某某报纸又改版了，特别是在广州，这么多份报纸，经常能听到一些报纸在改版。报纸改版，在版式方面，它最关键的一个理念是什么呢？就是差异化的设计。在改版中，版式的最根本目的是增强视觉竞争力，跟其他报纸竞争，你首先要抢眼，让大家来关注这份报纸。报纸的视觉差异化竞争策略，是打造视觉竞争力的一个利器。大家可以到现在的报摊上去看一下，几乎没有哪两份报纸是完全一模一样的，每个报纸或多或少、有意识无意识地都在运用着差异化的设计策略。

实行差异化竞争策略，最关键的是根据自己的定位和拥有的资源，找到自己最擅长并且是别人无法赶超的设计竞争优势，集中全部资源，全力以赴做到最强。这句话看起来比较长，实际上包含着几个东西：首先要找到自己的定位，每份报纸定位是不一样的。《南方日报》是党报，我们的定位是严谨、高端的政经大报；《南方都市报》，明显是一个更市民化、生活化的报纸。各个报纸定位不同、内容不同，以及设计资源也不一样，设计形式也自然是相应地有所不同的。打个比方说，你要设计一份报纸，如果它没有太多的图片资源，你偏要用图片来做主打的话，可操作性就很小；如果你能在学校里找到很多漫画插图的高手，那么你可以用更多的插图漫画，作为报纸的优势设计元素。而且找出这个资源优势之后，还要集中全部精力去做，如果你太贪心，觉得每一种东西我都想做得最好，结果你很可能在每个方面都只能做到第二、第三，你的报纸也就没有了自己的核心设计优势。

那么，我们怎么去实现报纸视觉设计的差异化？

第一，打造鲜明的个性形象。

理想的报纸版式要与报纸的品牌气质相吻合，不同定位的报纸有不同的设计风格，没有最好的版面设计标准，只有最适合各报特点的设计风格。换个角度来理解，我们对刚认识的人一般都会有个直观印象：这个人比较活跃，那个好像比较沉稳，这个同学比较时尚，那个同学有点土气。这些印象是怎么形成的？就是你根据他的穿着打扮、衣着品位判断的。不同的外在形象对应着不同的气质类型，你的衣着是塑造你的个性的一个部分，同样，版式就是塑造一个报纸品牌个性的非常重要的一块。

视觉差异化的意义在于使报纸能够得到不同阅读人群的关注。每个人都有自己的兴趣爱好，你的阅读兴趣需求，包括你对一些形式设计的感觉，都会影响你购买一份报纸的选择。为什么很多人喜欢苹果的手机、电脑？因为苹果的形象设计非常新颖、非常人性化。同样，有些人喜欢诺基亚的东西，有些人喜欢索尼的东西，也都跟它们设计的形式风格、审美倾向有关系。一份报纸个性鲜明的极致，是能够具有人的性格特征，就是拿到一份报纸，你一翻就能大概感觉到这份报纸是给哪一种读者看的。

《南方日报》和香港的《文汇报》，是两种截然不同的设计风格。香港的报纸，大多是色块浓烈、字体粗壮的，而《南方日报》是极其素雅简洁的，这是两个极端的对比。就国内的报纸来说，同样是地市级的党报，《东莞日报》和《厦门日报》，它们的风格也是截然不同的。看看全国较具影响的报纸，几乎各个报纸都有着它独到的设计特色。这些是我们集团内的报纸（共是11报8刊），看到这些版面，你会发现，它们形成的这些形象气质是非常具有差异性的，相应的，我们这11报8刊的内容定位、读者定位的差异化都是非常明显的。

在报纸生产经营作为一种文化产业运作的今天，要有效地吸引新读者、培养忠诚读者，个性化的形象必不可少。对于报纸设计，这几年大家才开始做专业性研究，美编的地位也越来越重要。实际上在国内，平面设计中，广告行业、包装行业的视觉设计发展与研究，是走在报纸之前的，现在很多报纸引入的VI，就是企业很早就全面应用开的，报纸才逐步学习引入。你们可以看到，《南方日报》做的这些广告，它的色调，都是用红、蓝两种颜色。《南方日报》本来标准色就是红色，但为了和同城的《广州日报》、《羊城晚报》等拉开区别，我们加入了一种蓝色的标准色，用了红、蓝两种颜色。现在大家可以看到，我们户外的读者文化驿站、发行员的服装，还有发行太阳伞，都是统一的蓝色调。这是第一点，就是用视觉VI化管理塑造鲜明的形象。

第二，相反化的设计。

美国定位大师特劳特(Jack Trout)打造品牌的经典原则之一，就是选择与你的主要竞争对手相反的颜色。就像“百事可乐”与“可口可乐”的蓝红对比；一直以来洗衣粉包装几乎都是以蓝色为主调的，可“汰渍”敢为天下先，用了橙色包装一举出彩；还有家用电器，大家认为风扇、冰箱就应该是白色的，后来彩色家电一样赢得了很多人的喜爱。总之，你要形成鲜明的个性。要想凸显出来的话，你就要选择与你的对手相反化的设计。在实践中，一个报纸的视觉设计风格，不仅要考虑自己的形象定位，还要考虑竞争对手的定位和设计。你不考虑对手是不可能的，如果所有的报刊封面头条都是一样的，所有的图片选择都是一样的，所有的标题都是一样的，大家都是一模一样的设计，你就永远不可能吸引到新的读者。大家如果以后有机会进入一家报社，并负责对报纸进行视觉设计的话，就必须考虑对方最弱的是什么，我们最强的是什么。

这是一个品牌打造的基本原则：效仿你的竞争对手就几乎没有超越对方的机会。搬到视觉设计里面，也是一样的，我们不可能用模仿对手而超越对手，这种成功概率几乎就没有。

1997年，《南方都市报》转为日报出版的时候（那时候程益中是采编负责人，大家不要以为版式设计只是美编的工作，实际上跟老总的发展理念、审美观是有很大关系的），程益中就说，我们的报纸不要学任何一家。从板块设计、视觉设计、整体格调，它都要走一条新路，最后它出来了，变成了别人学习的对象。《新京报》是南方都市报的人出去办的，当时几乎所有的采编骨干人员都是从南方都市报带过去的，但《新京报》却还是力求与《南方都市报》的视觉设计风格不同，形成了截然不同的形象气质。这就反映出一个道理，就是说视觉设计模仿是没有出路的，只有树立自己的风格才有生命力。

这里有3份经济类报纸，《21世纪经济报道》、《第一财经日报》、《经济观察报》，大家可能认为同是经济类报纸，版面以文字为主，视觉设计风格应该都差不多吧，但是它们是不一样的：《21世纪经济报道》特意加强了绘图这一块设计元素；《第一财经日报》内容综合性强，不仅是经济新闻，只要跟经济相关的时政新闻它也刊登，所以它照片运用较大较多；《经济观察报》创意制图一度成为它的设计优势，包括它的报型、纸张都力求与众不同，它是橙色报纸，也是最早的“瘦报”之一。这3种报纸，你在报摊上一眼就能分辨出

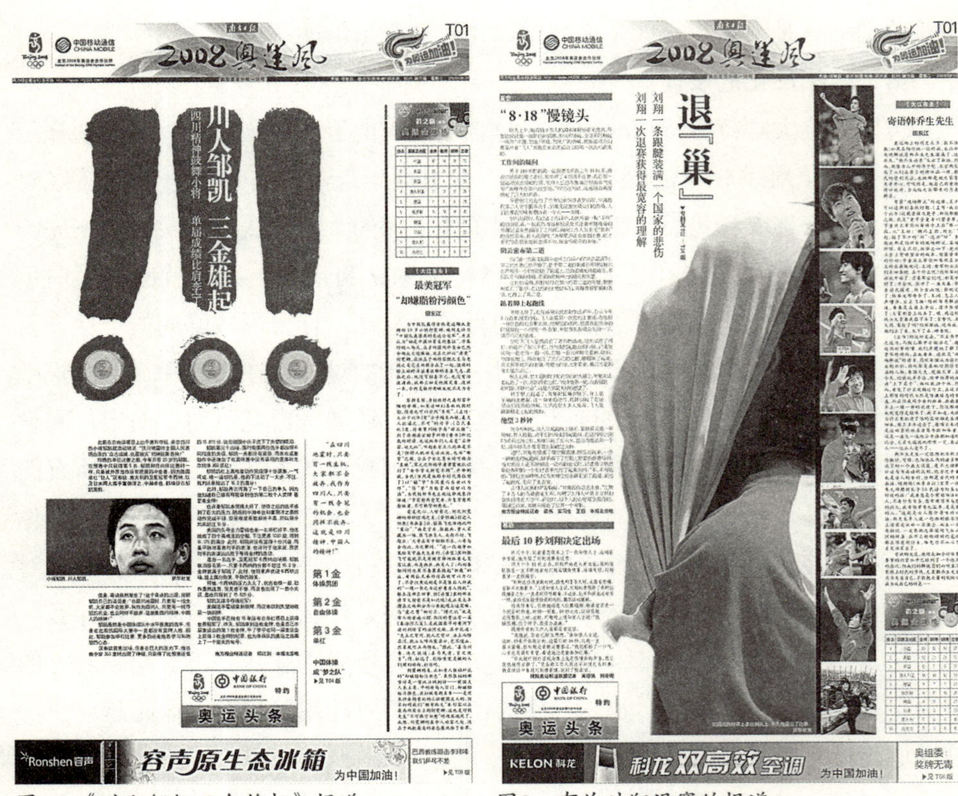
2008奥运风

T01

川人邹凯 三金雄起

四川精神鼓舞小将 单届成绩比肩李宁

第1金 体操男团

第2金 自由体操

第3金 单杠

奥运头条

容声原生态冰箱 为中国加油！

T01

2008奥运风

退『巢』

刘翔一条跟腱装满一个国家的悲伤

刘翔一次退赛获得最宽容的理解

"8·18"慢镜头

最后10秒刘翔决定出场

寄语铮乔生先生

奥运头条

科龙双高效空调 为中国加油！

图1　《川人邹凯三金雄起》报道　　　　图2　有关对翔退赛的报道

来，所以说，同一类的报纸也要有不同的设计风格。

这是我们《南方日报》2008年奥运会做的两个版面，为什么挑这两个版面呢？这是邹凯夺“三金”时候的报道(图1)，因为邹凯大家都不是很熟悉，所以当时全国90%的报纸都以他拿金牌的照片作为这个报道的主图，但是我们为了跟其他报纸拉开差异，就用了这种图形创意为主图，同时为了让大家认识他，又放了他的一张人头照小图；还有这个刘翔退出比赛的报道(图2)，全国媒体大都是用的他那个背影，但是我们特意用了一张蒙着脸的图片，有些报纸也用了这张，但几乎都是一个全身的，我们是把他的头做大特写，把它特意挖切出来。就是这样一些设计，使我们跟其他报纸拉开差异，我们才能形成自己的一些风格。

第三，聚焦，力求第一。

这个原则不仅是对视觉设计，对任何产品、品牌塑造，包括个人的事业发展来说，都是一个有效的原则。聚焦，成为第一或者成为最好的品牌，会比居后者获得7倍以上的关注度和记忆度。力求在某方面成为第一的竞争策略，比你在各方面都成为第二有效得多。而成为第一并不是那么容易的，你没有很特别的努力，就不可能在哪方面做到第一。《阿甘正传》大家都看过，以阿甘的智商情商，集中精力，连续一年每天苦练乒乓球，也能打得很好。你要成为第一，最简单有效的方法就是把有限的资源、有限的精力、有限的财力物力放在一块，全力以赴把某一个设计元素发挥到极致，就能形成一个鲜明的版式风格，形成你的视觉优势。

那么，独到的设计资源，可以是哪一些呢？包括报纸的质地、开本、字体、留白、色彩、图文比例、板块分栏、制图插图等等一切的设计元素，如果你把一个元素强调得好、做到极致的话，你就具有了独到的设计优势。这一份是《都市快报》，是国内比较早的“瘦报”；旁边这个是英国的《卫报》，2006年被评为“全球最佳报纸设计”，它采用了罕见的“柏林式”报型，国内还没有一家使用，这种报型大概是介于《南方都市报》和《南方日报》中间大小，当然它不只是以报型确立它的设计优势，报型只是引人注目的一个点，它的很多设计细节都是做得非常精致的；这份是我们集团的《明星周刊》，文艺类、娱乐类的报纸能做得很有品位、设计得很有品质的，并不多，大多是花哨华丽有余，精致典雅不足，但这份报纸设计气质把握得非常好；《广州日报》，是广州市委机关报，它的封面导读版也开创了一种独特的导读方式；《南方周末》的3D制图也成为它的一个视觉优势；《华尔街日报》的人头像，不用照片，而都是用人工用钢笔点画出来的，还有我们看到的那些饼状图、线状图、柱状图，你仔细看一份完整的报纸可以看出，它有几十种，都做得非常精致。

另外，如果你有好的设计资源一定要把它充分地利用到极致。这个新机场的报道(图3)，我们具有一个好的视觉元素——我们对新机场进行了一个航拍，拍了不少好图片，这张航拍图片我们用了跨版大图，如果你把这些照片用得太小，就浪费了我

特别报道

本报首家航拍新机场：展翅待飞，静候空中的绽放

图3　《南方日报》首家航拍新机场

们几万块钱的航拍投入，这些照片不是一般100元、200元就买得到的照片，是我们独家的。凡是独家的、特别的，有自己优势的东西一定要放大来做。这个是“南海I号”考古打捞，我们是所有报纸中唯一一家下水去拍摄的，我们的摄影记者提前半年去学潜水，再跟着下水拍。这些照片都是独家，真正独一无二的，所以我们一个又一个版地，连续不断地在做图片报道。

一般来说，区域性的报纸对全国性的事件，以前不会全面跟踪报道，但现在不仅是国内，哪怕是国外，只要是重大事件，我们记者是直接冲到一线的。这个是“神六”报道版面，我们的记者就直接站到了发射塔的底下，一般媒体记者是进不去的，我们集团领导是动用了层层关系才进得去里面的，所以每张照片都弥足珍贵。这个是“北京沙尘暴”报道版面，在“环境日”之前，我们策划了近半年，一个摄影记者专门在那个地方待了一个月。他拍出来的近千张照片精选出了20张左右，做了一个4个版的专题报道。

在现在这个媒体无处不在的竞争环境下，独家新闻几乎是没有的，那么你只能做得比别人更有深度、更详细、更精彩。也就是说你必须集中比别人更多的精力、资源，才能领先一步。

第四，坚持成熟的视觉形象。

你们在座的都是学生，如果以后你能成为一份报纸的整体视觉设计者的话，你就会发现一个很大的困惑：最难的东西、最难的工作，不是创新，不是改版，最难的是坚持，坚持鲜明稳定的形象气质和统一的设计规范。我们每个人都会不停冒出一个又一个新想法，总觉得原来设计的风格看久了也很平淡无味，审美疲劳了，想要变一变，这种“创新”的冲动很可能会使一份报纸本来鲜明的个性、稳定的视觉形象慢慢地不知不觉地发生了偏移，最后变成一份“四不像”。

那么，为什么要坚持一个稳定的视觉形象呢？报纸版面的设计风格，要与忠实读者保持较高的对位性，杂志相对灵活些，甚至有些杂志就是专门以“求变”为特色的，但报纸不一样，特别对日报来说，它是一个快速生产品和消费品，不能像杂志那样有太多的设计变化，它要保持一个基本稳定的设计风格和视觉元素，才有利于读者的习惯性阅读，并形成一种鲜明的形象认知。最简单的道理，你看广告，一个产品，它的广告今天出来是这个样子，明天出来是那个样子，每星期换一个广告，一年换52个广告，新鲜是新鲜了，反而就不如一年就是一个广告，积累的形象认知效果好。这就是为什么“羊羊羊”这样的广告还大行其道的原因。当然，报纸也不能简单地模块化，它也是要有节奏、有重点的设计的。

这是《新快报》，以前是一份四开大报形态的城市白领、知识分子阅读的报纸，有定位较高端的双语版面、精美的时尚生活版面，整体设计清新大气，跟小报形态的都市类报纸，有鲜明的差异化视觉区隔。可惜它还是无法拒绝“创新”的诱惑，改成了八开小报，设计也变成了跟《南方都市报》、《信息时报》差不多的浓眉大眼，它原来那些好的东西也改得不见了。这就决定了它将更难以赶超《南方都市报》。

下面我们来看看这几份国外大报。大家一般都认为，报纸设计不断创新是最困难的，但实际上坚持好的东西不动摇才是一份成熟大报最可贵的品质。这是《今日美国》，连续几年，各段时期的版面；这一份是《纽约时报》，隔几年我挑的一些封面版，你们可以看到，它的基本形象气质、核心设计模块几乎就没怎么变；《华尔街日报》，一直就不用大图片，都是以图表为主；《纽约时报》，上半版几乎都固定是一张置顶的三栏或四栏大图；《今日美国》，报头两边和左边竖栏都是固定的导读板块。这些，它们数十年不变。不管《今日美国》、《纽约时报》、《华尔街日报》，它们如何不断与时俱进，为读者而改变，但是它们的设计理念、视觉风格等核心的、根本的东西，始终不变。

《南方日报》真正再造性的改版是在2002年，当时的总编辑杨兴锋提出了一个全新的报纸形象定位，就是“高度决定影响力”——打造一份简洁大方、典雅清新的高品质百年大报。根据高品质的形象定位和高端读者定位，《南方日报》始终坚持了清新明快、素雅大方的形象气质和设计理念。如：素彩——惜色如金，用色清雅；端庄——标题宋体选用了典雅收敛的传统宋体系列；明快——文字编排通透大方。大家可以看我们这几年来的版面，从2002年8月6日改版开始，连续7年，经过了6次改版，设计手法不断丰富完善，但基本气质、设计理念与视觉形象一直没有发生偏移。可以说，《南方日报》很可能就是全国视觉设计理念最清晰、细则最严谨、执行最到位的高品质大报。

为什么说坚持不变比不断变化更困难？

这是一组《南方日报》的“汶川地震”的系列报道版面(图4)，细心的同学可能已经发现，这些版面的头条标题已不是《南方日报》的标准宋体，而用了超粗黑字体。这就是一个变与不变的现实案例。这次“汶川地震”，我们有些编辑认为，这么重大的事件，要表现出力量、表示出新闻的重大，宋体字不够强劲有力了，要用超粗黑。于是在那一系列“汶川地震”报道的版面中，每版的头条标题字体变成了超粗黑，直到“汶川地震”报道过后，才又恢复了用宋体系列做标题。

重大新闻到底需不需要改字体呢？能不能改字体呢？对这个问题，在这里我也与大家做一点探讨。

看这个版面，《北京晚报》正式见报的报纸是用的超粗黑主标题(图5)，旁边这个是我把它改为粗宋主标题的版面(图6)，对比一下，因为标题边留的空间足够多，超粗黑跟粗宋体在视觉冲击力上是几乎没区别的，反而如果是站在一米外，粗宋标题反而更清晰。再看这个《体育画报》的

南方日報

国悼 默哀

胡锦涛江泽民吴邦国温家宝贾庆林李长春习近平李克强贺国强周永康

深切哀悼四川汶川大地震遇难同胞

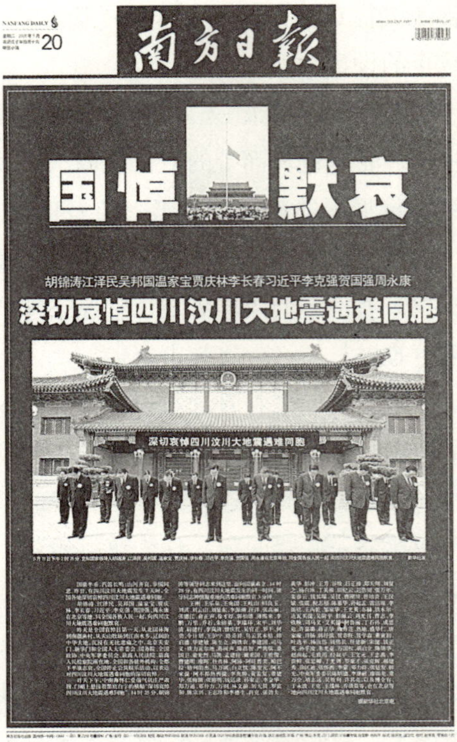

图4　哀悼汶川大地震的相关报道

北京晚報

BEIJING EVENING NEWS

2008年5月19日 星期一

哀悼

今天14时28分 全国人民默哀3分钟

http://www.ben.com.cn

北京晚報

BEIJING EVENING NEWS

2008年5月19日 星期一

哀悼

今天14时28分 全国人民默哀3分钟

http://www.ben.com.cn

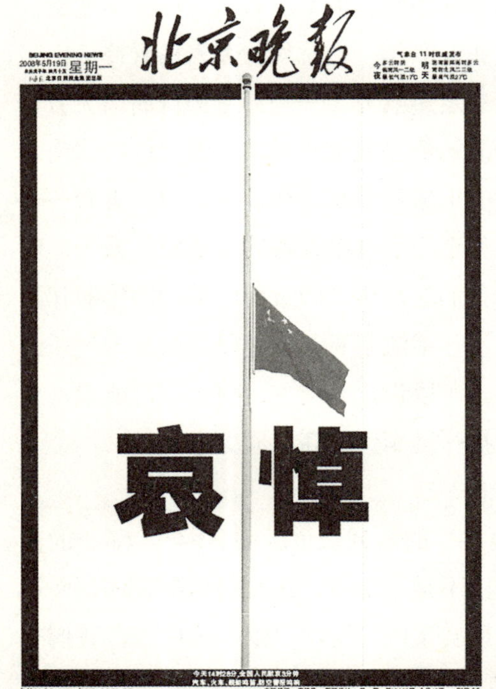

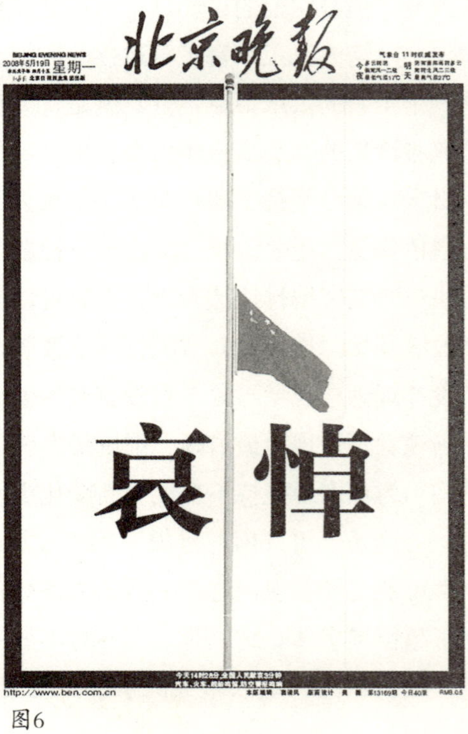

图5　《北京晚报》报道四川大地震后全国默哀　图6

封面，“体育暂停”四个标题用的是大标宋，字也很小，但因为它已经是封面中最大的标题，所以还是很醒目，我们一眼就看到了它，也感觉到了震撼。结论：字体的冲击力与字体关系并不是最重要的，它与字号的大小对比和空间设计关系更紧密。

The New York Times

Powerful Quake Ravages China, Killing Thousands

The Lament of Hundreds: 'My Child Is Dead!'

Love on Girls' Side of the Saudi Divide, Separate but Accepting

图7 《纽约时报》报道“汶川地震”

USA TODAY

How fast do immigrants fit in the culture?

Dems say let the contest continue

Massive quake tests China on reaction to major crisis

Disputes reflect continuing tension over Title IX

图8 《今日美国》报道“汶川地震”

至于字体的感情色彩问题，其实宋体比超粗黑更具有庄严肃穆之感，更适合表现哀悼之情。当然，真正能体现感情色彩的字体设计不是这么简单的，每个要设计的独特字体，必须根据文字性质、笔画结构特点、使用环境限制等条件，反复推敲设计出来的，是独一无二的。作为一个快速生产品的日报，在两个小时之内要完成一个版，根本没有足够的时间进行一个真正的字体设计，所以对于报纸而言，字体设计最大的作用，是形成一份报纸的整体形象气质和品牌个性，而不是追求让字体来体现一篇新闻的褒贬观念和感情色彩（那是色彩的作用与职责）。

The New York Times

U.S. ATTACKED

HIJACKED JETS DESTROY TWIN TOWERS AND HIT PENTAGON IN DAY OF TERROR

President Vows to Exact Punishment for 'Evil'

Awaiting the Aftershocks

图9 《纽约时报》报道“9·11”事件

这是国外的几份报纸对“汶川地震”的报道(图7、图8)，它们也没有因为这个事件重大就改变了自己的标准字体。有人可能说，这是国外报纸不重视我们中国的事情。那我们再看看“9·11”事件当天的美国大报《纽约时报》(图9)，它用了极其少见的大图片和历史上只用了4次的通栏大标题，但是它的字体并没有改换，英文里面有种字体是方头方脑的，很粗壮的，跟我们现在的那个报纸的超粗黑是一脉相承的字体，它也没有把这种字体运用出来。2004年印度洋海啸时，所有国外报纸，它们平时是什么字体当天还是什么字体，只是字号大了，照片大了，用黑色了，设计空间大了。可以说，一个新闻的重要性，几乎跟字体没关系，却跟字号、跟色彩有关系，跟它的图片应用有关系。

我举这个例子，就是想告诉大家，有时候坚持不变比创新更难。

第二个节点 易读化设计——厚报时代的视觉原则

易读化设计是我谈的第二个节点，这也是现在报纸发展的一个趋势。大家现在都叫“厚报时代”，“厚报”是相对来说的，一份报纸日均20个版以上就可以算厚报了。《南方日报》一年是1.7万多个版，日均40多个版，《南方都市报》日均出版200多个版，但是它各个地方的版面是不一样的，一般在各地市的读者能看到100多个版。现在各个报纸都在拼命加厚，但正常读者平均能够有多少时间去阅读一份报纸呢？不到20分钟，一般一份报纸的内容大概只有30%被读者看到了，还有70%的内容，读者根本就没有留下一点印象。

读者的日均阅读时间底线决定了一份报纸的厚度及速读性的设计要求。视觉设计的价值在于满足读者的阅读体验和需求，做报纸视觉设计的时候要把自己当作一个普通读者，去感受读者真正的阅读体验和需求，清楚读者要看什么样的东西，哪些东西是你的设计需要改进的。现在的不少报纸总在不断地扩版，但是扩版并不意味着读者的阅读时间会随之等比延长。内容越丰富、版面越多，视觉设计就要越简洁易读。这就是一个基本的设计原则。

现在报纸跟网媒相比，最大的不足是报纸根本没有办法跟网媒的海量信息量相比，因此报纸的优势根本不可能在信息量上，那么报纸的真正优势是什么？是权威，是深度。报纸的新闻消息和网站相比是更具权威性的，而读者需要的是可靠的精华的资讯。网媒一般是把所有的新闻稿件都往上面堆，而我们报纸都会有针对性地给读者选择、梳理更有价值的精华资讯，报纸的视觉设计也要立足于更好体现这个优势。我们要找出精华的资讯并尽可能让读者看起来非常明了，一看就知道哪些是我们推荐给他看的重点，哪些是次要的，哪些是一般的、可看可不看的。现在报纸讲究快读，那么你的版面、模块就必须做得简洁明快；报纸要设计得更新颖美观，看报纸要像看杂志似的是一种享受，这个要求是很高的，但也是必需的。

《南方周末》是一份典型的以深度报道见长的报纸，一般来说，我们日报就不可能做到每个版面都有深度，但深度报道以后在日报上也会越来越多。深度报道一般来说报道内容比较翔实，涉及的设计编排手法也更加丰富，可以用图表、照片、制图，甚至3D制图都可能用上。因为深度报道可能一周前记者就跟踪这个事件，我们提前知道内容就可以早早介入设计、收集设计素材、制图插图等，就不是两个小时做一个版面了。周报和杂志设计之所以精美，是因为它们有提前介入设计的时间。

厚报如何提高阅读的便捷性？单纯化设计。

精图简文，是现代读者的阅读需求；简洁明快，直观易读，是版式设计的最基本要求。单纯化设计就是力求简洁。大象无形，最好的设计，是不让人感觉到有设计的手段在里面，就像一个窗户，从窗户里面看到的应该是外面的美景，而不是看到脏兮兮的玻璃，真正好的玻璃是让人看不到它，真正好的版面设计是非常干净的。层次分明一目了然，好的设计，能清晰地让读者明白哪些是重点，哪些是头条，哪些是二条。这个版面，先看哪里，次看哪里，都有一个明确的视觉传达指引，这个阅读顺序，你找十个人去看，至少七八个人都会是这样阅读的。看英国《卫报》这个版面，你第一眼看到的是这里，醒目的图片，再就是标题，然后看完这篇文章，很有可能接着看这边，底下的一组小文章应该是最后才看。设计不好的版面，只会让大家都不知道从何看起。

你看这个很单纯的版面——《南方日报》雅典奥运会的一个图片版。这些图片的大小对比与空间编排，让你第一眼就知道最精彩的图在哪里，如果把十来张图片都弄成一样大小，读者就不知道哪个是值得看的，哪个是更精彩的，这些大小、位置、比例等视觉元素的设计，就是为了达到最根本的目的，给你判断、推荐出该阅读的一些重点。《南方日报》所有图片专版，都非常简洁，没有传统的那些装饰的线框花纹、色块，标题字体也很低调。大家注意到没？在图片专版上，它的标题是不需要太大的，以避免喧宾夺主。

怎么做到更加易读呢？模块化。

模块化，对于报纸的视觉设计来说，就是指对版面上的信息层次、空间位置、字体、色彩等视觉元素，具有一个稳定的运用规范。比如你的导读位置在哪里，面积占多大，评论放在什么位置，正文用什么字体，版面头条放在哪个位置，标题用多大字号，次要小稿件如何分类整合……这些元素的模块化有利于培养读者阅读习惯并节省读者阅读时间。

模块化就是因为“厚报时代”才有的。以前我们只有4个版的报纸的时候，大家的阅读时间也很多，4个版的报纸如果一眼看过去太过简洁方正了，读者会觉得你的报纸缺乏内容，所以那时报纸一般是尽可能增多文字信息量，视觉设计也力求丰富变化，以延长报纸的阅读时间。而现在人们可以阅读的资讯越来越多，报纸越来越厚，报纸视觉设计所要做的就是做减法，尽可能简化设计元素、精炼整合信息，还有就是采用模块化的版面设计。《新民晚报》以前的版面就是典型的传统的“曲径通幽式”，这几年它与时俱进，大力推进改版，版式也日趋模块化，更简明大方。国内外绝大部分设计成熟的报纸，它们的模块都是非常的干净、非常的清晰。《南方日报》也是一种典型的模块化设计，方正通透的模块编排有利于提高出版效率，就是说我如果临时撤掉这个小稿，就一个方块拿走了，然后找一条跟这个差不多字数的稿件给它补上去就可以了，如果文字过长，还可以把后面方块往下面移。像拼积木一样，如果积木形状过于复杂，那要动哪一块都会伤筋动骨的，而形状越简单，拼图越快捷。

第三个使报纸更易读的方法就是整体化设计。

开始我们说了一份报纸要有整体气质和统一风格，但是要避免让一份报纸太呆板，所有的版面都用一种模式当然是统一的，但是那样肯定会大大降低读者的阅读兴趣，让读者对这份报纸形成阅读疲劳。好的音乐，都会具有高低快慢的旋律变化。一份报纸的设计也应如此，它也必须有起伏节奏，有强有弱，整体层次分明。其实一个报纸视觉总监的作用就是合理地安排设计力量，调控好报纸的整体节奏，哪些版要重点设计，要突出设计，哪些版要做得平实一点，要把握好每个版面设计的力度。例如标题字号的整体层次调控，头版头条的主标题字号一般是整份报纸中最大最强的，如果后面的每个版的主标题字号都比头版头条的要大，那就很怪，这种视觉传递了一个困惑的信息：头版头条究竟是不是整个报纸最重要的内容？有一些报纸因为缺乏对版面的整体调控，每个版都可以自由发挥设计，每个版都要求最醒目出彩，最后可能很多版单独看都很醒目漂亮，但是整份报纸就乱糟糟的，读者像是同时在看七八份报纸，也不知道你哪些板块是重要的，哪个是真正重要的新闻。你可以把这种报纸想象成一套五颜六色的时装，你会喜欢它吗？

《南方日报》日均40多个版，我们不可能把每个版面都设计得很出彩，而且设计人力、出版时间也不允许，我们只能把那些设计时间宽裕一点的，像经济专刊、文化周刊，还有一些体育、国际等照片资源丰富的，还有内容更精彩的重要版面，像封面版、重点版、“南方深读”版和特刊封面等，我们集中设计力量把这些版设计得更精彩，作为整体节奏里的一个强音，让你眼前一亮。我们的观点版基本上都是纯文字的，我们就把它做得很清爽干净；而体育版图片好，我们就尽量把视觉冲击力做得足够强；要闻版，我们尽可能做到图文并茂；财富版文字多，我们尽量用信息图表来丰富版面；生活副刊我们就力求设计得轻松活泼。我们会根据每个版的内容性质和设计资源不同，运用适合的设计手法，形成强弱有致、虚实相间的不同版面面貌，使得读者的阅读注意力始终保持在这份报纸上面。好比在高速公路上开车容易疲乏，因为匀速直行会降低你的反应灵敏度；而你在闹市开车，因为要不停地快慢变道，你才能始终地保持高度注意力。

另外，版面的多少和版面细则的详简一般成正比，版面越少，你设计的自由度可以放得越开，设计约束越少；版面越多，你越需要制定更多的统一规范，严格执行细则。细节的统一是报纸形成统一气质的根本，但是注意所有的版式细则中有一些是可变的，有一些是不可变的。看一下我们《南方日报》的版式细则。这个是图片版的（图片版版式细则播放中），我们还有文字版的哈，文字版的比这个还详细，有设计理念、原则，最新改进手法，等等。整个的版式细则也分为两部分，严谨型的版面和活泼型的版面设计，我们分别有明确的设计理念、原则。简单地说，就是把那些能够做设计的版面重点做出来，有些是需要做得严谨的，按照模块化简单设计。版式细则中会规定字体、色彩、报头、报眉、模块、细节、图片、插图等视觉元素的设计原则、细节规范。比如说字体，《南方日报》的字体，大标题、小标题用什么，副题用什么，还有正文、评论、链接、导读的文稿用什么字体，都有明确的规定，细到每个版的头条用多大的字号，副题用多大的字号相配。正常一个版面，标题字号分成三到四级就足够了，不是说一个版面有10条稿件，标题字号就得分十级，你分得级别越多，级与级之间的区别就更难判断。一般来说，分成三级就更方便辨认，第一重要的稿件是什么，次重要的稿件是什么，不太重要的稿件是什么。还有基本模块，就是版心、分栏怎么分的；文稿的标题应该怎么对齐，标题在什么位置才是比较合适的；文稿的重点提要做多大号字，放的位置在哪儿，上下两条线用多少磅的线；编排图片的原则是怎样的，图片说明用什么字体；篇与篇之间、行与行之间的这个栏距应该怎么定；图标、插图的应用规范，等等。这其中的点线、分栏、行文、标题、字号……这些是理性的视觉元素，是可以制定一个很详细的规定。但是像图形、留白、色彩这些就是感性视觉元素，你不可能具体规定每个版怎么用图、用色、留白，只能定个基本的设计原则，它们更多的是靠设计者根据具体版面情况去灵活运用。比方说留白吧，就像中国的书法国画中的留白一样，你就不可能规定每个版必须这样留或那样留啊，艺术的东西，很多是无法言传，只能靠悟性的。像这个版面的图片运用，这张主图裁成这么竖长的构图，使图片更具震撼力和表现力，只有设计者对这张图片的理解足够到位，才会采用这样一种特别尺寸，谁都不可能拍出这样构图的照片，都是裁切出来的。还有一个，版面上用什么色彩、用在哪儿，都不是可以具体规定的。

一般来说，感性视觉元素运用更多的版，多属于活泼型的版面。这些体育版都是以大图片来突出视觉冲击力的，留白也大胆，做得就比较活。还有这些版用了多种图表、色块组合，也是比较活跃的版面，这些版面都是节奏里的强点来着。

第三个节点 全媒体传达——报业视觉设计再定位

这个是我们视觉中心的组织架构，目前我们是三大块，版式设计，还有图片编辑和图片采集。视觉中心这种架构已经是一种趋势，很多视觉做得比较强的报纸都是用的这种架构，可以把所有跟视觉设计有关的部门、人员、资源整合起来。另外我们还有一个多媒体形态设计研究小组，这是个虚拟组织，是有共同兴趣的同事一起学习研究各种形态媒体的视觉设计的。下面我也简单与大家聊一聊全媒体的视觉传达设计。

现在，《南方日报》已经不再只是一份报纸，还有手机报、南方报网等，并不断在拓展各种新型的媒体载体。我们的新闻采写者，不仅是写个文稿发在报纸上面，还得为南方报网、手机报提供稿件。比如“九江大桥倒塌事件”，记者一到现场，就可以用手机直接发回来，报道现场什么情况，马上就在网站、手机报上直播出去了，摄影记者还会带着摄像机，现场拍摄那边的情况回来发到网上。汶川地震、北京奥运，我们的摄影记者都是带着摄像机过去的，我们要求记者要学会采集多种格式符合多个形态媒体运用的新闻素材。我们有一个非物质文化遗产的大型系列报道，我们的摄影记者去采访拍照片的同时会拿摄像机拍下来很多珍贵的视频，回来就发到南方报网上，这是其中一段采访咏春拳宗师示范对打的视频。在媒介融合的大趋势下，我们现在的设计理念，也是要更新的。每个报纸视觉设计者已经不能只会设计报纸版面，必须定位于一个全媒体的设计者，不断开拓你的思维和设计理念，不断学习新的技术和设计手法。现在的报纸也要借鉴杂志、网页的先进设计理念，各种多媒体技术应用不一样，但是视觉设计理念是相通的。设计的最终目的还是高效地传达信息，提升信息传达品质。

以前我们拿到任何新闻稿件，都只用考虑报纸运用，但作为一个全媒体的设计者，应该先考虑用什么样的媒介形式传播是最合适最有效的。打个比方说，高考的分数线发布，最快最有效的方式，就是手机报，只用文字发送给学生家长就行；奥运、亚运的图片又好又多，我们就可以把它做成图片画报；时尚生活的资讯可以做成精美杂志；《南方都市报》还不定期出一些16开大小的手册，内容包括交通购物的一些资讯，主要方便大家携带，出去找路、买东西、淘服装，做成小册子形态是最合适的，如果做成报纸放在身上就容易弄脏，也不方便携带。总之，任何资讯，全媒体设计者首先要选择最有效的传播媒介和形态，其次才是如何设计编排，这才是全媒体大视觉传达的概念。

提升信息传达品质系列之图形设计

前面我主要讲的是一些视觉设计理念，现在我想与大家一起欣赏、分析一些优秀版式作品，来深入探讨一下关于如何运用图形设计来提升报刊信息传达品质。这是我对报纸视觉元素如何提升信息传达品质分析总结系列论文的其中一篇，还有色彩设计、留白设计等有机会再跟大家探讨。今天我主要同大家交流这几个问题：第一个是图形在报纸信息传播中的作用及发展趋势，二是图形的分类及应用的注意事项，三是图片传达信息的三个基本要求，四是图片编排的八个要素及设计原则。

读者的阅读习惯、兴趣，决定了未来报纸的图形化设计趋势。在这个信息明显过剩，网络媒体日益发达，阅读日趋流动化的泛媒体时代，您认为报纸还需要10万字的信息含量吗？当大家的阅读时间越来越短，信息越来越丰富，报纸的图形化设计倾向就越来越明显，图片占的比例越来越高，报摊上的报纸封面至少有80%是以图片为主的。

国外最近两年改版的报纸都强化了生活时尚类的副刊版面。2005年的《卫报》强化G2，2004年的《泰晤士报》强化T2，《独立报》强化EXTRA，《星期天独立报》强化THE NEW REVIEW(新评论)。这一类副刊全部采用小版张、杂志化设计。1992年创刊的《G2》是《卫报》的一个副刊。内容包括吃喝玩乐、读书交友、节目预告与填字游戏等。从周一到周五发行，每天36版，2005年《卫报》副刊板块《G2》被改成了主报尺寸的一半大小，看上去更像是一本杂志，更便于读者在拥挤的公交车和地铁里阅读。

一、图形在报纸信息传播中的作用与发展趋势

1. 图形是报纸视觉设计中最核心的设计元素。

报纸设计的冲击力和吸引力的首要因素就是图形，特别是照片。图形的信息传达力度远远大于文字，它的可信性、阅读速度及情感影响力也均优于文字。任何版面，首先吸引你视线和注意力的都是图片图形。

图形也是提高报纸“悦读性”的关键设计元素，点、线、分栏、行文、字体，这些一般都是按规范操作的，一个版面真正出彩的不是这些地方，是图形、色彩、留白等设计运用。要使读者产生阅读兴趣主要靠图片。

图形还是决定报纸版面形式的第一因素；国内编排报纸的传统是，编辑先把稿子选出来，决定要上多少字数的稿子，然后看还剩多少空间可以填几张图片。但是国外一些大报出版编辑流程和我们恰恰相反，编辑先把所有图片都看过一遍，找出最好的，确定好哪些图片要上，然后再定稿件文字。美国报纸版面多以“视觉优先”为原则，要求采编人员都要具有“视觉敏感”，其版面设计程序是先选好图定下位置再考虑文稿的安排，有时图片选择的过程就决定了新闻的取舍。他们的版面编辑理念是值得我们学习的，他们首先会从吸引读者阅读角度先考虑版面视觉效果，而不是不管不顾尽可能地多塞文字内容，你即使塞上了一万字，但读者看不下去，还不如只上1000字，配上一些很好的视觉设计，传达信息更有效。大家可以看看这个版面，文字信息很少，但是如果把图片上的内容转化为文字，还要解释得这么透彻，很可能这个版面都放不下。所以不是说我放了图片，信息量就少了，图片本身就是为增加信息量，而且是更容易理解的信息。

欧洲发行量最大的报纸——德国《图片报》目前的发行量大约为430万份，图片约占报纸版面的一半，均为彩色，版面以红、白、蓝的强烈对比色调为主。该报首席美术编辑、设计总监的地位，与总编辑的地位几乎相当。

2．信息视觉化，报纸对图片、图表、插图的数量与质量要求更多更高是可以确认的发展趋势。

如果去浏览SND（美国新闻媒体视觉设计协会，每年评选年度世界最佳设计报纸的机构）出版的报刊版面画册，就会发现，在西方媒体发达国家，对图片、图表、插图的运用已经到了一个非常高的境界。

这是《今日美国》的版面。《今日美国》之所以能在短短数年内成功崛起，业界公认的一个重要原因就是它的视觉化新闻表现方式。它的图形占版面比例超过50%，文章都很简短，能用直观形式表达的就用直观形式表达。在它几乎每一沓的封面版上，都会有一个彩色信息插图栏目“信息快读”——而这只是《今日美国》每天精美庞大的信息插图群中的一个组成部分而已。信息插图已经占据了和新闻图片相等的地位，在它最重要的头版，信息插图更是常常成为视觉重心，用来表现一些无法用摄影图片来表达的新闻内容。

“图片意识”甚至改变了编辑们组织报道的思维方式，《今日美国》的编辑经常告诉记者：“遇到一个新闻事件，你必须问自己：什么才是传递这一信息的最佳方式？是否应用示意图来表示？是否应列成表格？”

连一向以文字内容信息取胜的《华尔街日报》也非常重视并运用了大量的图表来改进“悦读性”。甚至前段时间“汶川地震”报道，它还用了一张3栏宽的大图片，这在以前是很少见的。

《纽约时报》，拥有20多名艺术插图设计专家、图表设计编辑和地图制作专家、艺术制作专家等。

当今国内平面媒体对于图片、图表、插图的认识已经越来越深入，在一些媒体竞争比较激烈、媒体理念比较先进的地区，图片、图表、插图已经成为报纸不可或缺的重要信息组成部分。

二、图形分类及运用注意事项

报纸设计元素中图形一般可分为照片、制图、插图、图标、图表等五类。

照片目前主要来源于报社记者、新华社、其他商业图片社，一般把即时的叫新闻图片，以前的叫资料图片。照片可按对象分为全景、近景、特写、景物、人物、事件等。

运用注意事项：全景图不宜太小，特写贵大。好的图片一定要放得足够大才有气势，图片不是为版面填空补缺的，每张图片有它的大小面积要求，如果不能放大到应该有的大小还不如不用。当一张图片你觉得不够精彩，你可以把它局部裁剪放大，可能就变成了一张好图片。

制图按处理方法有：局部处理图、合成概念图、绘制示意图。

局部处理图：对图片部分进行必要且精巧的剪裁、修补、挖切处理。

运用注意事项：图片的挖、切必须精巧，挖、切的部分必须完整，而且动态优美，如果一个人站着很呆板，就不要挖切(图10)。还有，挖切处理不得有损必要的背景信息，如果图片的背景信息是不可少的，也不要挖切。打个比方，如果一张赛车比赛的图片去掉后面的背景，那种动感就不存在了，信息也不完整了。

合成概念图：为更有效地突出编辑意图，对两张或多张图片进行精巧创意的拼接合成，能具象表现一定概念。

运用注意事项：必须不损真实性。须标注合成图。这是一张合成图，因为广东省50年来的优秀美术作品太多，任何一张都代表不了广东美术界的50年成就，所以把大量的美术作品组成一个“50”的标志，信息丰富且视觉冲击力强。

绘制示意图：在理解分析新闻内容的基础上绘制或组合的事件示意图，有生动的图解功效。

运用注意事项：力求做到准确简明。对一些不符合本报气质与版式风格的外来制图要进行改绘，不能照搬使用。须标注示意图。

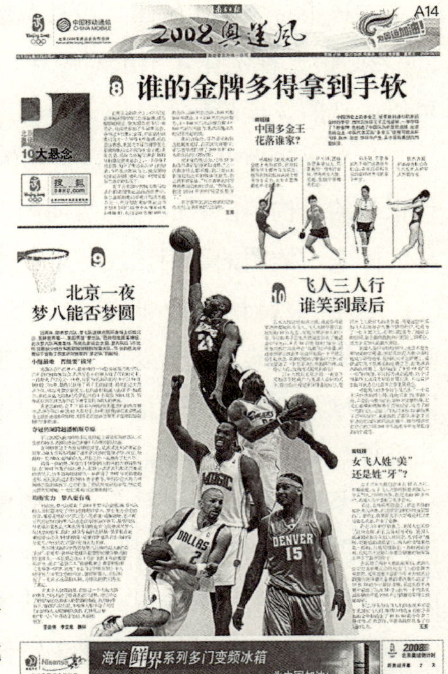
2008奥运风
A14
谁的金牌多得拿到手软
10大悬念
中国多金王花落谁家?
北京一夜
梦八能否梦圆
飞人三人行
谁笑到最后
女飞人姓“美”还是姓“牙”?
海信鲜界系列多门变频冰箱
为中国加油!

图10 《南方日报》有关2008年北京奥运会的报道

深度|A05
土地新政视野下的
广东空心村调查

图11 《土地新政视野下的广东空心村调查》报道

插图：在理解分析新闻内容的基础上手绘，艺术风格突出，可以是国画、水彩、版画、漫画、装饰画、速写等绘画作品(图11)。

运用注意事项：一份报纸最好选用与本报气质相符、风格统一的一类作品或专人作品，最好设有专职插图师，加拿大的《国家邮报》的插图师甚至要跟记者到战争一线采访、绘插图，量少可以找兼职插图师，经济但没有独家特色。

图标：一种是普及认可度高的已有图标(例如：奥运会标、NBA标志)，一种是根据报道内容专门设计以突出或统一相关报道的图形，可以是报头、栏头、题花。

运用注意事项：图标设计力求简明易懂，一个版面中不宜用太多，位置要得当，大小要适宜，起画龙点睛的作用。

图表：常见类型有示意性地图、比较性数据、归纳性表格。

示意性地图：常用有自然地图、人文地图和事件地图（如伊拉克战略部署地图）。

比较性数据：常用有饼状图、柱状图、曲线图、图片数据组合图等。

归纳性表格：常用于体育赛事比分快报、股市数据等。

运用注意事项：力求简明直观、清晰易读，形式生动灵活但风格统一、细节严谨。

图形还可以按黑白彩色、强弱、轻重、大小、动静、冷暖、单纯复杂、疏密、规则与异形等性质来分类：大、深色图强、重，小、浅色图弱、轻；异形图、动图张扬活泼，规则图、静图稳重严谨。

三、图片传达信息的三大基本要求

1．清晰。

清晰是信息的基本品质，每一张图片就像一篇文章，新闻要素要明确，信息传达必须明了易懂，一张图片最好只传达出一个主信息，可以剪裁取舍来“聚焦”图片信息。次要且干扰主信息的细节在不损图片信息的真实性的前提下可做局部虚化处理。

图文组合时，要选择与文字信息协调的图片。另外图片的位置要确切，注意不要让图片引起误读。

2．新颖。

使用别人没用过的图片或独特的图片形式去传达信息，才能激发人们的兴趣，并给人以深刻印象。与主要竞争对手形成明显的差异化的图片选择、图形设计特点，是最有效的竞争策略。

3．智慧。

一张优秀的新闻图片，通过对画面的把握、角度的选择、精彩瞬间的捕捉，可以让图片表达出文字所无法企及的视觉吸引力，甚至表达一种独立的观点和深刻的分析，还可以充满幽默感，或感动读者，或启发思考，或激发情感。好图片能使读者形成一种“忠诚”的阅读期待。看两个一图胜千文的例子，这张图片，这种复杂的表情是文字无法表达的，但是图片可以表达。这张图，比文字更能形象生动地说明灾区人民互帮互助的精神。

最后讲一下图片编排的八个要素及设计原则

第一，主次。

一个版面内只能有一张或者一组图片成为视觉中心，一定要拉开主次，大小、强弱、层次要分明。有的人因为对图片的选择判断力不足，图片平等处理，版面刻板，视觉流程传达混乱。

第二，完整。

图片本身就是一种独立的信息，应像对待文字一样去尊重图片信息的完整性，图片不得变形，图片之间不得互相叠压，文字、标题不能压在图片上，一张能随意叠压文字上去的图片肯定不是张构图完美的图片。

第三，适度。

不能贪多。你要想你怎么样才能清楚地表达你想要传达的东西，而不是想你能放多少张图片。图片贵精而不在多，选择更具信息价值的图片，宁缺毋滥。有的人可能任何图片都舍不得放弃，结果图片繁杂密集堆在一起，版面反而缺乏视觉吸引力与冲击力。

第四，空间。

给照片合适的大小，才能最大限度发挥图片的视觉张力，达到最佳阅读效果。一张好图片用得不够空间，就像你把本该5000字的深度报道删减成了500字的短讯一样让人看得很郁闷，你必须舍得删减其他的文字，给予它足够的空间。《卫报》这张通版的精美图片的视觉冲击力就极为震撼。

第五，位置。

图片的位置也很重要。图片与文稿的位置编排要看它们的信息重要性和吸引力，最好的位置给最能吸引读者阅读的信息。如果图片吸引人，那么把图片放上面(图12)；如果标题吸引人，那么把标题放上面。

南方日報
高度决定影响力
奥运金牌榜
9秒69！
狂人上演最嚣张百米冲刺
博尔特恐怖纪录震惊世界
详见03版
中国男篮
杀入八强
姚明拿下全场最高分
助球队逆转战胜德国
详见02版
刘翔内部测试
跑出12秒98
03版
四大"梦之队"
今日好戏连台
09版
今日看点
33岁再次登顶
张宁写下传奇
中国代表团以27金13银7铜高居榜首
坚持走"园区式、用地省、低污染、好效益"新型工业化道路
河源力创生态发展示范区
详见12版
央行建议民间借贷合法化
详见15版
台湾检方搜查陈水扁豪宅
详见15版
印尼火车相撞死伤60余人
详见16版

图12　博尔特勇创奥运百米赛跑新纪录

第六，色彩。

图片色彩要尽量接近实际色彩，并考虑版面其他设计元素的色彩选图片，使版面色彩和谐；一般有人物的照片，以肤色正常为校对标准；图片不加底色以避免影响图片原来色彩的真实性和情感性。

第七，节奏。

不同性质的版面图文比例不同，多图活泼，少图稳重。

第八，组图。

图多不怕齐，图少不怕散。图片多忌乱，就要编排整齐，图片少怕单调，可以编排灵活些，让版面看起来更生动。多张图片，最好具有信息互补性或对比性，特写与全景相结合。

第十讲

边缘媒体
如何实现主流化生存

《南方农村报》在媒体市场还不是公众认识上的主流媒体，但是不能放弃把声音融入主流的努力，实现所谓的“相对主流”。《南方农村报》凭着掌握专业之长、行业资源之长把握了一展身手的机会，做出了大量独家的、有社会影响力的报道。

农村读者评价《南方农村报》就是非常直接地说：“没那么假！”这个评价是非常中肯的。我们的新闻理念概括来说就是守望农民利益，启智育能，监督权势，促进善治。

主讲嘉宾： 南方报业传媒集团副总编辑　江艺平

南方农村报副总编辑　麦倩明

时　　间： 2009年6月25日

主 持 人： 暨南大学新闻与传播学院院长　范以锦

暨南大学新闻与传播学院新闻系副主任　张晋升

讲座发言

江艺平　同学们，下午好。首先感谢“暨大准记者南方训练营”，感谢范院长给我们提供了这样一次难得的表达机会和交流机会，也感谢在座的准记者们的参与。我们今天跟大家交流的主题是“边缘媒体如何实现主流化生存”，今天的主讲是麦倩明，这个名字大家可能有点陌生，她所在的媒体《南方农村报》也不像南方报业传媒集团其他一些报纸那么如雷贯耳，但是我要在这里说的是，麦倩明和她的新闻团队在我们集团内，在“三农”领域赢得了广泛的尊敬。而他们制胜的秘密武器就在今天的演讲题目里。在她主讲之前，我想先问大家一个问题，就是你们知不知道最早报道三聚氰胺事件的是谁？我想你们一定会知道2008年这个最大的公共事件之一。谁是最早报道这个事件的人，哪位同学能够告诉我？

（同学们回答：简光洲）

对，简光洲。2008年很多主流媒体包括门户网站评选年度记者的时候，简光洲没有任何争议地当选了，因为他的报道是第一个披露“三鹿奶粉事件”，而三聚氰胺就是导致全国大量出现“结石娃娃”的元凶。但是实际上，在全国最早发现并揭露三聚氰胺作为食品添加剂被广泛应用的是《南方农村报》，并且，早在2007年的时候这家媒体就已经组织记者在关注和追踪三聚氰胺的来龙去脉，所以在2008年他们做了深入的调查报道，以至于到这个事件浮出水面之后，《南方周末》、《南方都市报》、《南方日报》在它们需要做更深入的

Aquaculture 水产　重点·关注

“三聚氰胺”会成为下一个“苏丹红”吗？

原料添加牟取暴利

虚高蛋白应对竞争

实际危害难以界定

对三聚氰胺最早的预判始于2007年

报道的时候都去寻求《南方农村报》的帮助，因为在他们那里有大量的第一手材料。然后在最近，2008年度广东新闻奖的评选当中，《南方农村报》提交的这组关于三聚氰胺的报道也入选了广东新闻奖的一等奖，并且评委们强烈推荐参评中国新闻奖。我想这个案例是很有说服力的。一个看起来很边缘的媒体，通过他们的报道，牢牢掌握了主流话语权，并且能够在公共事件的报道领域里去影响公众、影响决策。它的地位就是这样一点点地建立起来的。所以我们已经很难说它是个边缘媒体，尽管“农民、农村、农业”，“三农”是一个弱势的领域，尽管全国很多的农村报还处于亏损的边缘，挣扎生存，我想《南方农村报》，它已经当之无愧地居于主流地位。

我和麦倩明有类似的职业经历，我们都是大学毕业后分配到报社，先下记者站然后回报社，都在南方农村报做记者，当编辑，直至担任副主编。我在南方农村报工作了十年。她的服务年限更长，她是有19年在南方农村报。我们对边缘媒体的生存状况有共同的体会，她的感受比我更深。所以我想我们今天的这样一个主题，对于新闻从业人员，包括作为准记者的在座的各位，都具有一定的普适性，因为不是每个从业者都能够一入行就进入像南方周末那样的强势媒体，而在传媒行业中，大量的媒体是处于这种非主流状态。包括像这种农字号的媒体、行业化的媒体，当然也包括很多自以为是主流，但已经被受众边缘化的地方性的党报。在边缘性媒体如何规划自己的职业前景，边缘化是否就一定是这些媒体的宿命？我想今天麦倩明的演讲一定会给大家一个答案。

我的开场白就是这些。请大家一起欢迎她的演讲。

（掌声）

麦倩明　各位老师，各位同学，下午好。今天新闻界德高望重的范以锦老师、江艺平老师把我带到这里来，他们也是我非常敬重的领导，我真有点诚惶诚恐。希望今天通过我的发言能够给大家呈现几十年以关注“三农”为使命、充满社会责任感的《南方农村报》，告诉大家它在干的事情，把这朵报业奇葩勾画一个概貌给大家。

一、全国最早报道三聚氰胺问题

刚才江艺平老师已经点题了，那我就从三聚氰胺的报道说起。

《南方农村报》是最早独家揭秘三聚氰胺这个行业潜规则，三聚氰胺作为饲料添加剂而存在。报道的第一阶段是发现与预判。在2007年6月，针对美国“宠物毒粮事件”（“宠物毒粮事件”事实上就是中国浙江出口到美国的宠物粮被退回来，因为吃了饲料，狗出现问题了），记者曾进在一个行业论坛上捕捉到了这个事实，就采访形成了《三聚氰胺会成为下一个“苏丹红”吗？》这样一篇文章，这是国内最早预判三聚氰胺将会惹出事端的一个调查性报道。在一年后的“三鹿奶粉事件”中，这个预判得到了验证。这篇文章当初最早发表在《南方农村报》上的专业增页，是我们专门针对养殖行业出版的专业性刊物《养殖宝典》上面。因为“苏丹红”也是以饲料添加剂的面目出现的。同年12月，曾进记者跟进上次的报道，联系到了中国海洋大学教授麦康森，他做了一个专访，那个专访的题目是“水产饲料最有可能成为三聚氰胺的市场”。文章里面直接指出“浓缩蛋白里面一定存在三聚氰胺，国内的水产饲料甚至包括其他动物饲料都会存在这个问题，包括奶粉”。在2007年的12月，他已经很准确地指出奶粉存在问题。2008年9月，“三鹿奶粉事件”曝光，我们马上翻开这篇文章来看，自己都吓了一跳。麦康森成为国内最早在媒体上公开预言三聚氰胺会在乳品行业出事的专家。

第二阶段，突破追祸源。在“三鹿奶粉事件”曝光之后，关于三聚氰胺的源头问题，《南方农村报》进行了及时的追踪。记者赵威突破性地采访到经销三聚氰胺的经销商和流通商，详细地揭露了三聚氰胺变身蛋白精然后混入饲料的内幕。“三鹿奶粉事件”中，媒体和公众都十分关注婴儿受的伤害和赔偿问题，但是《南方农村报》记者独辟蹊径，冷静地分析，扎实地调查，准确挖掘出饲料行业的潜规则，透过表象直捣核心。这就是“三鹿奶粉事件”曝光之后，在《南方农村报》上一个比较重要的，也是独家的报道，其中这份图表被多家媒体所引用，它清晰地勾勒出其中的生态链。到10月下旬，大连韩伟集团供港鸡蛋被检出三聚氰胺，这件事情印证了饲料中的问题。因为鸡蛋不可能直接添加三聚氰胺，只有从鸡传输到鸡蛋。也因为“问题鸡蛋”的事情曝光，所以饲料问题一下子就成为主流媒体所关注的重心，这时《南方日报》、《南方周末》同时向《南方农村报》记者约稿，发表他们的署名文章《饲料添加三聚氰胺已是“公开秘密”》、《问题鸡蛋拨开饲料业“蛋白精”疑云》。而且非常难得的是，同一时间《南方农村报》发表了《“蛋白精”出来有5年了》，记者庹朝均采访广东两名饲料企业的老总，他们真实身份实名指出了“蛋白精”的问题。这是一次比较难的突破，首次有业内人士具名指证行业潜规则。这些文章迅速地引起读者的广泛关注。第三阶段，追问监管与标准。当“宠物毒粮事件”曝光之后，出台了一个检测标准，而非含量标准。没有含量标准就意味着没有办法衡量什么是符合标准的，什么是不符合标准的。但是对于饲料又有一个“不得添加目录中所没有的添加剂”的规定，那么三聚氰胺肯定是目录中所没有的添加剂。但问题是在自然界，现在的环境污染比较严重，一定会有残留量；当时编发了《三聚氰胺会成为下一个“苏丹红”吗？》之后我写了一篇评论，质疑有关标准的“模糊公告”。揭露三聚氰胺问题《南方农村报》前后一共刊发了新闻稿件17篇，参与其中的记者有近十人，稿件全部都是一手原创的。因为我们的记者长期在这个行业内渗透，他们和主流媒体的记者不太一样，主流媒体的记者写完也就写完了，而我们的记者是要长期面对 业江湖，纠结更深，所以还是要克服一些障碍和压力。

行业人士举证潜规则

有实习生曾经问我，《南方农村报》最早报道了三聚氰胺问题，当时为何没有引起广泛关注呢？我想是国内国外宠物受害远不及“结石娃娃”令人揪心吧。

二、独特的种子与相对的主流

回到我们南方农村报多年以来理念与实践的部分。南方农村报是怎么样的一个团队呢？我这里引用江艺平老师她在给一本书写的序言里面说的一段话来描述：“《南方农村报》的记者定位于农，服务于农，加上多数人来自农村，也就理所当然地具有更多的乡土色彩和草根情怀。乡土色彩不是浅薄的点缀，草根情怀不是矫情的装饰，而是一种沉甸甸的承担，对‘三农’问题的承担。新闻是他们参与社会的途径。”这是江艺平老师为南方农村报出版的《南中国农村调查》所写的序言中的一段话。这本书是一本《南方农村报》记者的新闻作品集，已经出版发行。其实南方农村报的团队还是有一点独特的。如果说《南方农村报》是一个“小媒体”，那么可能我们的许多同事会很不爽！他们宁愿承认自己供职于一专业化的报纸。专业的事要由专业的人来做，所以这个团队对专业化也是比较看重的。人才的专业化既是体现新闻媒体差异化的显著特征，也是实现新闻专业化的前提之一。从2000年开始，除了传统的新闻、中文等专业，南方农村报陆续地吸收了一批有农业相关背景的人员加盟，涵盖了畜牧、兽医、水产、生物、农学、植保、农化等专业。涉农学科与新闻专业的嫁接，组成一支交叉学科人员混合的采编队伍，是南方农村报团队建设的重要一步。

什么是“独特的种子”？概括一下，“独特的种子”就是新闻队伍中独特的一群，他们的选择或是出于对新闻理想的追求，或是出于对记者职业的好奇或者热爱，或仅仅是误打误撞，但是他们供职于南方农村报，带着各自的独特才能成为同道中人，因为在南方农村报，强调这种独特，是体现了我们在媒体市场差异化的战略，同时也是为那些并不是新闻专业科班出身的记者打气的。南方农村报从2005年至今，每年都会印刷出版一本新闻作品精选集，内部发行的，名字叫做《独特的种子》，就是为了让这一批人在新闻业务上求得更快的成长。现在我们对学新闻出身的同学是欢迎的，如果是学新闻的学生再学一点经济、学一点法律或者学一点社会学我们就更欢迎。如果是学农背景出身的，我们希望他懂新闻。这种复合型的人才我们比较需要。

那么《南方农村报》现在要做些什么呢？《南方农村报》不是主流大报，但是追求相对的主流化，这既是员工个人发展与报业发展的要求，也是它的服务主体（农民和广义的农产业从业人群）的要求，只有把农民的声音、农民的诉求融入主流，才能推动“三农”问题的改善和解决。另一方面作为办报人，通过做出具有普遍价值的新闻，对这些新闻的解读为更广泛的公众所接受，形成强大的舆论力量，在某一特定领域对政府决策产生影响，见证社会进程，是新闻理想与报业理想之所在，也体现报纸与报人存在的理由和价值。

《南方农村报》在媒体市场还不是也不追求成为公众认识上的主流媒体，但是不能放弃把声音融入主流的努力，实现所谓的“相对主流”。

我参加过好几届新人面试，那些学生不止一次地提到这个问题：“为什么在广州和大中城市的报摊上看不到《南方农村报》呢？《南方农村报》什么时候也打算开辟城市市场呢？”我觉得这个问题提得很好，其实这是一个报纸的市场定位问题。《南方农村报》不指望让城市市民购买来支撑发行。我觉得这是不现实的。我觉得同学们这样的疑问包含着两层意思：第一，作为一个媒体工作者，他希望他所写的稿件、他的新闻产品，可以在自己的生活圈子中有人注意到，在传媒江湖里面有一定的影响。第二，如果主流渠道听不到、看不到你所反映的问题，那么你这张报纸它的影响力可能也是有限的。

所以我觉得我们一定要追求主流，但是追求主流的方式和渠道不一定是要在城市报刊亭上面去体现，我们还有很多种其他方式。像网络传播，还有下面我会讲到的通过组织活动、举办论坛等等，推动某种共识的形成，影响到该影响的人，从而彰显、提升影响力。

“相对主流”的定义其实也是我们给自己定下的一个目标。什么是相对主流？可以做几个层次的描述：一、在报业集团内，拥有“三农”领域大量新闻资源，并利用这些资源做出具有社会影响力的新闻，撑起“三农”题材报道的强大一翼，成为值得重视的力量。二、在同类媒体市场中（包括专业报刊市场），《南方农村报》及其定期出版的专业增刊必须争取领头地位。据统计，目前“农字号”报刊有130多家。三、在社会上，在“三农”领域的政界、学界、产业界，《南方农村报》应该具有相当的知名度与影响力。目前《南方农村报》在这方面可以说领头的地位已经奠定了。

总之，《南方农村报》无论是在社会上还是在媒体市场、在报业集团内，都是应守土有责，做自己应该做的事。

主流化其实更多的是一个媒体的责任，《南方农村报》不仅仅满足于做一份行业报或者是一份小众媒体，偏安一隅不是没有可能，但就此却步则有负于媒体责任与抱负，何况我们属于“南方”军团。

三、融入主流之一：独立

《南方农村报》与大众媒体对于一些公共题材的关注角度、挖掘的深度，甚至表达的方式都不相同。就如外媒对中国的报道常有偏颇，国内传播中对“三农”问题的论述也偶有雷人表现。对一些流传较广的公共话题独立发声，也可以视为《南方农村报》融入话语主流的方式。

讲这些理念有点枯燥，下面插入我们的一个新闻策划来谈谈这个问题。

2007年被称为“涨价之年”，几乎所有人都感受到了涨价带来的压力。由于涨价开始于粮食、食品领域，网络名言是“你可以跑不过刘翔，但是一定要跑得过CPI”，社会上普遍认为作为农产品生产者的农民是这一轮涨价的受益者。但是经过调查，《南方农村报》得出的结论恰恰相反。

农民不仅跑不过CPI，而且在“涨”声一片中被双重剥夺！这个是《南方农村报》2007年度的年终策划，（点PPT）这就是策划的封面。2007年是猪年，猪年养猪业发生了很多的事情，所以我们就用这个题材做了封面。

这个专题其实事先我们没有定调，我们只是希望从生产成本、生产收益、生活开支三个方面调查涨价之年农民的生产生活情况。我们派出了十几个记者参与专题报道，进行全面的调查走访。选取有代表性的采访对象，在各个产业、各个层次摸底算账，既有个人的小账，又有行业的大账，发现“农产品领涨说”下农民其实是非常无奈的。

作为重要的生产投入品，其实化肥和农药的涨价幅度比农产品的涨价幅度还要高。农资涨价最终传导到种植户与养殖户。这个现象的背后引申出了农业规模化和农民市民化等等一系列深层次的问题。

调查结果表明，作为生产者，农民遭遇农资价格高涨的双重剥削局面，而农产品价格上升的利润大部分被留在流通环节而非农民手中；作为消费者，由于食品占总消费支出的比重过高、农村食品价格涨幅过高，使得农民在本次食品主导型的通胀中被锁定。

关注涨价下农民生存状况的专题报道迅速产生较大反响，“农民为何成为涨价替罪羊？”引起公众对社会失衡问题的探讨，“如何让农民群体共享改革开放的成果？”是对这个报道的进一步深化。

通过分析调查结果，涨价声中农民被双重剥夺，第一重剥夺意味着农户遭受工业品的剥夺，第二重剥夺意味着农户遭受农产品的剥夺，是整体剥夺的深化。

搜狐、网易、天涯、农博网等多个主流网站纷纷转载，并且置顶这个报道突出处理，腾讯网几天内跟帖过万，并特地邀请参与专题策划、采写的编辑记者进行网络直播专访。大批在线网友表达了对《南方农村报》的社会情怀与办报态度的尊敬。

四、融入主流之二：竞合

《南方农村报》融入主流除了报道内容具有普遍价值，还有赖于传播方式创新。当前是一个由新媒体高速发展引发的多种媒体、多种媒介竞存的时代。但竞合的前提是先有“竞”才有“合”，作为单个媒体必须有独门武器，掌握独家资源，各种媒体、各种媒介之间在满足各自需求的前提下，谋求共同成长。媒体的集群优势有助于《南方农村报》把声音扩大，向外传递有价值的信息。新闻的影响力不是一篇稿件可以成就，《南方农村报》在一些重大题材的报道上，无论报道形式，还是传播方式，采用的都是“组合拳”。而背靠国内传媒集团的航母——南方报业传媒集团，作为子报的《南方农村报》受益不少。而网络传播为《南方农村报》扩大影响力提供了很好的平台。

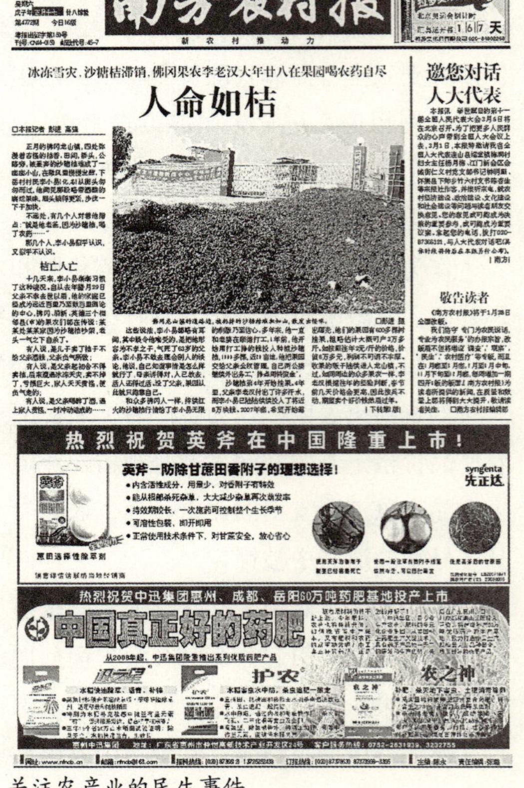

南方农村报

新农村推动力

冰冻雪灾、沙糖桔滞销，佛冈果农李老汉大年廿八在果园喝农药自尽

人命如桔

邀您对话人大代表

敬告读者

热烈祝贺英斧在中国隆重上市！

英斧—防除甘蔗田香附子的理想选择！

热烈祝贺中迅集团惠州、成都、岳阳60万吨药肥基地投产上市

中国真正好的药肥

护农

农之神

关注农产业的民生事件

下面插入一个案例，就是我们做的关于柑橘产业的报道。

“三农”报道中，有一些题材属于“顽症”，总是周而复始地出现，农产品销售难、农民增收难便属于此列。

《南方农村报》多年持续深

度关注作为广东优势农产业的柑橘产业，通过详细解构柑橘产业，寻求农产品销售难、农民增收难的解决之道。

选取柑橘产业作为解构对象是具备相当的典型意义的。柑橘是广东优势农产品，种植面积达260万亩，年产值达40亿元，从业人数超过百万，是几十万个广东农村家庭收入的重要来源。这个产业规模大，涉及人数众多，影响面很广。在2008年初出现历史罕见的冻灾之前，这个产业一直是农民致富的标杆性产业，行情保持红火达16年之久，创造了种植业的神话。

但是2008年初的雪灾成为这个产业的拐点，虽为优势产业，但柑橘产业未能逃出其作为农产业与生俱来的弱势。罕见雪灾令大批柑橘运销受阻，全省过半果实未及采收已烂在树上。即便采摘了也运不出去。

据《南方农村报》记者了解，有四五个果农因此自杀。记者彭进、高强深入产区走访，采写了《人命如桔》，对农民的生活与产业的生态进行了深入准确的刻画，令人震撼。

在雪灾之后，这一年的年中，出现了农资价格暴涨，年末又受四川广元蛆柑流言影响，柑橘价格跌到历史新低，果农面临连续两个收获季节的惨败。南方农村报及时撰写了一份内参，提请政府有关部门重视这个问题。

广东省委书记汪洋亲自在内参上批示，要求各地切实帮助果农解决实际困难。这对各地政府帮助农民卖橘的举措有所推动。

在这个过程中，我们十分关注果农卖橘的政策性因素，比如说“绿色通道”过了年之后重新收费，据说是年度的“年惠”已经结束了。后来经过我们的报道，“绿色通道”重新开通。

在收获的季节，我们采取了滚动式的报道，用大量的版面提供一些信息类的服务。

以柑橘产业为对象，求解农民增收难题其实已远远不限于新闻报道，它甚至成为了一系列的社会公益行动，彰显了《南方农村报》的责任感与公众意识。

我们希望《南方农村报》是一个发起人，通过它联合其他媒体的力量，用江艺平老师的话，“举全报社之力，举全集团之力，举全社会之力为农民解决农产品难卖问题”。

联合南方报业传媒集团旗下《南方日报》、《南方都市报》向市民发出倡议：“开心吃柑橘，助农渡难关”。

在广州、德庆举办两场大型义卖公益活动，得到了一些企业的响应，这是当时的一些报道。

每年的柑橘销售战役其实有点类似于春运，因为它也差不多集中在年末至春节期间上市的，销期很集中，量也很大。在这一年的销售洪峰过去之后，南方农村报主办了一场“柑橘产业危机与公共服务构建”研讨会，有人大代表、政协委员、种植户、“三农”专家、政府官员等150名代表参会。会议形成《构建公共服务机制 化解柑橘产业危机》的共识。

在当下探讨这一问题是有其重大意义的，在金融危机蔓延，农民工就业形势严峻的情况下，确保农业稳定发展，确保农村社会安定，具有重大的现实意义。

会议其实是向有关部门建言。果农在会议上情绪非常激动。由新闻报道上升到更高层面的政策导向建议，是这个论坛的成果。它的核心就是“优势产业公共服务应该成为惠农政策的首选”。而这些公共服务，它应该包括预警，就是生产出现大波动、大起大落或者是特殊天气，还有食品安全危机处理以及交通和金融服务。交通就是刚才说的“绿色通道”，但是现在广东的“绿色通道”也仅仅限于国道，高速公路没有“绿色通道”。

为什么要举办这样一个跨行业、跨部门的大型研讨会？因为在当前的形势下构建农产业的公共服务机制很有必要。其实“公共”的含义就是：这项工作并非农业部门自身所能成就。这个公共服务机制，我们建议它需要承担以下的功能：是针对现实制定符合产业层次的市场服务导向体系，在庞大而散乱的产业活动中进行有效的产销信息引导，规划中长期发展布局，打造产业的整体形象等。而这样的建议，是希望促进惠农举措更加具有实效，纠正“三农”的弱势地位，这需要政府决策层拿出相当的决心，让惠农政策不至于长久地停留在口头上，而是真正地落到实处。以广东社会经济发展的实力，以大胆创新先行先试的勇气和智慧，完全有能力在惠农举措上做出更多更有成效的探索，开创“三农”工作的新局面。这就是刚才我们说到的新闻“组合拳”，就是针对一个产业、一个问题发出声音的一个“组合拳”。其实农产业、“三农”问题它本身就是具有公共性和主流性的。对于农民，产业是生计所在，对于市民，食品供应与食品安全关系到他们的切身利益。所以农产业公共性非常之强。涉农题材中具有普遍价值的新闻，《南方农村报》必须而且有条件比其他媒体先跨一步在这些题材中找到问题的核心所在。近年来在食品安全、重大动物疫病等题材的报道上面，《南方农村报》凭着掌握专业之长、行业资源之长把握了一展身手的机会，做出了大量独家的、有社会影响力的报道。

下面让我们回顾一下有关瘦肉精的报道。瘦肉精的报道其实不单只是《南方农村报》在做，所有媒体都在做，2009年2月份开始的广州事件因为它发生在城市，肯定就是城市主流媒体先行一步。这是出事的天河牲畜交易市场，这是人大代表的质疑，这甚至成为了“两会”上面热议的话题。可以说是挖得非常之透了，各个角度、方方面面、各个环节。《南方周末》以《瘦肉精背后的科研江湖》这一篇文章，揭露了背后出主意的人，这个报道是与《南方农村报》的记者配合着一起做的。《南方农村报》发挥了它的强项，在溯源方面，它揭露了一些地方使用瘦肉精的做法，就是说它其实不是偶然的，它是一种现象。之前有关部门一直在说瘦肉精猪肉都是来自外省的，比如说湖南等地，但事实上广东同样存在。而且《南方农村报》和《南方周末》的记者还联合暗访惠华公司，从惠华公司里面，从公司员工的手中，购得了10公斤的莱克多巴胺，莱克多巴胺其实就是瘦肉精的替代品。惠华公司是华南农业大学的校办企业，而华农大有教授是掌握着生产莱克多巴胺的技术。后来南方农村报就向农业厅和警方举报了这件事情，警方就把业务员拘留了，现在这个案子还在处理中。但是惠华公司矢口否认它是企业行为，是员工的个人行为，但我们觉得惠华公司是难脱干系的，所以就有了不往上追溯难服众的这个追问。我们还在继续关注这个事情。

南方农村报

新农村推动力

华南知名兽药企业偷卖瘦肉精替代品

记者4月20日暗访华南农大校企广州惠华公司，购得10公斤莱克多巴胺

这种国家多部门明令禁止的药物曾被华南某大型养殖企业长期使用

南方农村报记者挖到了偷卖瘦肉精的实证。

下面讲一讲猪业政策。事实上猪业作为农产业里面一个很大的产业，它一直在被挤对之中，因为在GDP的大棒中，猪业不能给当地财政带来实质的利

益，反而因为惠农政策的执行，它需要比如说保险、补贴，它需要地方财政支出一些，所以地方政府是不大欢迎猪业的，如此就产生一些行政失当，比如说以环保为理由驱赶猪场，其实质是为工业化规划开路。比如说2007年开始的能繁母猪保险，目前的捆绑性收费十分严重。还有就是各种的弹性收费，各种名目。强拆猪场在广东各地方都在以各种形式进行，本报进行了非常多的追踪报道。这就是强拆猪场的场面。东莞禁止养猪，背后其实就是因为地贵了。这是因为拆猪场引起的一些冲突，还有一些副作用。这种事也是周而复始，虽然上有政策，但是下面也有对策。很多时候强拆猪场他都以环保作为撒手锏，但是问题是办排污许可证，99%的猪场都办不下来的，根本不让你办。博罗5000家猪场只有4家有排污许可证，比例为万分之八，惠阳的1600家猪场只有1家有排污许可证，比例为万分之六。如果不持有这些证，那么拆的时候就是随时拆的问题。连当时广东省农业厅副厅长陈福林都在公开场合表示，珠三角地区工业发达用地量大，严重制约了农业用地，生猪用地十分困难，养猪第一难。农民概括出来就说，养猪有三大风险：疫病风险、市场风险、政策风险。其中最可怕的就是政策风险。能繁母猪补助补贴也因为要配套，所以很多地方也不落实，农户投诉也不少。

五、融入主流之三：高度

针对涉及民生广泛的猪业，《南方农村报》除了报道，也是通过举办论坛的方式来发出它的声音。我们组织策划了“凤凰山论坛”这样一个公益性品牌活动，它的核心就是“真话、真相、真知灼见”，探讨猪业的问题。这个“凤凰山论坛”每每是在养猪行业面临重大的事件或者处于关键节点的时候召开，它是由南方农村报发起主办的，目前已经成功地举办了两届。第一届是2007年8月在猪高热病引起猪价暴涨的时候，以猪价真相与普遍民生为主题，因为关于当时猪价为什么暴涨有关部门就抛出“周期论”、“成本论”。而经过我们的调查发现其实是暴发了非常严重的生猪的疫病，叫做猪高热病。所以要披露猪价上涨的真相。第二届是2009年5月，就是瘦肉精事件接近尾声的时候，以瘦肉精现象反思与养猪产业变革为题。

“凤凰山论坛”名称的由来还有它的背景，刚才说到2007年的时候，这一年是金猪年，它注定要成为养猪历史上的一个节点。持续攀升的猪价已成为集约化以来最大的浩劫，生生地改变了养猪业的格局，所以南方农村报决定组织一场“猪会”，几经考量就选定了广州龙洞附近的凤凰山为会址，这个地方也是广州养猪人的据点，养猪行业中不少大型的讲座就在这里举行，所以选这里也是从方便传播这个角度来考虑。这个论坛是以民生为立足点的，它的议题设计与点评都比较到位。论坛成果是“健康猪业政府需承担更多责任”，它是一个论坛的共识，表达了会议的立场。第二届论坛主办方在现场就倡议发出“凤凰山论坛”自律承诺书，受到了参会代表的热烈回应，表达了与行业潜规则抗争的决心。虽然行业存在潜规则，但是不是人人都默认潜规则的。两次论坛的内容在各大媒体发布，反响非常热烈。这就是2009年论坛的报道。这是第一届论坛上面惠阳的养殖户在控诉地方政府强拆猪场的行径的时候，在论坛当场痛哭，他反问这是不是一个可有可无的行业，这是不是只有污染没有贡献的行业，就代表了在地方政府势利取向，在GDP大棒之下被无情驱逐的养猪业的呐喊与反抗。论坛上众多专家痛斥养猪产业链的种种食品安全隐患，把原来很不为人知的潜规则暴露出来，有利于主管部门认清监管盲点、加大监管力度、保障食品安全。通过论坛还充分讨论了行业发展的方向，集合了众多养猪巨头、“三农”学者的智慧，对提升养猪行业水平具有积极的意义。这是在刚刚举办完的“凤凰山论坛”上面，“良心”成为了一个备受关注的词，都说“给猪业添点良心而不是瘦肉精”。“凤凰山论坛”的创新价值就在于它把一个相对封闭的生产行业纳入到公众的视野，让公众表达他们对行业的诉求，猪价上涨与瘦肉精中毒事件的新闻本身是一个公共事件，猪业面临的危机应该让公众知道。社会上模糊的不太对称的信息应该得到澄清，专业媒体如何扩大传播效应值得思考。现在传播已经不应该依赖单一的报道形式、单一的媒介形态，应该借助媒介集合力量，传播准确的信息。第二就是把行业的诉求向上传递推动政府决策。对高致病性蓝耳病疫苗的质疑，促成了政府有关部门形成了“先试用、后推广”的态度，对惠州强拆猪场的报道，引起了中央领导的重视并做出批示。这个报道据广东省农业厅的官员证实，温家宝总理做了指示。

在论坛上面，畅所欲言，集合智慧，让行业自我揭短（就是这个论坛的作用，引用南方农村报主编陈永的话说，就是“媒体提供的公共汽车”，我觉得这个描述还是比较准确的）。这个论坛组织的时候，我们一些行业记者一度有点担忧，因为他们要揭露一些行业里面的黑幕，他们担心会不会有人来，有没有人敢说。后来事实证明愿意讲真话的人还是不少的，所以我们的这个论坛也举办得非常成功，我们的报道出来之后在网上传播也比较厉害，后来央视新闻频道以我们这个论坛作为背景，邀请农业部种猪测定中心基因检测室主任樊福好博士，樊博士就参加了我们“猪会”嘛。在猪会上他的发言引起了大家的重视，他的发言就是“行业要学会自我揭短”，所以央视《新闻会客厅》也是以他的这句话作为标题。

两届的“凤凰山论坛”牢牢地树立了《南方农村报》在养猪行业的影响力，占据了舆论的制高点。整个产业链上面从上到下包括养猪户、企业、动保饲料、经销商、加工企业等等，关注人群非常广泛。举办这个论坛作为媒体还有一点觉得比较得意的就是举办会议的费用是不用媒体自己承担的，我们接受企业作为协办单位提供的费用，但是作为主办方我们对于会议的选题和报道方向是具有完全的独立性的，坚持资本不能干预舆论，甚至他们协办方的宣传资料都不会在会场上出现，这种做法也得到了他们的支持和认同，这说明我们举办这样的论坛公众是认可的。

南方农村报的主要品牌活动还有一些，包括《南方农村报》“中国农村发展论坛”，还有“农村财富大讲堂”，还有南农实验、“南方县域经济论坛”，还有农资经销商俱乐部，正在申请注册成农资商会，还有一个就是华南（国际）农资产品交易会，2009年12月举行。这些品牌活动既有言说的平台，也有实践的场所，既有社会实验，也有经济讲堂。

下面讲一讲“《南方农村报》中国农村发展论坛”。这是一个相对高端的品牌论坛。《南方农村报》作为全国领先的农村类媒体，《南方农村报》可以而且应该搭建一个探讨中国“三农”问题的平台，团结一批顶级“三农”学者，分析中国的“三农”问题，并且提供解决思路，这是更高层面的“为农民说话”，体现媒体的社会责任，也是《南方农村报》成为中国最具影响力农村类媒体的机会。这个论坛从2005年开始已经办了五届。

（点PPT介绍）这是第一届“农村发展论坛”，杨兴锋社长参加了，江艺平老师也参加了，这是南方农村报主编陈永，这几位是当今中国顶尖的“三农”学者，他们是本报的战略顾问。这是我们这个论坛的策划人，现南方农村报编委毛志勇。他写了一篇介绍这个论坛的文章，有一个很高远的目标——《我们志在影响中国》。第一、二届在广州举办。第三届论坛是在武汉举办的。第四届是在北京……这是天涯社区对南方农村报主编陈永的专访。这是腾讯网直播江艺平老师在论坛上的致辞。这是《南方日报》对于论坛的报道。这是集团旗下的《21世纪经济报道》的报道。这是湖北当地媒体的报道。

“中国农村发展论坛”从南到北，从城市到农村，每年持续主办。

六、南方长子：《南方农村报》的前世今生

关于《南方农村报》要做怎么样的新闻，其实这个课件有部分是我们给本报品牌推广员做培训用的课件，就是告诉他们《南方农村报》新闻是在做什么。农村读者评价《南方农村报》就是非常直接地说：“没那么假！”这个评价是非常中肯的。我们的新闻理念概括来说就是“守望农民利益，启智育能，监督权势，促进善治”。在社会转型期，大量舆论监督的稿件彰显着《南方农村报》的社会责任。（点PPT）我们的报道题材的介绍。（点PPT）这是一些影响比较大的报道。“广东最破烂学校”这个报道是本报2009年较有影响的报道之一。刚才说的那些报道和策划都是一些轰轰烈烈的个案，但是事实上在我们日常的工作中面对的还是每一个版面、每一篇文章都要很专业很认真地对待它，它本身就是一个产品，它们组成《南方农村报》作为一种媒体产品它的常态，轰轰烈烈的大刀阔斧的策划也有，但不是常态。

《南方农村报》现在的整个采编的架构基本上分三大块：一个是新闻时政，一个是农财，一个是副刊。农财部其实就是南方农村报的经济部，刚才介绍的那一块是新闻部的操作，现在介绍一下农财部。

农财部这两年出了一批专业增刊。范以锦社长提出过“龙生龙，凤生凤”这一个南方报业传媒集团的战略，那么《南方农村报》不能成龙也要成凤。所以为适应这个市场细分，《南方农村报》也推出了一系列的专业刊物，就是希望形成一个小报系，就是一张主报带一系列期刊，分别占领专业市场，这里面有相当的赢利机会。其中《养殖宝典》是定期出版的，是月刊。将要改为《农财宝典》，细分畜牧、水产，分别独立发行并为整个大农业埋下伏笔。我们还出书，除了上面提到的《南中国农村调查》，还有《猪业实录》，就是在金猪年出的一本反映整个猪业的状况的，涵盖了食品安全、动物疫病和民生的这些话题的一个新闻作品集。

最后跟大家一起回顾一下《南方农村报》的历史。《南方农村报》是南方报业传媒集团的第一个系列报，创办于1963年1月1日，当时叫《南方日报农村版》，在“文革”期间被迫停刊。

在1980年2月2日，复刊更名为《广东农民报》。复刊后发行量，最高的时候曾经达到56万份。1994年1月2日，《广东农民报》更名为《南方农村报》一直到现在。

这是1980年2月复刊的《广东农民报》，复刊之后就更名为《广东农民报》，每周一期，四开八版，逢周六出版。上世纪90年代头版有一个“榕荫小议”的时评专栏，那时候江艺平老师是这个专栏的主笔，她以“舒黔”为笔名，发表了大量文章。专栏针砭时弊，文风犀利，名噪一时。这是1994年1月2日的《南方农村报》。那时候改成了大报，四个版。改成大报在办报战略上可能并不是明智的，但是改名融入“南方”系列品牌，这个意义也是不一般的。这是1997年1月1日改版之后的《南方农村报》，就又从“大”变“小”了。这个是现在《南方农村报》的报样，这是上周的一张报纸，我随机调出来的。现在是一周三期，其中星期四的那期24个版，其他两期是16个版。

现在对本报的描述是：《南方农村报》是当今中国报业市场上，市场化程度最高的“三农”媒体。

大家都知道，江艺平老师统率过南方周末，分管过南方都市报，在此期间从2004年至今，她作为集团领导重新执掌南方农村报，这是她离开南方农村报十多年后的回归，正是这几年，《南方农村报》大步迈上了中兴之路。

《南方农村报》的介绍就到这里。谢谢大家。

提问环节

江艺平　我不知道大家听了感受怎么样。麦倩明和我一样都是比较拙于言说，但是我想说她是拙于言而敏于行、敏于施的一位新闻工作者。实际上她在刚才的这个讲座里面浓缩了一张报纸从边缘到主流、从弱势到强势的这么一个艰难的跋涉过程。我当时跟她讨论这个选题的时候，我说也很希望能够讲一讲一个个年轻人进入这个团队以后他们的成长，但每个人的故事都不一样。从2000年以来，南方农村报实行的这样一个中兴战略，就是从人才的集聚开始，每年向集团要这个人才政策，从范社长到现在的杨社长都非常支持。优秀的大学毕业生给我们提供了有力的保障，从名牌大学里面选人，包括北大、上海交大、南开等等，当然广东这边我们中大、暨大、华农也有不少的同学进入我们这个媒体，然后整个的发展过程非常不容易。讲述这么一张报纸，我今天下午想把这个报纸带到这里给大家认识，也是因为，可能我们大家更多的是通过《南方周末》、《21世纪经济报道》、《南方都市报》而了解南方报业传媒集团。但是，南方报业传媒集团是一个非常丰富的报业集团，今天向大家介绍，也是想让大家了解它的多样化。希望等下留下一点时间跟大家有一个互动交流，就看看大家对我们刚才的讲座有些什么想提问或交流的，欢迎大家在这里提出来。

范以锦　大家提问题，包括《南方农村报》的问题，其他问题也可以。

学　生　我觉得《南方农村报》应该算是主流，之所以大家普遍不太了解它或者是不太认识它，可能是因为，第一就是在学术界大家都认为农村人不怎么看报纸，大家都会看电视。另一方面就是，农民还有农村这个问题，虽然大家都很重视，但是呢，其实在报纸或者是媒体上讨论得很少。但是我觉得《南方农村报》做得非常好，因为它做了许多关于代耕农、农村垃圾，还有基层选举的报道，而且它都很有发言权，比一些专家空口说得更有代表性。然后，据我所知就是《南方农村报》90％都是读者订阅的，而且，有些报料甚至是外省的，比如广西的。我想问一下《南方农村报》有没有想过向外省扩展呢？谢谢。

麦倩明 看来你对《南方农村报》还是有相当的了解。是通过什么渠道了解的呢？

学　生 我起先是通过网络，首先我是看到《南方传媒研究》上有一篇关于《南方农村报》的文章，然后就对这张报纸很感兴趣，就在网上搜索，然后现在我在南方农村报实习，现在在新闻部。

麦倩明 去年暑假时来了一批暨大实习生，我们行政部，就是办公室主任带过来跟我们的同事说："你们要好好带啊，这些学生有范社长的电话的。"我都没有范社长的电话……呵呵。

你刚才这个问题问得非常之好。因为一家媒体它的立足也有一个市场在哪里生根的问题，因为农产业它有地域性，所以我们目前的话只能是考虑在周边的省份，像广西、海南、福建拓展我们的影响力，因为从农产业方面来讲这些地区是比较相似的。如此《南方农村报》就更加名副其实了。

学　生 江老师，你好，之前读过你的那一篇文章《总有一种力量让我们泪流满面》，其实我们真的看到的时候会有很强烈的共鸣，然后能不能请江老师讲一下您之前写那一篇东西的心路历程，或者一些故事。

江艺平 我在这里要纠正一下，可能很多人都把这篇文章看成是我写的，实际上并不是。有好几位都是这篇文章的修订者，如果没有记错的话，应该是长平、沈颢也参与了，应该是长平是主创，然后沈颢，之后就是我和钱钢老师做了个别字眼的修订。但是我想呢，这篇文章在当时引起那么大的共鸣，可能也是因为正好处在这样一个转型时期，就是人们心目当中有很多的迷茫。那么一张报纸很鲜明地表达了这么一种人文情怀，引起了非常多人的共鸣，应该是这样一个机缘吧。

范以锦 今天下午呢，江老师、麦老师两位老师给我们举办座谈，和我们交流，我为什么选择《南方农村报》给大家讲解？因为大家一想都是《南方周末》、《南方都市报》，我就想专门找一个不是特别知名的媒体让大家开开眼界。我觉得今天下午她们讲得非常好，从《南方农村报》的发展这个角度去传递一种信息，这种信息是什么呢？就是只要你的报纸定位准确，你坚守你的这种良知，你的新闻理念，那么就是再边缘的媒体都可以做得好。那么从《南方农村报》这个角度讲，现在的发行量差不多有30万份，那么当年50多万份是个很特殊的情况，那个时候报纸很少。现在竞争非常激烈，全国的农村报基本上日子难过，但是南方农村报还是完全赢利。而且它现在的经济效益是这样的，就是它每年都有几百万的利润，2009年形势还会更好。这样的农村报能够发行，还能够赚钱，还能够生存下去，那么靠的就是他们的这种定位，他们的这种理念，坚定地走这个市场。

刚才她们讲的那个“相对主流”我觉得非常好，就是很明白这个报纸如果不主流，是很难生存下去的，走市场也是困难，一定要走主流。但是它又不是完全主流，它是相对主流。我们判断《南方农村报》，现在看头版头条，大家可以有一个发现，全中国最好的舆论监督是在《南方农村报》，你们看有哪一张报纸现在的批评报道可以放到头版头条？甚至一版都很难见到。但是《南方农村报》的舆论监督就经常是放在头版头条，我想每年都不知道有多少篇，它为什么要这样？它相对主流。如果完全主流就不行了。那《南方农村报》它是相对主流，很多高层看不到，舆论监督就没有办法被扼杀，但它这样的加入是必要的，因为它是面向农民的。那么它加入到镇政府、县政府，农村的稿子就都可以了，还有农村村委会，因为它就是基层了。我加入到基层里面，最多加入到县级，它们就可以了，就可以生存了。所以《南方农村报》你看它有两个很大的特点：一个就是舆论监督，第二是它有一个办给农村的专业副刊，传递科学知识，这一点是非常适用的。所以在定位很明确的情况下，报纸就可以生存，可以发展下去。

麦倩明：那么今天下午的讲座就到这里，我们再一次以掌声感谢两位老师。

希望我们大家以后有缘做同事，欢迎大家。

（掌声）

后 记

做一名优秀的记者，是新闻从业者毕生的事业追求，也是新闻专业学子未来的职业愿景。做一名优秀的记者，是一种人生的目标，也是一种职业的历练。其过程不仅在于通过学校和书本习得新闻传播的理论知识和新闻实务的操作方法，更在于通过阶段性的媒体实习和多样化的社会实践，训练发现新闻选题的嗅觉、观察和把握现场的视觉、聆听和辨析语言的听觉、透析社会的洞察力和叙事写人的表达力。要达到这样的目标，除了勤思好学、身体力行之外，对优秀记者的经验的系统吸收和借鉴也是必不可少的环节。从新闻专业人才培养的角度来看，让学生掌握现有的现成的专业知识和报道方法固然重要，但更重要的是要了解前人是如何获取这种成果的，只有把优秀的记者编辑的经验学到手，学生的专业素质和能力才能得到真正的提高。

基于对上述问题的考虑，暨南大学新闻与传播学院自2007年开始与南方报业传媒集团合作举办“暨大准记者南方训练营”，把业界的采编精英请到大学的课堂，为学生传道授业解惑；把新闻专业大二学生送至媒体一线，让学生接受新闻采编实务的训练，在了解社会现实、媒介实践锻炼的过程中长见识、学本领。训练营自开办以来，先后有30多位南方报业采编精英为学生授课，他们结合南方报业新闻报道和经营管理的典型案例现身说法，就学生关注的新闻思维和现实问题互动答疑，不仅开阔了学生对中国社会的认知视野，加深了学生对新闻专业的现实感悟，而且激发了学生的新闻理想和专业学习的激情，明确了优秀记者所应具备的学习型素质和创新性能力。培训结束后，学院利用暑期组织学生分赴南方报业旗下系列报刊进行采编实践，记者编辑在报道题目的选择、新闻线索的发现、报道模式的确定以及报道素材选择提炼方面给予学生具体的指导，使学生对新闻采编流程有了直观的体验，让学生明白了自己在专业学习方面还缺少什么，需要抓紧时间学习什么，从而有利于其在后两年的专业学习过程中拾遗补缺、及时改进。经过几年的实践，“暨大准记者南方训练营”已经产生了良好的人才培养效应和广泛的社会影响。南方报业传媒集团管委会主任、南方日报社社长杨兴锋对“暨大准记者南方训练营”活动给予了这样的评价：准记者南方训练营有利于报业传媒集团与新闻学界的合作趋于常规化、制度化、系统化，是把选拔人才、培养人才关口前移的一种有效尝试，同时对南方报人的职业精神和南方报业的组织文化是一种很好的传播。

以“暨大准记者南方训练营”为重点的新闻传媒人才培养方式的实践探索，不仅使本学院的学生直接受益，也引起国内高校新闻院系学生的广泛关注。为使广大新闻学子分享南方报业采编精英先进的新闻理念和成功的操作经验，暨南大学新闻与传播学院与南方报业传媒集团于2007年开始合作编辑出版《南方报业采编精英演讲录》系列丛书，本书是该系列的第二本。书中共收录南方报业传媒集团10位资深记者编辑的演讲实录，内容涉及灾难性突发事件如何实现报道方法论的变革，如何通过创新政治报道来提升党报的舆论引导力，如何以深度挖掘的新闻策划和差异化的视觉设计来提升报纸的竞争力，新闻评论在建设公民社会的过程中如何发挥应有的影响力，媒体和记者如何在恪守新闻专业主义的同时规避新闻诉讼，边缘化媒体如何实践主流化生存等方面。其中既有对新闻职业的感悟和认知，有对新闻报道过程的观察和思考，也有对典型案例的解读和剖析，集高度、广度和深度于一体，对于在校的新闻学子或有志于从事新闻传媒工作的人士均有导学、导心和导向的实用价值。

本书的编辑出版得到南方报业传媒集团和新闻与传播学院的大力支持，杨兴锋社长、范以锦院长亲自担任本书的总策划并作序。新闻与传播学院新闻系2006级、2007级新闻专业本科生参与讲稿的录音整理，南方报业传媒集团各位主讲老师本着高度负责的态度精心修改和润色讲稿。罗琼、王媛媛、杜蕾、吴夺、杨名、何宇瞳、霍慧、袁端端、周文吉等研究生参与了部分配图文字的撰写和最后的校对工作。南方日报出版社责任编辑刘志一在本书的内容整理、图文编排方面花了很多的心思和功夫，他的热心督促和与各位主讲老师的密切沟通为本书出版提供了可靠的保证，在此表示衷心的感谢！

本书是院系师生合力完成的实践教学成果，除上述参与书稿编辑出版的领导和学生外，林如鹏教授、刘家林教授、董天策教授、曾利斌副书记、支庭荣教授等校院系领导对“暨大准记者南方训练营”活动一直给予大力支持，新闻系曾建雄教授、薛国林教授、喻季欣教授、陈伟军教授、王玲副教授、肖伟副教授，陈娟、麦尚文、郑越讲师等同仁，在本科新闻业务课程教学工作中对实践教学理念的一贯追求和身体力行，大大丰富了实践教学的内容和手段，一并表示诚挚的谢意！

成为优秀的记者不仅是新闻学子的职业愿景，也是高校新闻传媒教育如何贴近社会现实、贴近媒体实践的一个系统工程，这一系统工程的实施既取决于新闻人才的培养单位——新闻院系培养目标、课程安排和实践环节的优化设计，也取决于人才的使用单位——新闻媒体在多大程度上参与了人才的培养过程。“暨大准记者南方训练营”的开设，就是希望通过落实新闻院系与创新性媒体之间的共建机制，实现人才培养与媒体资源开发的有效互动。相比国内外新闻院校人才培养模式改革的成功实践，我们的探索才刚刚起步，尚有很多方面需要完善，希望新闻学界、业界和广大关注新闻教育的有识之士多多提出宝贵意见，共同总结实践经验，不断探索人才培养的创新模式，从而使新闻传媒教育能够真正适应时代的要求、适应社会的发展、适应新闻媒体日新月异的人才需求。

张晋升

2010年8月于暨南大学新闻与传播学院